JN085209

例故崩
集故

Avalanche
Incident
Case
Study

190

はじめに

　米国にて雪崩教育に長く関わった Jill Fredston は「雪崩事故は変わらない。変わるのは事故名だけだ」と記し、カナダの雪崩対策に多大な貢献をした Bruce Jamieson 博士もその言葉を『Avalanche Accidents in Canada』の序章で引用しています。私も先達に倣い、同じ言葉を記そうと思います。

　シーズンを通して Avalanche Forecaster として雪崩情報に携わることで、日々、積雪コンディションの変化を追いかけ、フィールドで発生している多数の雪崩に接し、事故があれば調査を行ない、多様な関係者に現場状況の聞き取りをしてきた人間からいえることは、死亡事故となった雪崩と偶発的な雪崩に本質的な差はない、ということです。

　雪崩が日常の一部である現場実務者にとって、事故となった雪崩を調査することも、雪崩情報や安全管理のためにスキーカットで落とした雪崩を調べることも、その重要点は変わりません。トラッキングしていた脆弱性で雪崩が発生し、やはり不安定だったと、その評価を確認できることもありますし、うまく捉えることができていなかった脆弱性で大きな雪崩が発生し、

驚かされることもあります。こうした自然とのやり取りを続けていると、「なんでもわかっていると思い込んでいる、私のようなベテランが大きな問題だ」と指摘する米国の Forecaster の言葉が染み入ります。

　「どのような雪崩事故であれ、必ず、自分も同じような事故を起こしうる」と考えることが必要不可欠です。もし、この視点を欠いていれば、本書を読んだとしても、最も重要な点を理解できないままになるでしょう。

　雪崩事故の対策にはさまざまなアプローチがあります。そのなかで、時間はかかるものの最も効果的かつ建設的な手法は、フィールドで行動する人を教育し、それをサポートするシステムを構築することにあります。雪山で活動する人のプラットフォームとして日本雪崩ネットワークを立ち上げて 20 年が過ぎました。

　雪崩教育は「事例に始まり、事例に終わる」と表現されます。事実が簡潔に整理された事例集は以前から必要とされていましたので、本書が事故発生の可能性を低くし、その被害軽減を願う方にとって役立つことを願っています。

謝辞

　本書は多数の事故関係者および捜索救助に携わった方のご協力があって形となりました。ご助力いただいた方々に深く感謝申し上げます。

　組織登山者の事案については青山千彰（関西大学）、町田幸男（日本山岳・スポーツクライミング協会）、傘木靖（長野県山岳総合センター）、川嶋高志（日本勤労者山岳連盟）の各氏からいろいろな形でのご助言と情報提供をいただき、深く感謝致します。

　事案の漏れと基礎データの確認に関しては、各県の警察にご助力をいただきました。富山県、新潟県、岐阜県、山形県の県警察におかれましては、特にご丁寧な対応をいただき深く感謝致します。気象庁の警報・注意報の発表と解除に関わるデータについては、各地方気象台にご丁寧な対応をいただきました。厚く御礼申し上げます。

　積雪状況の推移について詳細な記述が可能となったのは、フィールドでの観察情報を日々、多数寄せていただいた 100 人を超える日本雪崩ネットワーク会員の協力があってのことです。深く感謝致します。

　本書の出版は、神谷浩之氏（山と溪谷社）からの後押しがあり、また、実務においては、豊富な山岳経験に基づく内容を理解した丁寧な編集作業を進められた谷山宏典氏の多大なご助力なくして形になりませんでした。深く感謝致します。

目次

第1部　山岳域での雪崩

15

第1章 ／ ストームスラブ

19

第2章 ／ ウインドスラブ　49

第3章 ／ 持続型スラブ　63

第4章 ／ ディープスラブ　91

第5章 ／ そのほかの雪崩

第2部　山岳域以外での雪崩
131

本書の使い方

本書では1ページ以上で紹介している事例については、最初の1ページ目で事故の全体概略が把握できるように整理しています。そして、2ページ目、3ページ目では現場の写真や採取されたデータ、あるいは不安定性の詳細などが掲載されています。これは、事例を絞って詳細を記述するよりも、事故の重要事項を簡潔に整理し、多数の事例を掲載したほうが有益であるとの考えに基づいています。本書ではページ紹介で60事例、リスト紹介で130事例を掲載しています。過去30年間の死亡事故179件はすべて網羅し、そこにケガなどのみで生還した11事例を加えています。

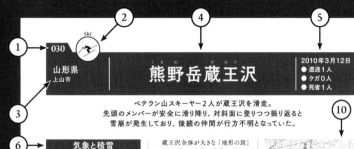

1 通し番号

都道府県別Index（P140）と連動させた通し番号です。

2 活動

被災者がどのような活動をしていたか、アイコンを使い、ひと目でわかるようにしています。

3 行政区

事故が発生した都道府県と市町村が記載されています。市町村の統廃合があった場合、新しい名称を使用しています。

4 事故名

事故の名称です。地域名と場所の名前の組み合わせのもの、単純に地名だけのものなどがあります。なるべくローカルな名前は使わないようにしています。

5 日付と被害

事故の発生日と被害データが記載されています。事故によっては発生日が不明なものもあります。ケガには低体温症も含みます。

6 気象と積雪

主に事故の前日までと、事故日の気象状況が整理されています。積雪がどの程度不安定であるかを判断するうえで、重要な兆候が観察されていたかは参考になります。直近の雪崩発生は、雪の不安定性を教えてくれる最も重要なサインです。不安定性の兆候とはシューティングクラックやワッフ音、スキーカットでの結果など、何か刺激を加えて積雪の挙動を確認した時に多くの場合、観察されます。積雪内に今、どのような不安定性があるにせよ、短時間での多量の降雪は積雪を不安定にします。また、昇温は春だけではなく、厳冬期においても低温からの大きな昇温はスラブの剛性を下げるため、不安定化の方向に進みます。

7 地形特徴

雪崩が発生した斜面、あるいはその周辺地形がどのような特徴を持つのか、整理しています。雪崩の安全対策の出発点であり、最も重要なことは「地形認識」です。地形が認識できないと、安全地帯を探せませんし、グループマネジメントもできません。そして、積雪を観察するにしても、適所を探し出すことができません。

8 発生した雪崩

どのような特徴を持つ雪崩が発生したのか、整理しています。破断面ではなく、近傍で積雪調査がされていた場合、事前に気象や積雪状況が充分に把握されている、あるいは雪崩の種類などによって確実性が高い場合、推定という言葉を入れています。

9

行動

雪崩が発生するまでの当該グループの行動を時系列で簡潔に整理しています。複数のパーティが事故に関係している場合、グループ数として記載しています。

10

地形図

国土地理院の地形図（地理院地図）を使用し、雪崩が発生した場所や被災位置がわかるように掲載しています。

11

捜索救助

雪崩が発生した後の捜索救助に関わる内容が整理されています。インシデントレベルは、日本雪崩捜索救助協議会（AvSAR協議会）が定義した区分で、捜索救助に関わる側から見た難易度となります。雪崩ビーコンが非携帯であれば、それだけでL4（Level 4）となります。

12

Comment

事故を考えるうえで重要な点、あるいは見落としがちな視点について記載しています。

13

風の影響もあり、積雪は右手側のほうが浅い

デブリには大きな雪塊も見られた

アメダスデータ **14**

山形（標高152m）

降水量■　気温max→　気温min…

3月5日に低気圧が東北を東進する際、暖かい空気が入り、降雨となった。標高が低いことに留意。

気象アラート **15**

		3月10日	3月11日	3月12日
警報	暴風	−	−	−
	暴風雪	−	−	−
	大雪	−	−	−
	強風	−	−	−
	風雪	−	−	−
注意報	大雪	5時09分・発表 9時18分・解除	−	−

天気図 **16**

3月10日
三陸沖を低気圧が急発達して北上。全国的に大荒れに

3月11日
冬型の気圧配置で北陸～北海道ではじめ雨や雪が残る

3月12日
移動性高気圧に覆われ、全国的に晴れ間が広がる

17 → 積雪観察

弱層は、薄く凍結したざらめ雪としまり雪に挟まれた、こしもざらめ雪。この積雪構造は、ある時間帯のみ雨が降り、その後、「降雪とともに冷えて、その境界面でこしもざらめ雪が形成される」という単純な理解をしてはいけないことを示している。

観測者	池田慎二	斜面傾度	35	風速・風向	L-NE	気温	-7.7(℃)	靴底貫入度	0cm
日付	100314	斜面方位	NW	天気	−	雪面温度	-5.0(℃)	積雪深	～
時間	1300	標高	1490m	降水状況	Nil	タイプ	破断面		

17

積雪観察

破断面での積雪観察データを掲載しています。積雪の不安定性は、単純に弱層だけでなく、全体構造が大きな影響を与えています。これを構造的脆弱性といいます。硬度が異なった層が積み重なっている状況にも目を向けてください。記号類は付録（P138）に掲載していますが、細部への理解は体系立った学習が必要な領域です。

13

写真

現場調査を実施している場合など、その写真を掲載しています。各県警や消防防災ヘリからの写真をお借りしている場合もあります。

14

アメダスデータ

現場の最寄りの気象庁アメダスのデータを掲載しています。降雪あるいは積雪深ではなく、降水量を掲載しています。現場とアメダスの標高差があったとしても、降雪量を雪水比で見積もることが大雑把に可能だからです。10㎜の降水で15㎝の降雪は雪水比1.5を意味し、概ねこのぐらいの数値が参考となります。

15

気象アラート

事故があった地域を管轄する地方気象台から、事故当日と過去2日間において、気象庁の警報・注意報が発表されていたか、また、その解除はいつであったのかを記載しています。発表などがない場合は「−」が入っています。

16

天気図

気象庁発表の朝9時の天気図を、事故当日と過去2日分掲載しています。大きな気象変化の参考としてください。

雪崩死亡事故の傾向と特徴

1991 - 2020 season

はじめに

雪崩による被害は多様であり、それに関わる機関などによってさまざまな整理のされ方がなされている。また、国内の雪崩事故を包括的にデータ整理している機関はない。軽微なケガなどで終わった事案は報告されないと判明しない面もあり、経年の変化などを追うのには適していない。このため、実数の把握が比較的しやすい死亡事故のデータを整理した。

死亡事故のデータは、日本雪崩ネットワークが調査したもの、新聞などで報道されたもの、新潟大学・和泉薫氏による『日本の雪崩災害データベース』などによってリストを作成し、

それを各県警に事案の漏れがないかの確認をお願いした。

また、事故の基礎データに関して不明点などがある場合、関係者に数値の確認などをお願いしたケースもある。ただ、パーティメンバーがすべて行方不明のケースなど、詳細が判明しない事故も少なからずある。不備や誤謬などにお気づきの方は、ご指摘いただければ幸いである。

死亡という人命に関わる重大なデータではあるが、その質も数も極めて限定的なため、厳密な意味での統計的な話にはならない。現状、把握されている実態はこのような状況である、という大枠をつかむ材料としていただければと思う。

死者数の推移

過去30年間（1991年11月～2020年5月）で179件の雪崩死亡事故が発生し、274人が亡くなっている。死者数はシーズンで大きな変動があり、平均すると年6件の死亡事故が発生、9人が亡くなっている。

死者数と大雪の冬との相関は特にないが、顕著な暖冬の年は死者が少なくなる傾向はある。また、死者数が顕著に増えているシーズンには2つの特徴がある。ひとつは雪崩サイクルと人の動きの問題であり、もうひとつは多人数が亡くなる事故の発生である。

雪崩サイクルと事故の多発

雪崩サイクルとは、雪崩が自然発生あるいは人的な刺激で発生しうる期間を指す。雪崩がとても活発に活動するのは一般的に数日程度であり、このタイミングと人の活動の合致が事故の発生数に影響を与えている。

たとえば、2015年1月17日（土）～18日（日）の2日間で死亡事故が4件発生し、7人が亡くなった。このシーズンのほかの死亡事故は1件1人のみである。「平成18年豪雪」と命名された2006シーズン、4月

7日時点での死者数は6人であった。しかし、春の荒天がもたらした雪により、4月8日（土）～9日（日）の2日間で、北アルプスでは10人が死亡する事態となった。

また、2017シーズンのように、直前のまとまった降雪とその後の大幅な昇温によって、GW期間中に4件の死亡事故が発生し、4人が亡くなっている。これも雪崩サイクルのひとつである。

多人数が亡くなる事故

最多死者数21人となった2017シーズンは、3月27日に那須茶臼岳にて過去30年間で最悪となる8人が亡くなる事故があった。また、2014シーズンであれば、2013年11月23日に真砂岳で7人が亡くなる事故が発生している。

一方、多人数が亡くなる事故が複数発生しているシーズンもある。たとえば、剱岳小窓尾根で4人、白馬大雪渓で3人が亡くなった2013シーズン。上ホロカメットク山と北アルプス槍平でそれぞれ4人が亡くなった2008シーズン。八方尾根ガラガラ沢で3人、浅草岳で4人が亡くなった2000シーズンなどである。

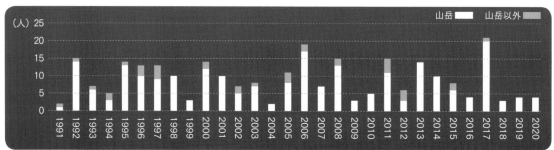

図1 雪崩事故による死者数の推移

n=274

最近の状況

過去からの推移と最近5年間を見比べれば、特異値である2017シーズンを除くと、以前より死者数は減少傾向のようにも見える。バックカントリーでの滑走が一般化し、インバウンドが急拡大するという母数の増加が明らかに推察される状況を考えれば、この数年はよい傾向と考えることもできる。

しかし一方で、ほぼ致命的な埋没をしながら生存救出されている事案が、最近は毎シーズン、数件は報告されている状況を考えると、前向きな評価は危険な賭けかもしれない。データを過大評価も過小評価もしないことが肝要かと思われる。

発生場所

雪崩による死亡事故の85％は「山岳」で発生している。山岳とは雪崩対策工や人的な管理がなされていない場所を指し、スキー場に隣接していても、そこがゲレンデの外側であれば山岳である。警察庁も2014年度（平成26年度）からスキー場に隣接していても、ゲレンデの外側での事故であれば、「山岳遭難」の区分でデータを整理している。

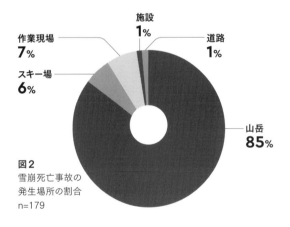

図2
雪崩死亡事故の
発生場所の割合
n=179

施設 1%
道路 1%
作業現場 7%
スキー場 6%
山岳 85%

山岳以外の場所は、スキー場、作業現場、施設、道路である。「スキー場」とは、いちばん外側のコースで囲まれた内側エリアを指し、滑走が許可された「コース」と「閉鎖区域」に分けられる。

スキー場内であるか、場外であるかの区分は、安全対策の出発点であるため、極めて重要である。スキー場の境界線を越えたら、たとえ1mしか離れていなくても、そこは「管理されていない斜面」であり、多様な危険が隠れていることを認識する必要がある。

「作業現場」とは、主に施設管理に関わるものである。たとえば、道路の除雪、落石防止や災害復旧の工事といった、なにかしらの業務が行なわれている現場である。作業現場では、これまで12件の死亡事故が発生し、15人が亡くなっている。「施設」の2件の事故は、いずれも温泉宿のものであり、4人が死亡している。「道路」とは、走行をしている車両が雪崩で被災した事故であり、2件発生し、2人が死亡している。

スキー場

スキー場は日々、スキーパトロールによって安全管理がなされているため、滑走者がコース上で死亡する事故は、1997年1月に発生した1件のみである。閉鎖区域での5件の死亡事故のうち、1件（死者2人）は大学の授業において引率教員が標識を無視し、雪崩の危険のために閉鎖されていた林道に進入した事故であり、もう1件（死者2人）は無資格の外国人ガイドが閉鎖区域に顧客を連れて進入したものである。それぞれ学生と顧客が死亡している。この2件の事故は、一般レクリエーションユーザーの事故とは分けて考える必要がある。また、管理作業による事故は、すべてスキーパトロールによるものである。

	件数	人数
コース	1	1
閉鎖区域	5	7
管理作業	4	7

表1 スキー場内での雪崩死亡事故

都道府県別の死者数

都道府県別に死者数を見ると、雪の多い地域で必ずしも、その数が多いわけではないことがわかる。山岳での死者数に関しては、入山する人数、山容、積雪特性などが影響を与えている。また、山岳以外については、過去の豪雪時の被害経験から道路や住民を守る社会インフラの雪崩対策が大きく進んでいることが寄与している。

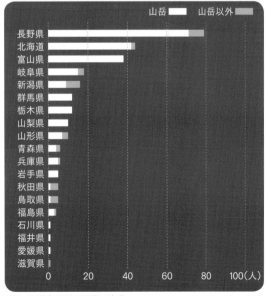

山岳 ▢ 山岳以外 ▪

長野県
北海道
富山県
岐阜県
新潟県
群馬県
栃木県
山梨県
山形県
青森県
兵庫県
岩手県
秋田県
鳥取県
福島県
石川県
福井県
愛媛県
滋賀県

0　20　40　60　80　100(人)

図3 都道府県別の雪崩死者数　　　　n=274

月別の発生件数

月別に雪崩死亡事故の発生件数を見た場合、2月が死者数を含めて最も多い。各月のなかで見ると、11月と12月は月末、4月は月初と月末、5月はGW期間に事故は集中している。1〜3月は、このような明快な特徴はない。なお、6月と8月の事故はブロック雪崩によるものである。

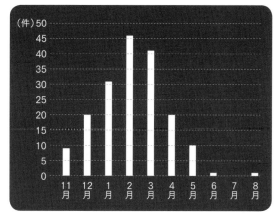

図4 月別の雪崩死亡事故の発生件数　　　n=179

山岳での雪崩事故

ここからは山岳で発生した雪崩のみに焦点を当てて記述する。山岳では過去30年間に153件の雪崩死亡事故が発生し、500人が流され、115人がケガをし、238人が亡くなっている。そして、これらの死亡事故には、少なくとも180パーティの750人以上が関係している。この被害をシーズン平均に直すと、毎年5件の死亡事故が発生し、17人が流され、4人がケガをし、8人が亡くなる計算となる。

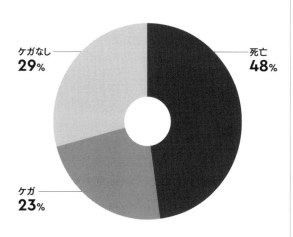

図5 雪崩遭遇者の被害割合　　　n=500

山岳の死亡事故では、図6に示すように発生件数の61%で複数人が雪崩に流されている。そのうち、3人以上が流された事故件数の割合は38%にもなる。雪崩に多人数が巻き込まれる事案は、雪崩地形とグ

ループマネジメントの整合が積雪コンディションに合ったものでなかったことを強く示唆している。雪崩の死者数を減らすには、一度に流される人数をなにしろ減らすことである。いったん流されてしまえば、ケガの可能性も上がり、捜索救助に割ける要員も減ることになる。また、多人数の埋没は雪崩ビーコンによる捜索の難易度が上がり、掘り出しにかかる要員も分散してしまう。これは生存救出の可能性を下げる。

さらに、多人数の死者の事故はその関係者の数も多くなり、事故後の各方面への対応も極めて難しいものとなる。社会的なインパクトも大きくなり、山岳で活動する人にとってネガティブなものを呼び寄せてしまう。流される人数を最小化させることは、何重の意味でも重要である。

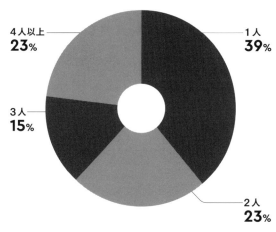

図6 雪崩遭遇人数の割合　　　n=153

	発生日	事故名	死亡	活動区分
1	1995/1/4	宝剣岳千畳敷カール	6	登山
2	1997/1/26	氷ノ山北東面	5	登山
3	1997/12/31	剱岳早月尾根	5	登山
4	2000/6/18	浅草岳	4	救助活動
5	2006/4/9	笠ヶ岳穴毛谷	4	滑走
6	2007/3/18	積丹岳	4	スノーモービル
7	2007/11/23	上ホロカメットク山化物岩	4	登山・滑走
8	2007/12/31	北アルプス槍平	4	登山
9	不明※	剱岳小窓尾根	4	登山
10	2013/11/23	真砂岳	7	滑走
11	2017/3/27	那須茶臼岳	8	登山

表2 多人数の死者を出した雪崩事故　※2012年12月30日入山

性別と年齢構成

　山岳での雪崩死者の89％が男性である。年齢構成で見ると30〜40代が全体の50％を占めており、平均年齢は42歳（中央値41歳）である。これは夏季における山岳遭難の死者の傾向と大きく異なっている。また、最年少は16歳、最高齢は78歳となる。24歳以下の死者の44％が大学の部活動であり、高校生は那須茶臼岳で7人、渓流釣りで1人が死亡している。

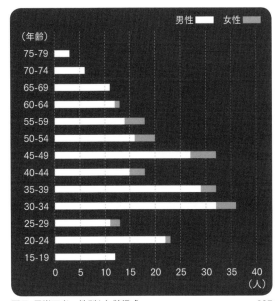

図7 雪崩死者の性別と年齢構成　　　　n=237

所属

　山岳での雪崩死者の49％が山岳組織に所属している。これは一般的に「組織登山者」と呼ばれており、山岳会のメンバー、大学の山岳系の部の部員およびそのOB会、高校山岳部の部員などである。活動は登山だけでなく、山スキーも含まれている。

　顧客とは、研修会あるいはガイドツアーなどの参加者である。この区分の事故における主体的な意思決

定者は、講師あるいはガイドであることに留意する必要がある。ガイドの死者数は山岳全体の3％であり、職種による山岳での滞在時間と母数を考えれば、その死亡率は明らかに低い。また、この数値には、業務であるツアー中の事故とプライベート山行での事故の両方が含まれている。その他の区分には、山岳部ではない高校生の死者と不明者が含まれている。

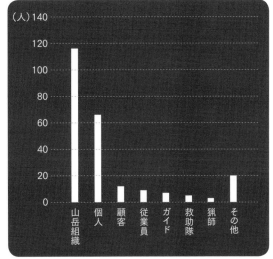

図8 雪崩死者の所属　　　　　　　　n=238

死亡原因

　山岳での雪崩事故では、62％が窒息によって死亡している。山行の途中で行方不明となり、後日、遺体が発見されたケースなどでは、窒息によるものか、低体温症によるものか判断できない場合も多い。また、致命的な外傷を負っていたのかもわからなくなりやすい。全体の状況から窒息の可能性が高いものであっても、確証がない場合は不明としている。

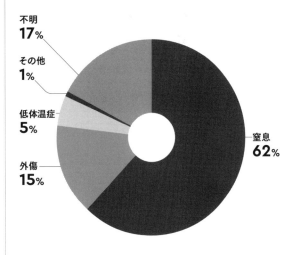

図9　雪崩死者の死亡原因　　　　　　n=238

雪崩死者の発見方法

山岳での雪崩事故における死者の発見方法は多様である。目視はデブリの隙間からザックや体の一部が視認できた場合、あるいは部分埋没などである。融雪は春となり、雪が融けて装備や体の一部が露出することで発見に至ったケースである。

雪崩ビーコンでの発見割合が低いのは、次項で見るように、その装備が普及していない時期のデータを多く含んでいることが一因としてある。プローブによる完全埋没者の発見は、膨大な労力と時間がかかることを忘れないようにしたい。

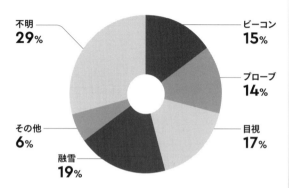

図10 雪崩死者の発見方法（1991-2020） n=238

雪崩装備の携帯

死者における雪崩装備の携帯状況を10年ごとの変化で見ると、ビーコンを携帯している人が増えていることがわかる。なお、各10年間の死者数は1991-2000シーズンが82人、2001-2010シーズンが77人、2011-2020シーズンが79人と、概ね同水準で推移している。

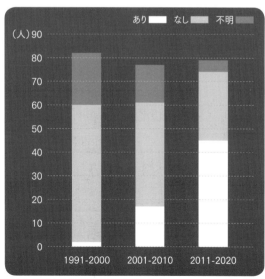

図11 死者における雪崩装備携帯の推移 n=238

雪崩装備の携帯は以前に比べて増えたものの、直近10年間を見ると、まだ死者の37％がビーコンを携帯していないことがわかる。また、その雪崩死者を活動別に見ると、滑走者の87％がビーコンを携帯している一方で、登山者は75％が非携帯である。登山者における不明は、状況から見て非携帯の可能性が高い。

滑走におけるビーコンの非携帯を見ると、スキーヤーでは所属が山岳組織にカテゴライズされ、なおかつ年齢が高い人の割合が多い。また、スノーボーダーの死者はほぼすべてビーコンを携帯している。

雪崩ビーコンについてはコラム（P37）もご参照を。

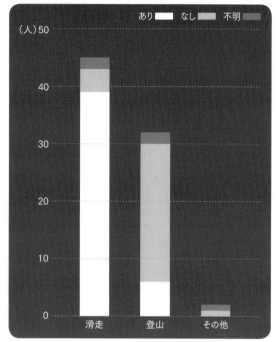

図12 活動別の雪崩装備携帯の人数（2011-2020） n=79

山岳での活動区分

山岳での雪崩死者を活動の特徴によって3つのカテゴリに区分したのが図13である。この3区分は、忙しい日常を離れ、余暇として冬季アウトドアを楽しむ「レクリエーション」、雪山という危険な場所に入り、仕事として各種の作業などを行なう「業務」、そして、前記2つに入らない雪国の生活者などの「その他」である。

レクリエーションは、登山、山スキーや山スノーボード、スノーシュー、スノーモービル、釣りなどの冬季アウトドア・アクティビティのカテゴリとなる。この区分が山岳での雪崩死者数の83％を占めている。

なお、本書を手にされている方には言わずもがなだろうが、バックカントリースキーは山スキーと同義であり、100年以上前からある伝統的な山岳アクティビティである。

業務は、冬季レクリエーションに関わる職業ガイド、山中にある施設の管理に関わる仕事、きこりや猟師と

いった林業や狩猟業、山小屋が該当する宿泊業、高校や大学などが関わる教育業、山岳救助隊があてはまる公務などがある。

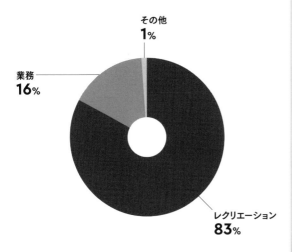

図13 山岳での雪崩死者の活動区分　　　　　n=238

業務における区分

　山岳における業務での雪崩死亡事故は、過去30年間で20件発生し、39人が亡くなっている。仕事として山岳にて活動する人には、一般のレクリエーションユーザーの水準とは異なる、ハイスタンダードな安全管理手法が必要である。それは、その業務に従事する現場実務者を守るためであり、また同時に、顧客などとして関与する一般の人の安全のためにも大切である。どの程度の内容と水準が必要となるのかは、その業態の特徴の影響を受ける。

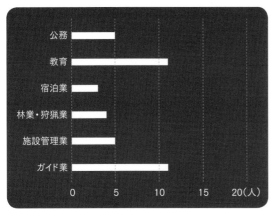

図14 業務区分による死者数　　　　　n=39

　公務での死亡事故は2件発生している。ひとつは山岳救助隊の訓練中での事故、もうひとつは救助活動中の二次災害である。宿泊業は、小屋閉めをし、

下山中の山小屋従業員の事故である。林業・狩猟業は、木材の積み出し作業やシカ狩り、クマ撃ちで3件の死亡事故がある。

　教育業では、学校などによる研修会などで死亡事故が3件発生しており、死者は教員および学生である。過去30年間で最悪の被害となった那須茶臼岳での事故は、教育業を管轄する行政が高校生という許容リスクの低い属性の活動に対して、どのような高水準の安全を担保できるのかが問われている。これはリスクマネジメントの観点からいえば、高信頼性組織（HRO）の構築が問われているのであり、登山計画書を事前に確認するとか、プライベート山行さえままならない現場教員に座学研修を受けさせればよいといった話とは次元が異なる。

　施設管理業では、電力あるいは電波の施設管理に関わる死亡事故が3件ある。

　ガイド業での死者は、ガイドツアー中に発生した事故である。事故は8件発生しており、死者はガイドおよび顧客である。ガイドがプライベート山行で被災した場合は、レクリエーションの区分として整理している。

レクリエーションにおける区分

　山岳におけるレクリエーションでの雪崩死亡事故は、過去30年間で131件発生し、197人が亡くなっている。この活動区分では、登山による死者が最も多く、全体の49％を占めている。登山の死者が多いのは日本の特徴である。ヨーロッパであれば死者のほとんどは滑走者であり、北米ではスノーモービルの死者割合が最も高い。

　スノーボードが国内に入ったのが1980年代半ば、その10年後には国内でブームとなり、多数のスキー場で滑走可能となった。こうした期間の長さを考えれば、登山やスキーに比べ、スノーボードの死者数は相対的に少ない。釣りは、いずれも渓流釣りの事故で6件発生している。また、スノーモービルでの死亡事故は2件である。

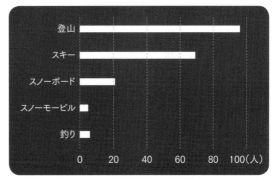

図15 レクリエーションの活動区分による死者数　　　n=197

雪崩の種類

　山岳で発生して死亡事故となった雪崩は153件ある。そのうち、面発生乾雪表層雪崩であると判断できた111件について、雪崩情報で使用している「留意すべき雪崩」の区分に沿って整理したものが図16である。山岳での雪崩死者数の74%は、これらの雪崩によるものである。

　ストームスラブ、ウインドスラブの雪崩に関しては、気象現象と密接に結びついているため比較的認知しやすい面もあり、今後、事故を減らしていく第一目標となる。雪庇とは、雪庇の踏み抜きなどをキッカケとして発生した雪崩であり、データには面発生雪崩が発生したと判明したものだけがカウントされている。以前の雪崩事故は詳細な調査が行なわれていないため、不明の雪崩が多数を占めている。

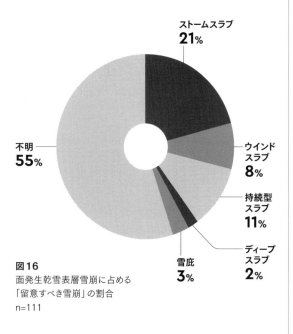

図16
面発生乾雪表層雪崩に占める
「留意すべき雪崩」の割合
n=111

　面発生乾雪表層雪崩以外の種類を整理したのが表3となる。全層雪崩やブロック雪崩は、ほぼすべてが自然発生のものである。また、ここに記載区分のない面発生乾雪全層雪崩については、ケガのない生還事例があり、本書で事例として掲載（P90）している。

面発生湿雪表層雪崩	2
面発生湿雪全層雪崩	7
点発生乾雪表層雪崩	1
点発生湿雪表層雪崩	3
ブロック雪崩	4

表3 判明したそのほかの種類の雪崩の数

雪崩の規模

　山岳で死亡事故となった雪崩の規模の割合を示したのが図17である。size 1.5という比較的小さい規模でも事故件数の20%を占め、35人が亡くなっている。これは雪崩が発生した地形要素や雪崩対策装備の有無などが影響を与えている。

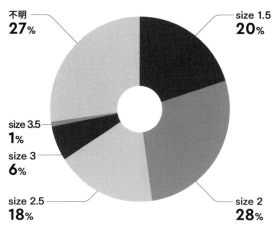

図17 死亡事故となった雪崩の規模の割合　　　n=149

雪崩のキッカケ

　人的誘発はほぼすべてが乾雪の表層雪崩となるが、自然発生では湿雪全層からブロック雪崩まで、いろいろな種類のものが含まれている。なお、このグラフデータからは、雪庇崩落をキッカケとする雪崩は除いてある。

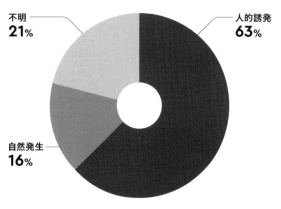

図18 死亡事故となった雪崩のキッカケ　　　n=149

第1部

山岳域での雪崩

山岳での雪崩のタイプと特徴

ここでは山岳における
雪崩の危険の考え方と、
問題となる雪崩の特徴について概説する。
詳細については別途、
専門書籍をお読みください。

雪崩リスクの考え方

雪崩という危険要素（ハザード）に人や施設がさらされることで雪崩リスクは生じる。これを図示したのが「雪崩の危険トライアングル」であり、最も基礎的な概念となる。

雪崩の危険にさらされる地形を「雪崩地形」と呼び、それを認識することが安全対策の第一歩である。そして雪崩地形内に入る時間と人数を最適化することが、雪崩リスクの取り扱いの最重要事項となる。

多くの場合、雪崩地形と行動マネジメントの整合が悪い時に事故の被害が甚大なものとなる。これは昔からいわれている「安全な場所で止まる」「危険な場所では一人ずつ」が実際の現場ではなかなかうまく行なわれていないことを示唆している。

また、雪崩リスクのマネジメントには、積雪コンディションの把握に内包される不確実性を、どのように扱うかという問題もある。

多くの人にとって、知りたいことは「その斜面が雪崩れるか、否か」の二者択一であろうが、それは積雪の不安定性に対する質問としては適していない。なぜなら、ほとんどの場合において、「概ね……であると思われる」といった不確実性を含んだ表現でしか答えられないからである。

このため、積雪の不安定性を考えた後に、その判断の不確実性の大きさに合わせて、地形を使ったリスク軽減が極めて重要となる。つまり、山岳では、「地形認識⇒積雪の評価⇒地形利用」といった思考プロセスを踏む。このような地形の認識と利用の重要さについて、北米では「問いは安定性、答えは地形」といった表現がなされている。

不安定性のパターン

雪山で雪崩を発生させる不安定性は大きく2つに分けることができる。ひとつは、降雪や風などの気象現象と密接に関係している「荒天の不安定性」である。もうひとつは、積雪内で雪粒が変態し、不安定性が生じるタイプ。こちらは雪粒が充分に変態すると、不安定な状態がしばらく続くため「持続型の不安定性」と呼ぶ。

荒天の不安定性は、早ければ数時間、長くても概ね数日で、人的な刺激に対する反応は解消していくことが多い。一方、持続型の不安定性は、1週間以上、長いと2カ月以上も、人的な刺激で誘発されうる状態が続く。このため国内外を問わず、充分な経験を積んだ山岳ガイドでも持続型の不安定性で事故を起こしている。

荒天の不安定性には、「**ストームスラブ**」「**ウインドスラブ**」「**点発生雪崩**」などがあり、持続型の不安定性には「**持続型スラブ**」や「**ディープスラブ**」がある。

以下、雪崩のタイプ別に概説する。

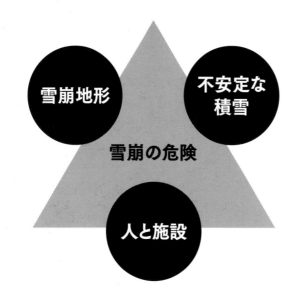

雪崩の危険トライアングル

3点とも©R. Sasagawa

荒天の後、size 3のストームスラブが自然発生した。破断面は2mを超えている。大きなボウル状地形では、別の方位からも自然発生の雪崩が出ており、デブリは堆積区で重なり合っている

ストームスラブ

まとまった降雪で形成されたスラブによる雪崩をストームスラブという。降雪強度や継続時間、あるいは風や雪質の変化などで不安定性が積雪内に生じ、雪崩を発生させる。

明瞭な弱層を持つ場合もあるし、重なり合う層同士の結合が悪いウイークインターフェイスとして発生することも多い。

風が穏やかな状態で雪が降り、その後、風の影響を受けた密度の高い雪がその上に載ると、上が重く、下が軽い構造となるため、積雪はとても不安定となる。これもストームスラブの雪崩では、しばしば見られる特徴となる。

不安定性が比較的長引き、4〜5日継続するのは、ごく低温の低気圧性降雪が厚みを持った低密度の層を作り、そこにその後の降雪が多少載ったような場合である。ただし、このような時は、ワッフ音やシューティングクラック、あるいはスキーカットなどに敏感に反応するため、経験を積んだ人間には、その不安定性の認知は比較的たやすいものとなる。

ウインドスラブ

風で雪面の雪が移動し、再堆積して形成するスラブである。雪粒は転がることで砕かれ、小さくなるため、形成したスラブは密度が高くなる。また、雪の焼結現象も素早く進むため、形成直後は割れやすい危険な状態となる。

ウインドスラブは重いため、積雪内にすでに不安定性要素があった場合、そこに急激に負荷がかかることになり、斜面を不安定化させる。

また、密度の高いスラブでのスキーカットは危険を伴い、誘発感度の見積もりも難しい。気象現象の推移と斜面に対する注意深い観察で、その形成が疑われる斜面を認識することが重要となる。

持続型スラブ

持続型スラブは、スラブの下に持続型弱層（こしもざらめ雪・しもざらめ雪・表面霜）が存在し、人的誘発の可能性が長く継続する特徴を持つ。

スラブは軟らかいものから、硬いものまであり、弱層は早い時であれば一晩で形成されるが、時間をかけて結合力の弱い雪が形成されていくこともある。

持続型スラブは、その初期段階では、人の刺激に敏感に反応するが、その時の規模は限定的なことが多い。しかし、降雪が続き、スラブが厚みを増し、弱層が相対的に深い位置に埋没していくと、人の刺激に対する反応は鈍くなり、誘発感度の認知が難しくなる。

やや深い位置に埋もれる、あるいは弱層上に硬度の高いスラブが形成されると、雪崩は規模を拡大させ、支尾根を越えて破断面が延びることもしばしば見られる。このような状態になると、最初に滑走した人ではなく、何番目かに斜面に入った人が雪崩を誘発させることも起きる。

持続型弱層の雪は、破壊の連鎖が生じやすい特徴もあるため、離れた位置からの誘発であるリモートトリガーもしばしば発生する。条件が整えば、斜度がとても緩いところからでも誘発しうる。

持続型スラブは、荒天の不安定性による雪崩サイクルが収まっても危険性を保持しているため、真新しい雪崩の発生がないことは、積雪状態の把握の有効な指標とはならない。

また、国内において持続型スラブの典型的な積雪構造は、降雨や日射に起因する融解凍結層と、その上に形成したこしもざらめ雪である。このような脆弱性に弱層テストを試みる人も多いが、そのテスト結果はバラつくことが多く、単一のテスト結果を信頼することは危険である。

持続型スラブは、特定の標高や方位にのみ形成することが多く、その形成や状態変化の把握には、雪崩スキルを持った人間による脆弱性のトラッキング（追跡作業）が必要である。よって、一般の山岳利用者が、その危険度を的確に捉えることは難しく、雪崩情報が必要な理由となる。

ディープスラブ

ディープスラブは、厚く硬いスラブの下に持続型弱層が存在する特徴を持つ。弱層は積雪底面に

近いところにあり、その上に載る硬度の高いスラブの効果により誘発されにくい状態となっている。

しかし、スラブの薄い箇所で弱層の破壊が生じると、規模の大きな雪崩となる傾向がある。これは雪崩の発生には、スラブが引張破壊によって切れる必要があるためで、硬いスラブは雪の強度があるがゆえに、結果的に大きな規模となりやすい。

こうした厄介な特徴を持つディープスラブは、「低い誘発の可能性・重大な結末」と表現される。

ディープスラブは、一般的にシーズン初期の気象推移で形成され、その後の降雪で深く埋没する。晴れた寒冷な気候で薄い積雪表面が変化する場合や降雨の影響など、いくつかのパターンがある。降雨による融解凍結層が関係している場合、その硬い底面が雪崩の規模を大きくしやすい傾向を持つ。

ディープスラブはすべての方位で形成されるが、特に形成されやすい地形的な特徴は確認されていない。そして、その活動も、ある山域もしくは特定の山岳、斜面、標高、あるいは方位など、特定の場所にのみ問題が存在し、隣接する山域や特定の山岳、斜面、標高、あるいは方位には、その危険が存在しないことがままある。

雪崩情報に携わる人間にとって、ディープスラブは最も取り扱いが難しい雪崩である。生じた脆弱性をトラッキングすることで、ポテンシャルとしてディープスラブの危険が高

まり、それをアラートすることは可能である。しかし、その危険が、いつ受け入れ可能なレベルにまで改善しているのかを評価するのは、極めて難しいからである。

点発生表層雪崩

結合力の弱い雪による雪崩。斜度が充分にあれば、滑走が難しそうな樹間の林でも発生する。乾雪でも湿雪でも発生するが、雪粒同士が結合していないので、横方向に広がるような雪崩にはならない。

雪崩の発生には、積雪表層に結合力の弱い雪がある程度堆積することが必要であるため、状況認知は容易であることが多い。

過去30年間で4件の死亡事故が発生し、4人が死亡している。湿雪が3件、乾雪が1件あり、湿雪はすべてGW期間中の事故である。

面発生湿雪全層雪崩

全層雪崩は、雪崩が発生する前に斜面積雪に雪シワやグライドクラックが入ることが多い。積雪状況の悪化を視覚的に理解することができるため、危険管理は比較的しやすい種類の雪崩となる。

これまで山岳での全層雪崩の死亡事故は7件発生し、7人が死亡している。全層雪崩での死者は、山岳以外の場所(作業現場や道路など)のほうが多く、13人が死亡している。

雪庇崩落による雪崩

雪庇崩落をキッカケとして雪崩が発生し、それに巻き込まれることで被災する事例もある。過去30年間で死亡事故が6件発生しており、8人が死亡している。その特性から被災者のほぼすべてが登山者である。

雪庇崩落をキッカケとしてどのような雪崩が発生したのかは、ほとんど把握されていない。数例においてのみ、面発生乾雪表層雪崩であったことがわかっている。

ブロック雪崩

残雪期に多く見られる雪塊による雪崩をブロック雪崩と呼ぶ。和泉薫氏(新潟大学)は、ブロック雪崩を「雪庇・雪渓等の雪塊の崩落で、デブリの大半が雪塊からなり、かつその雪塊が離散的に堆積している雪崩」と定義している。

雪渓などの場合、その雪塊の密度は600kg/㎥を超えるため、直撃を受ける被災者が致命的な外傷を負うことになりやすい。70年代から80年代には、残雪の雪ブロックによる雪崩で登山者もしばしば被災しており、また、その時期的な特徴から山菜採りの方も被害に遭いやすい。過去30年間でブロック雪崩による死亡事故は4件発生し、7人が死亡している。

第 1 章

ストームスラブ

Storm slab

Ski

白馬乗鞍岳南東面
（はくばのりくら）

2019年3月8日
● 遭遇1人
● ケガ1人
● 死者0人

単独のテレマーカーが雪崩を誘発し、埋没。
たまたま近くにいた別パーティが異変に気づき、
迅速な捜索救助と救命措置を行なった。

気象と積雪

雪崩危険度	3（警戒 Considerable）
重要な兆候	直近の雪崩発生　〇
	不安定性の兆候　〇
	直近の堆積　〇
	急激な昇温　―

前日まで　7日、南岸低気圧が東進し、みぞれや降雪。森林帯では、湿雪の点発生雪崩が発生した。長野地方気象台は10時25分、大雪注意報を発表。

当日の状況　冬型の気圧配置が西から緩む。アメダス白馬にて気温-2.7℃（7時）。

地形特徴

標高帯	森林限界
斜度	40°以上
形状	凸状
風の影響	クロスローディング
植生	低木は埋没
地形の罠	走路内の樹木
ATES	チャレンジング

凸状に落ち込んでいるところで積雪は破断。発生区は、西風が卓越するとクロスローディングする。

発生した雪崩

雪崩の種類	ストームスラブ
規模	size 2
キッカケ	人的誘発（偶発）
標高	2050m
斜度	46°
方位	南東
弱層	降雪結晶（上）
	こしまり雪（下）
滑り面	融解凍結層

破断面の幅15m、厚み30～100cm。弱層は2つあり、ステップダウン。

行動

活動	スキー
関与グループ数	1

白馬山域を熱心に滑走している40代のテレマーカーが、いつものように単独で栂池高原スキー場から入山。林道をつめ、成城大学小屋の前の尾根を使って天狗原まで上がり、栂池自然園周辺を3本滑って下山するのがいつものルーティンであった。

この日も同じように行動し、途中、今回の捜索救助に係るガイドパーティとも尾根上で出会っている。そして、3本目の滑走で雪崩を誘発した。

捜索救助

インシデントレベル	L3
雪崩装備	あり

雪崩の発生は13時頃。栂池自然園にて、昼の休憩をとろうとしていたガイドパーティが、2分前までなかった雪崩の跡に気づいた。現場をよく観察すると破断面に滑り込むスキーのトラックはあるものの、スキーアウトした跡がないため、誰かが雪崩に巻き込まれたと推察。ガイドが雪崩ビーコンを受信モードにして、シール登行で現場へ急行した。

ビーコンがシグナルを捉え、接近すると、デブリからスキーの先端が出ており、すぐに掘り出しを開始。近傍にいた別パーティも掘り出しの応援に加わり、行動を開始してから約15分で掘り出しを完了した。

掘り出された時、被災者は骨折と心肺停止の状態にあったが、現場にいたメンバーが交替でCPRを実施し、約30分後に復活。その後、県警ヘリコプターの到着まで、防寒などの救護措置に努めたことで、被災者は一命をとりとめた。

● 埋没位置

情報源

● JAN現地調査
● 関係者聞き取り

Comment　人の刺激で雪崩が誘発されるような積雪状態にあったとしても、地形特徴によって雪崩が発生しないことは、しばしばある。

これは「地形選択が大切」という話だが、「地形の効果」をきちんと理解していないと誤った判断を下すという話でもある。

人は誰でも、滑ってみて何も起きないと、積雪は思っていたよりも安定している、と考えがちである。本当にその感覚が正しいのか、疑ってみることが常に必要。

©A. Degawa

現場は天狗原から自然園に向かう斜面

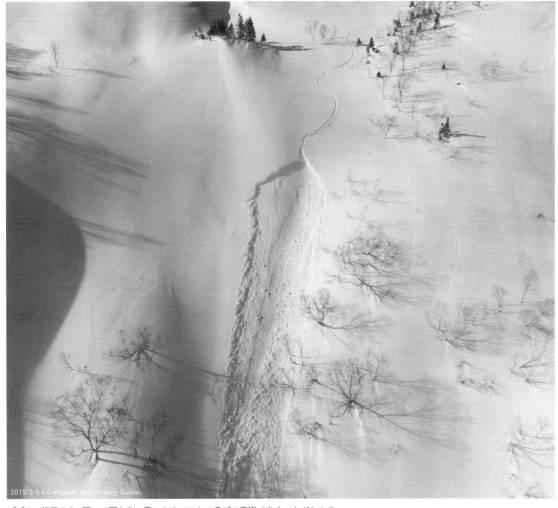

2019/3/8 ©Evergreen Backcountry Guides

デブリの様子から、降って間もない雪によるソフトスラブの雪崩であることがわかる

アメダスデータ

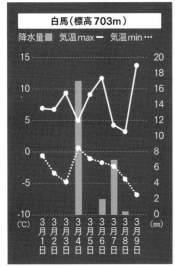

白馬（標高703m）

降水量 ■　気温max —　気温min ···

4日にも南岸低気圧の通過に伴う降水があった。7日と同じく、低標高でみぞれ、高標高では雪であった。

気象アラート

		3月6日	3月7日	3月8日
警報	暴風	—	—	—
	暴風雪	—	—	—
	大雪	—	—	—
注意報	強風	—	—	—
	風雪	—	—	—
	大雪	—	10時25分・発表	9時07分解除

天気図

3月6日
前線を伴った低気圧が発達しながら日本の南岸を進む

3月7日
低気圧や上空の寒気の影響で西日本〜東北は広く雨や雪

3月8日
黄海の高気圧が東に移動してくる

2019/3/9 ©A. Degawa

雪崩は沢状地形に沿って流下した。埋没位置は矢印の先端より下方となる

雪崩を発生させた不安定性の推移

全体状況

　2月下旬から3月初めにかけて好天が続き、山岳の積雪はアルパインまで安定。ただし、森林限界付近の北側斜面では放射冷却によって再結晶化した雪が観察されており、トラッキング事項となっていた。

　3月4日に南岸低気圧が北東進し、一時的な冬型に。森林限界付近では20～30cmの降雪があり、5日にはsize 1～1.5の点発生雪崩が多数報告されている。

　6日に昇温したこともあり、4日からの荒天の雪の安定化は順調に進んだ。そして、7日に再び、南岸低気圧の通過となった。

　8日は降雪なく、朝のうちは雲量5程度だったが、次第に回復して風も弱い状態。森林限界付近で、前日からの降雪量は40cm程度。北斜面では終日、乾雪であったが、南斜面は日中の日射でやや湿り気を持ったものに変化した。

敏感な反応をした場所

　低気圧通過後の一時的な冬型で、風による再配分された雪が載る場所は、下層が低密度、上層が高密度の逆構造となっていた。これに結合力の弱い雪が挟まっていたため、以下のようにスキーカットに対して敏感に反応している。

① size 2／1900m／東
② size 2／2100m／北東
③ size 1／1900m／北東

　このうち、①については破断面の観察がなされており、今回の雪崩でいえば、上に位置する弱層が反応している。この雪崩はとても敏感で、小さい支尾根を乗り越えて広がり、流れ落ちている。

　③については、尾根上を歩行中に誘発しており、リモートトリガーであった。

安定化と不安定性の持続

　8日は大きく昇温したため、その影響を受けた斜面では安定化が急速に進んだ。一方、不安定性の持続は慎重な考察が必要であり、以下のような情報も9日朝に寄せられている。

　size 2／1750m／北東で、8日夜から9日朝の間に自然発生。

積雪観察

事故の翌日は、好天で気温が上昇。さらに日射も強く、雪の変化は早かった。
テストに反応している箇所はステップダウンした際、上で破断した位置。いずれにせよ、7日からの荒天の雪での雪崩であることに変わりはない。

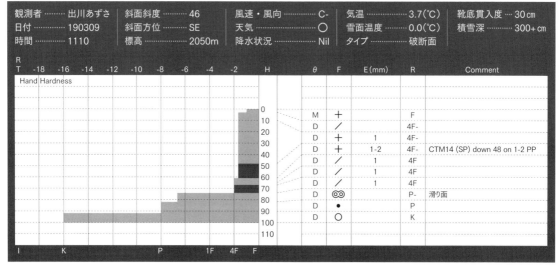

観測者	出川あずさ	斜面斜度	46	風速・風向	C-	気温	3.7(℃)	靴底貫入度	30cm
日付	190309	斜面方位	SE	天気	○	雪面温度	0.0(℃)	積雪深	300+cm
時間	1110	標高	2050m	降水状況	Nil	タイプ	破断面		

R/T Hand Hardness	H	θ	F	E(mm)	R	Comment
	0		M +		F	
	10		D /		4F-	
	20		D +	1	4F-	
	30-40		D +	1-2	4F-	CTM14 (SP) down 48 on 1-2 PP
	50		D /	1	4F	
	60		D /	1	4F	
	70		D ⊚⊚		P-	滑り面
	90		D •		P	
	100		D ○		K	

Hand Hardness scale: I　K　P　1F　4F　F

002

Climb

富山県
立山町

剱岳八ツ峰
（つるぎ だけ や つ みね）

1992年5月5日
● 遭遇1人
● ケガ0人
● 死者1人

5人パーティが八ツ峰Ⅳ・Ⅴのコルから
Ⅴ峰の三ノ窓側の斜面を登攀中、雪崩を誘発。
セカンドのメンバーが三ノ窓雪渓まで流された。

気象と積雪

重要な兆候		
	直近の雪崩発生	ー
	不安定性の兆候	ー
	直近の堆積	〇
	急激な昇温	ー

前日まで　4月30日から5月1日にかけて山中で数十cmの降雪。その後、天気はやや回復した後、3日午後には弱い気圧の谷が北日本を通過し、夕方から降雪が始まる。4日には三陸沖で低気圧へと発達。強い冬型の気圧配置となったため、山中では吹雪となり、断続的な降雪が夜半まで続いた。

当日の状況　西から高気圧が移動性となって張り出し、晴れ。山中では朝は風が残っていたが、次第に収まって穏やかに。

地形特徴

標高帯	アルパイン
斜度	35° 以上
形状	凸状
風の影響	複合的
植生	なし
地形の罠	狭い谷と両側から突き出ている岩
ATES	コンプレックス

発生区は丸みを帯びた下支えのない急斜面。函ノ谷上部は屈曲したゴルジュ状で両側から岩が突き出る。

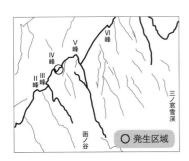

● 発生区域

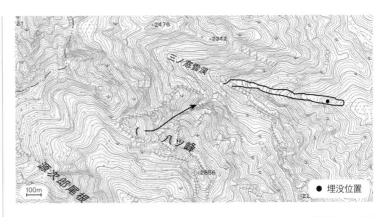

● 埋没位置

発生した雪崩

雪崩の種類	ストームスラブ
規模	size 2.5
キッカケ	人的誘発（偶発）
標高	2600m
斜度	30° 以上
方位	東
弱層	U
滑り面	U

行動

活動	登山
関与グループ数	1

八ツ峰を登攀し、早月尾根を下る5泊6日の日程で、扇沢から5月1日に入山。初日は真砂台地に幕営。

2日、Ⅱ峰左稜に取り付く。4月30日の新雪が気になったが、不安定性の兆候なし。マイナーピークから懸垂で降り、直下でビバーク。

3日、ルート図どおり進み、Ⅰ峰から下ったコルでビバーク。4日、吹雪で出発を遅らせるも、視界が20～30mと悪く、昼にⅡ・Ⅲのコルに着いた時点で行動を中止し、ビバーク。

5日、トップがⅤ峰の三ノ窓側の斜面に取り付き、その後方20mにセカンド、サードはⅣ・Ⅴのコルにおり、1人は懸垂下降中、ラストはⅣ峰の頂にいる時、雪崩が発生した。

捜索救助

インシデントレベル	L4
雪崩装備	なし

雪崩の発生は7時30分。コルに4人が集合した後、7時45分、無線で通報。2ピッチ（100m）下降し、函ノ谷が下れるか確認した後、8時40分、全員で下降開始。上部斜面は雪崩で締まっているが、下部は気温が上昇しており、緩んだ状態。

12時頃、9ピッチ（900m）を要して三ノ窓雪渓に到達し、目視捜索を行ないながらデブリを下る。同じ頃、山岳警備隊も現着しており、デブリ下部から捜索を開始。末端から100mの位置でザックを視認。すぐに掘り出しを行ない、12時25分、埋没深1mで被災者（20）を発見し、15時30分、県警ヘリにて収容された。

情報源
—
● 事故報告書
● 新聞報道

Comment　クライマーにとって、35°の斜面は急には感じないかもしれない。また、先が落ち込む凸状地形の高度感は、楽しみのひとつかもしれない。しかし、いずれも雪崩には最適な要素となる。

23

Ski

003

新潟県
糸魚川市

海谷鉢山
うみたにはち

1994年2月27日
● 遭遇2人
● ケガ0人
● 死者1人

1泊2日の山スキーツアーに出かけた7人パーティが、
積雪状態が悪いことを把握し、計画を変更。
慎重に下山している最中に雪崩を誘発し、被災した。

気象と積雪

重要な兆候	直近の雪崩発生	○
	不安定性の兆候	○
	直近の堆積	○
	急激な昇温	—

前日まで　低気圧が2月21日から22日にかけて急激に発達しながら日本の南岸を北東へ進む。22日午後には950hPaまで発達して極めて強い冬型となり、日本海側は大雪。その後、冬型はゆっくりと緩んでいくが、当該地域では降雪が続いていた。アメダス糸魚川（標高8m）にて、21日から26日までの降水量は49㎜であった。

当日の状況　前日からの降雪は40cmほど。風は弱いものの当日も降雪が続いており、視界は100m程度。アメダス糸魚川で気温2.1℃（7時）。

地形特徴

標高帯	森林帯
斜度	30°以上
形状	ボウル状
風の影響	弱い
植生	まばら
地形の罠	明瞭なものなし
ATES	チャレンジング

　緩やかな川沿いの地形をつめていくと、小さい急斜面が複雑に入り組む複合的な地勢となっていく。このような場所では、小規模ながら発生区となりうる斜面が両岸に出現することもあり、ルートセッティングには充分な経験が必要となる。

　今回、事故となった斜面も、そのような小さい地形である。当該パーティはとても慎重な行動をしていたが、少しのルート選択のミスが雪崩を誘発させることになった。

右手の尾根（点線）を下降し、先頭にいた2人が流された（事故報告書を基に作成）

凡例：
✕ 被災位置
● 埋没位置

発生した雪崩

雪崩の種類	ストームスラブ（推定）
規模	size 2
キッカケ	人的誘発（偶発）
標高	740m付近
斜度	30°
方位	北西
弱層	U
滑り面	U

　幅50m、スラブの厚み50cmほど。弱層の詳細は不明ながら、状況からストームスラブの可能性が高い。

行動

活動	スキー
関与グループ数	1

　26日に入山し、アケビ平を経由し、山中にて幕営。27日、準備を終えたメンバーが近くの斜面でスキーを練習しようとしたところ、size 1の雪崩を誘発。積雪状態が悪いと判断し、下山を決定。慎重に尾根ルートを選びながら下山をしていたが、途中、当該斜面に入ったところ、雪崩を誘発し、2人が流された。1人は部分埋没したが、すぐに自力脱出。1人（39）が不明となった。

捜索救助

インシデントレベル	L4
雪崩装備	なし

　雪崩の発生は9時頃。埋没したと思われる区域でスカッフ＆コールを行なうが効果なく、ストックやテントポールを使ったプロービング、あるいはコッヘルやスキーを使って、デブリを掘る作業を行なう。

　同グループの日帰りの後発隊4人が10時頃、現着して捜索活動を協働。14時すぎ、埋没深2.5mにて不明の男性を発見。翌28日、山岳関係者31人態勢で被害者を移動させた後、県警ヘリにて収容した。

情報源

● 事故報告書
● 新聞報道

Comment　一般的に滑走用具が外れずに埋没すると深い埋没となる場合が多い。また、ストックのストラップをしているとストック自体がアンカー（錨）となり、被災者が深く埋没する原因となりうる。

　今回は、斜面下部で停止に近い状態で雪崩に遭っており、サバイバル行動もほとんどできず、また、ストックのストラップをしていたことから深い埋没となった可能性が高い。たとえ雪崩ビーコンがあったとしても、生還するには運が必要となる埋没深であった。

004 Snowboard

群馬県
みなかみ町

谷川岳高倉山北東面
たにがわ たかくら

1996年4月13日
● 遭遇1人
● ケガ0人
● 死者1人

高倉山から土合駅方面に流れ落ちる沢へ
スキー場の立入禁止のロープを乗り越えて滑り込んだ
スノーボーダーが雪崩を誘発し、流された。

気象と積雪

重要な兆候	直近の雪崩発生	O
	不安定性の兆候	U
	直近の堆積	O
	急激な昇温	−

前日まで　4月12日、この時期としては極めて強い寒気（上空5500mで-40℃）が入り、山は暴風雪となった。気象庁アメダスの日降雪の深さは、みなかみ（標高531m）で59cm、藤原（標高700m）で49cmなどを記録した。

また、全国的に見ても大阪や神戸などで最晩雪の記録を更新し、新幹線の運行にも支障をきたすなどしたため、この強い気象現象は新聞やテレビなどで大きく報道された。

当日の状況　前日からの大雪は昼すぎには収まったものの、みなかみ町の山中では降り始めからの降雪量は80cmを超えた。

地形特徴

標高帯	森林帯
斜度	35°以上
形状	沢地形
風の影響	クロスローディング
植生	まばら
地形の罠	走路内の樹木と沢状地形
ATES	チャレンジング

　樹林帯にある急峻な沢地形。上部はやや広がりのある疎林部があるが、標高を下げるにしたがい、沢は深く狭くなる。よって、安全地帯の選択が難しい地形といえる。

冬型降雪の場合、風が湯檜曾川の谷に沿って吹き込むため、斜面全体は横からの強い風の影響を受ける。結果、沢の両側の尾根と沢内では積雪状況が大きく異なりやすい。

● 停止位置

発生した雪崩

雪崩の種類	ストームスラブ
規模	size 2（推定）
キッカケ	人的誘発（偶発）
標高	1350m付近
斜度	U
方位	北東
弱層	U
滑り面	U

　破断面の厚みは50〜70cm、幅は沢全体に広がる。12日以前の積雪は完全にざらめ雪となっており、雪崩の種類はストームスラブであることは確実。ただし、旧雪と新雪の境界面で発生したのか、あるいは新雪内の弱層が原因となったのかは不明。

行動

活動	スノーボード
関与グループ数	1

　谷川岳天神平スキー場を訪れ、スノーボードの大会に参加した3人グループは、下山するにあたり、スキー場境界に設置されていた立入禁止のロープを越えて、高倉山の北東の沢に滑り込んだ。最初に滑走した男性（26）が雪崩を誘発し、そのまま流され、沢地形内にある樹木に激突した。

捜索救助

インシデントレベル	L4
雪崩装備	なし

　仲間による救助要請に先立ち、別グループも別の雪崩に遭遇しており、この通報でスキーパトロールはすでに行動を開始していた。これにより、流された男性のところに仲間が到着するのと同じタイミングでパトロールも現着。デブリで樹木に押さえつけられた大腿骨骨折の男性を救助し、ボートでゲレンデまで搬送したが死亡。二次災害の危険のなか、搬出には甚大な労力がかかり、22時を回った。

情報源
—
● スキーパトロール
● 新聞報道

Comment　大量降雪に伴う不安定性による典型的な事例。強い寒気流入があっても、一時的な場合、春季は全般的に気温が高く、積雪の変化も早いので、半日で状況が大きく変わることも多い。それゆえ、雪が悪くなる前に滑りたいという考えは、危険な斜面に入る動機になりやすい。

　あらためて、スキー場の内と外では危険度がまったく異なることを忘れずに。また、スキー場利用者はスキー場事業者が設定したロープを遵守する義務がある。

長野県
大町市

鹿島槍ヶ岳鎌尾根
かしまやりがたけ　かま

2003年4月6日
- 遭遇3人
- ケガ0人
- 死者2人

鎌尾根を登攀中の3人パーティが雪崩を誘発。
南側に流されたメンバーはすぐに停止したが、
北側に流されたメンバーは標高差約500mを流された。

気象と積雪

重要な兆候		
	直近の雪崩発生	O
	不安定性の兆候	U
	直近の堆積	O
	急激な昇温	－

前日まで　5日、南岸低気圧が発達しながら東進。寒気が流入し、関東北部から甲信で大雪。アメダス大町（標高784m）で5日の降水量22㎜、積雪も観測されている。山中では北股本谷の左岸側壁にて、雪崩が数分おきに発生する様子を当事者が観察している。

当日の状況　低気圧は東の海上に進み、一時的に冬型の気圧配置となる。アメダス大町にて気温2.7℃（7時）。

地形特徴

標高帯	アルパイン
斜度	30°以上
形状	尾根
風の影響	複合的
植生	なし
地形の罠	深い谷と崖
ATES	コンプレックス

発生した雪崩

雪崩の種類	ストームスラブ
規模	size 2.5
キッカケ	人的誘発（偶発）
標高	2700m
斜度	U
方位	南東
弱層	新雪（推定）
滑り面	融解凍結層

始動積雪はsize 1。しかし、北側は長く急峻な斜面があり、その雪を巻き込んで雪崩の規模は拡大した。状況から荒天の雪による雪崩。

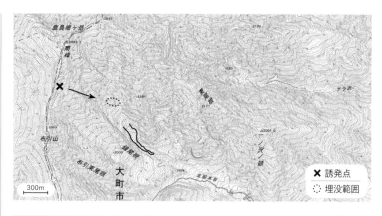

✕	誘発点
⋮	埋没範囲

300m

行動

活動	登山
関与グループ数	1

ダイレクト尾根から鹿島槍ヶ岳に登頂した後、鎌尾根を下る1泊2日の計画で、冬季登山の経験豊富な30代の3人パーティが大谷原より入山。

5日8時、赤岩尾根末端に到着。出発が遅れたことと、天候が悪いことから鎌尾根の登攀へルートを変更。北股本谷は、ワカンで膝ラッセル。9時10分、鎌尾根に取り付く。この日は12時、標高2200m付近で行動を終了し、幕営する。

6日5時、行動開始。新雪は30㎝ほど。標高を上げると雪面がクラストしているため、アイゼンを装着。その後、順調に高度を稼ぎ、稜線が目の前に見える標高2700m付近を登攀中、雪崩が発生。

先頭メンバー付近の雪面が割れ、厚み20㎝、広さ2畳ほどの雪面が動きだし、全員が流された。

捜索救助

インシデントレベル	L3
雪崩装備	あり

雪崩の発生は7時30分頃。1人は尾根の南側に約30m流され、傾斜がやや緩くなるところで停止。雪崩の幅は10m。一方、ほかの2人は幅30～40mの雪崩で北側に流された。

南に流されたメンバーは、デブリから自力脱出すると、ビーコンを受信モードにしたが、周辺のデブリからは反応がないため、雪崩が発生した尾根上まで登り返した。そして、周辺状況から仲間が北側に流されたと判断し、8時20分、警察に通報。

その後、登攀してきたルートを下山し、13時30分、標高1800m付近で県警ヘリに収容された。また、北側に流された2人は、翌7日に警察によって発見、収容された。

情報源

- 事故報告書
- 新聞報道

Comment

春の雪の変化は早い。寒気を伴った低気圧が降らせた雪が、わずか数時間で安定することもある。低標高では安定していた新雪が、高標高ではまだ落ち着きを見せないこともある。そんな微妙な雪も、半日もするとすっかり落ち着いてしまうことも多い。これらは気温・雪温の高さによる。結果、安定していると判断して北斜面に回り込んだところ、まだ不安定であった、というケースなども生じる。安定化の速度のばらつきに注意を。

Snowboard

岩手県
八幡平市

八幡平恵比須沢
（はちまんたいえびす）

2005年1月23日
● 遭遇1人
● ケガ0人
● 死者1人

スノーボードの撮影のロケハン中に
急斜面をツボ足で移動していたメンバーが
雪崩を誘発し、被災した。

気象と積雪

重要な兆候		
直近の雪崩発生	……	U
不安定性の兆候	……	U
直近の堆積	……	○
急激な昇温	……	―

前日まで　1月18〜19日に暖かい空気が入り、大きく昇温した。19日夜から20日にかけては、低気圧の通過に伴うまとまった降雪があり、アメダス岩手松尾（標高275m）で24cmを記録。その後、22日まで強い冬型の気圧配置となり、北西の暴風が吹いた。

当日の状況　23日は、冬型の気圧配置は緩んでいたが、寒気が上空に残っていたため、アメダス岩手松尾で朝8時に-9.1℃を記録。日中も曇り気味で日射は少なく、マイナスの気温で推移した。

地形特徴

標高帯	……	森林帯
斜度	……	35°以上
形状	……	平滑なオープン
風の影響	……	クロスローディング
植生	……	なし
地形の罠	……	なし
ATES	……	チャレンジング

　夏季は植生がなく、土が露出している崖の裸地。八幡平は冬型の気圧配置になるととても強い風が吹くが、現場は西側にある尾根に遮られて、風の影響は比較的小さい。トップローディングとクロスローディングが組み合わさり、堆積は複合的。
　また、南に向いた急斜面であるため、厳冬期においても日差しのある時は日射の影響を強く受け、雪の変化が早い斜面でもある。そして、急斜面からいきなり平坦になるため、デブリは拡散しにくい傾向がある。

被災範囲

発生した雪崩

雪崩の種類	……	ストームスラブ
規模	……	size 2
キッカケ	……	人的誘発（偶発）
標高	……	1090m
斜度	……	40°
方位	……	南
弱層	……	インターフェイス
滑り面	……	ざらめ雪

　破断面の厚みは80cm、幅は50mの規模。滑り面となった、ざらめ雪の上は、しまり雪で、その境界面の結合が悪く、ウイークインターフェイスとして雪崩は発生した。

行動

活動	……	スノーボード
関与グループ数	……	1

　3人パーティがビデオ撮影のため、アスピーテラインのゲート付近から入山。南向きの斜面で、積雪状態が良くないことが多いため、滑る人の少ない斜面に向かった。9時40分頃、男

2005/1/25 ©K. Takahashi

どの山にもある小さい地形での事故

性（24）が撮影場所を探すため、斜面をツボ足で下りている時に雪崩を誘発し、巻き込まれた。

捜索救助

インシデントレベル	……	L4
雪崩装備	……	なし

　仲間による捜索だけでなく、当時、営業中であった八幡平スキー場のスキーパトロール隊員4人も、通報を受けて、捜索救助に入った。
　さらに近傍のスキーヤーや地域住民も加わり、約30人による捜索活動が行なわれた。発生から約1時間40分後に、男性は埋没深1mで発見され、病院に搬送された。

情報源
—
● JAN現地調査
● 雪氷防災研究センター
● 新聞報道

Comment　斜面の規模も小さく、どの地域の、どの山にもあるような斜面での事故。ただし、雪崩を発生させた不安定性は、局所のみに存在している。吹雪があり、斜度が充分にあれば、方位関係なしに反応するような不安定性は認知しやすい。一方で、局所のみに存在する不安定性を的確につかむことは難しい場合が多い。
　そして、八幡平のように全体的に緩い山容と短い急斜面の組み合わせの地勢では、状況認知が難しくなりやすい。

Ski

白馬小遠見尾根
（はくばことおみ）

2006年4月9日
● 遭遇7人
● ケガ3人
● 死者2人

寒冷前線の通過に伴うまとまった降雪のあと、
12人パーティが馴染みのルートでの山スキーを計画。
誤った斜面に入ったメンバーが雪崩に流された。

気象と積雪

重要な兆候		
	直近の雪崩発生	○
	不安定性の兆候	○
	直近の堆積	○
	急激な昇温	―

前日まで　すでに春のざらめ雪となっているところへ、8日、寒気を伴う低気圧が東北を東進。午前に寒冷前線が通過し、夕方には冬型に。8日夜には、白馬乗鞍岳で雪崩遭難が発生している。

当日の状況　冬型は緩み、高気圧に覆われて晴れ。アメダス白馬で気温4.7℃（12時）。

地形特徴

標高帯	森林帯
斜度	35°以上
形状	凸状
風の影響	クロスローディング
植生	樹林内の開放部
地形の罠	深い沢と崖
ATES	コンプレックス

森林帯ながら、狭い尾根と深い沢で構成されるエリアで、全体的に傾斜が強い。また、上部に大きな発生区を持つ川沿いを下山するため、長時間、ハザードに曝露する。

発生した雪崩

雪崩の種類	ストームスラブ
規模	size 2.5
キッカケ	人的誘発（偶発）
標高	1750m
斜度	30°以上
方位	北
弱層	降雪結晶（推定）
滑り面	融解凍結層（推定）

破断面の幅は30m程度、厚みは20～60㎝。新雪は黄砂を多く含む。

行動

活動	スキー
関与グループ数	1

リーダーと主要メンバーにとって、これまでたびたび滑走している馴染みのルートでの山スキーを計画。

朝、八方尾根スキー場でゲレンデ内の新雪を滑走した後、白馬五竜スキー場に移動し、11時30分、ゲレンデのトップから入山。順調に高度を上げ、滑走準備をした後、12時40分、小遠見尾根から北に延びる支尾根を1人ずつ滑りだす。

少し滑った標高1750mで、前方の8人がいったん集合。後続メンバーが順次滑走に入っていることを確認すると、前方の7人はスキーヤーズライトの斜面へ滑りだす。

そこへ、ちょうど後方から滑り込んできたリーダーが、滑り込む方向が間違っていることを指摘。自ら先導するかたちでスキーヤーズレフトの尾根方向へ滑り始めると、後方にいた4人もそれに続いた。そして、ほどなく雪崩が発生した。

捜索救助

インシデントレベル	L4
雪崩装備	4人なし

雪崩の発生は12時55分頃。誤った方向の斜面へ滑り込んだ7人が流されたが、1人は始動積雪に置いていかれ、斜面上部で停止。また、前から2番目を滑走していた1人も、スキーヤーズレフトの林にエスケープして難を逃れた。

エスケープしたメンバーは、林をトラバースして先行するリーダーに雪崩発生を伝達。先行メンバーは現場に戻ろうとしたが、雪が軟らかく、登り返しが厳しいため、13時10分頃、救助を要請。

15時および16時50分の2回に分

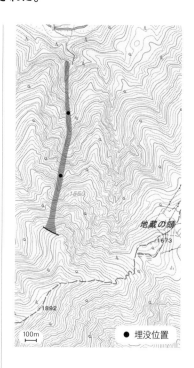

● 埋没位置

けて、防災ヘリがケガ人を含む5人を搬送。不明の1人は、その後、県警ヘリが現着し、隊員が下降して捜索を行ない収容された。この事故で男性2人（33・41）が死亡した。

情報源

● JAN現地調査
● 事故報告書
● 新聞報道

Comment　グループの人数構成は、雪崩だけでなく、安全対策全般における重要な要素となる。グループが大きければ、強いリーダーシップが必要となるし、地形選択にも慎重さが求められる。

安全地帯が少ない、スペースが狭い、あるいは認識しにくい場所を滑る場合、それがたとえ樹林帯であったとしても、グループを小さくしないと適切なマネジメントは難しくなる。小さい雪崩であっても、樹林帯では重大な結末となりやすい面もある。

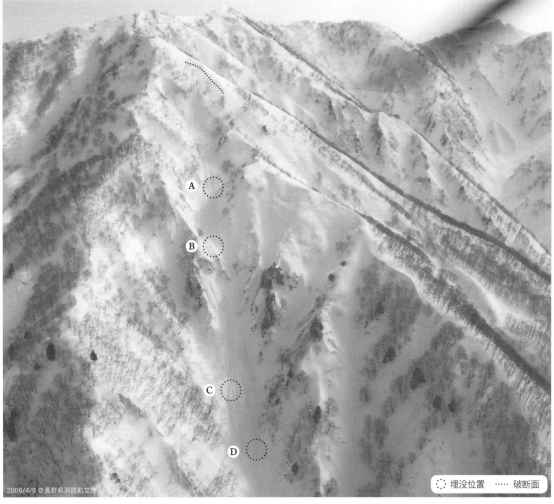

2006/4/9 ©長野県消防航空隊

⟨:⟩埋没位置　‥‥破断面

Ⓐ部分埋没1人、Ⓑ部分埋没2人、Ⓒ完全埋没1人、Ⓓ部分埋没2人、脱出1人。ⒷとⒸで1人ずつ死亡

アメダスデータ

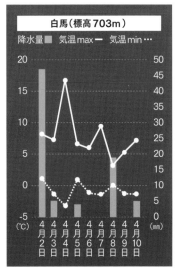

白馬（標高703m）

降水量■　気温max─　気温min‥‥

4月2日にまとまった降雨があった後、4日には本州の南にある高気圧の縁を回り込む暖気で大きく昇温した。

2006/4/10 ©A. Degawa

同じ方位・標高で自然発生の雪崩もあった。次ページの破断面データは、この写真の場所で観察したもの

天気図

4月7日
関東南岸に低気圧発生。そのほかの地方は高気圧に覆われる

4月8日
低気圧が日本海から東北を東進し、寒冷前線が本州を通過

4月9日
高気圧に覆われて、関東や東海、近畿などは終日晴れ

2006/4/9 ©A. Degawa

4月9日12時30分の白馬乗鞍岳東斜面の様子。近傍で積雪観察をしているが、東から南西斜面では不安定性は概ね解消していた

雪崩を発生させた不安定性の推移

寒気の流入と降雪

8日は、北から500hPaの高度で-30℃の寒気が、南から湿った暖気の流入がそれぞれあり、寒冷前線の活動はとても活発であった。

この寒冷前線が白馬連峰の上空を通過した7時から11時までの4時間の平均の降水量は約3mmを記録している。これを雪水比1.5で換算すると時間降雪4.5cmが4時間継続したことになる。

現場の状況

8日の山中は吹雪になっており、蓮華温泉に向かったパーティが天狗原でルートロスト。リングワンダリングに陥り、天狗原から栂池自然園に滑り込む南斜面で雪崩を誘発し、事故となっている。この雪崩の幅は20m程度で、発生時刻は12時すぎ。

事故の多発

9日、冬型は緩んだものの、寒気が少し残ったことで、朝は曇り。その後、好天となるが、日曜であったので、山はとてもにぎわった。

8日と9日の2日間で北アルプスでは死亡事故が4件発生した。
・白馬乗鞍岳天狗原　3人
・安房山　1人
・笠ヶ岳穴毛谷　4人
・白馬小遠見尾根　2人

また、仙丈ヶ岳でも雪崩でケガ人が出て搬送されている。

特定の標高と方位

事故多発もあり、JANに4件の別事案も寄せられた。これと報道された5件の事故を整理すると、特定の標高と方位に事案は集中していた。
・標高　1700～2100m
・方位　北西～北～北東

北側斜面の旧雪面の温度は、南側より低く、不安定性の解消に時間がかかる。そして、北側斜面に人が滑り込むのは、シーズン最後の良い雪を滑りたい滑走者の自然な心理である。

春は雪の変化が早く、半日あるいは数時間で新雪が落ち着いてしまうこともしばしばあるが、まとまった降雪直後はシーズン中と同様の安全対策が必要となる。

積雪観察

本事例と、同じ方位・標高で自然発生した雪崩（前ページ写真）の破断面データ。上載積雪内には交互に黄砂の雪の層が挟まる。弱層は8日の降り始めの雪。結晶の枝が一部残り、テストにも敏感に反応。事故の雪崩も同じ脆弱性だと推定できる。

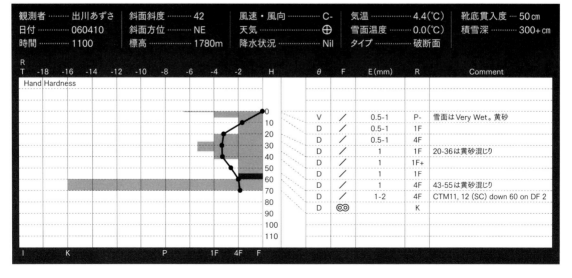

観測者	出川あずさ	斜面斜度	42	風速・風向	C-	気温	4.4(℃)	靴底貫入度	50cm
日付	060410	斜面方位	NE	天気	⊕	雪面温度	0.0(℃)	積雪深	300+cm
時間	1100	標高	1780m	降水状況	Nil	タイプ	破断面		

R/T	Hand Hardness	H	θ	F	E(mm)	R	Comment
		0	V	/	0.5-1	P-	雪面はVery Wet。黄砂
		10	D	/	0.5-1	1F	
		20	D	/	0.5-1	4F	
		30	D	/	1	1F	20-36は黄砂混じり
		40	D	/	1	1F+	
		50	D	/	1	1F	
		60	D	/	1	4F	43-55は黄砂混じり
		70	D	/	1-2	4F	CTM11, 12 (SC) down 60 on DF 2
		80	D	◎		K	

(温度軸: -18 -16 -14 -12 -10 -8 -6 -4 -2 H; 硬度軸: I K P 1F 4F F)

Ski

長野県
小谷村

栂池鵯峰
（つがいけひよどり）

2014年3月21日
● 遭遇4人
● ケガ2人
● 死者1人

蓮華温泉へのスキーツアーを計画した
経験豊富な5人パーティが、ゲレンデから出て
間もなくの斜面で雪崩を誘発し、被災した。

気象と積雪

雪崩危険度	3（警戒 Considerable）

重要な兆候	
直近の雪崩発生	○
不安定性の兆候	○
直近の堆積	○
急激な昇温	―

前日まで

20日に南岸低気圧が通過。標高1800m以上で午前から湿った降雪となり、それ以下では降雨となった。森林限界付近では、融解凍結クラストを滑り面として、当日の降雪によるsize 1の面発生雪崩が複数発生。

当日の状況

長野地方気象台は、21日4時53分、小谷村に大雪注意報（12時間最大降雪量25cm）を発表。9時26分には大雪警報に切り替えた。現場付近では11時頃、気温-8℃（1650m）、時間降雪深3cmの強度で吹雪。標高1800mにて前日からの降雪量40cmほど。

地形特徴

標高帯	森林帯
斜度	35°以上
形状	緩い沢が入る
風の影響	クロスローディング
植生	まばら
地形の罠	走路内の樹木
ATES	チャレンジング

斜面は南西に向いており、明瞭な雪崩道が形成されている。西風によるクロスローディングが顕著に現われ、横に張り出す雪庇が観察される。

また、メインの雪崩道では、休止中のリフト乗り場まで到達する雪崩を自然発生させることがある。これまでも過去数回、その規模（size 2.5）の発生履歴がある。

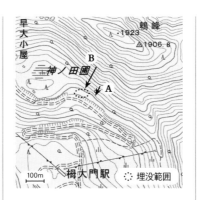

早大小屋　鵯峰 ・1923　△1906.8
三神ノ田圃　B　A
100m　栂大門駅　⋮埋没範囲

発生した雪崩

雪崩の種類	ストームスラブ
規模	size 1.5
キッカケ	人的誘発（偶発）
標高	U
斜度	U
方位	南西
弱層	降雪結晶（推定）
滑り面	融解凍結クラスト（推定）

破断面調査は行なっていないが、20日と22日に近傍で積雪観察を実施しており、当事者の証言と合わせ、弱層は20日の降雪の可能性が高い。

行動

活動	スキー
関与グループ数	1

栂の森ゲレンデのトップから鵯峰方向へ登り、標高1800m付近をトラバースしている最中に被災。最初に1人が雪崩Ⓐ（点発生）で足元をすくわれて少し流され、次に雪崩Ⓑ（面発生）で3人が被災した。

2014/3/22 ©A. Degawa

デブリは林道まで届いている

捜索救助

インシデントレベル	L3
雪崩装備	あり

10時40分、雪崩Ⓐが発生。メンバーに問題がなかったためトラバースを続けるが、10時53分に雪崩Ⓑが発生。これに前方の3人が流され、全員が部分埋没。2人は流されている途中で木に当たりケガ。初動捜索は流されなかった2人が実施した。

その後、複数のガイドツアーが状況に気づき、救助活動を手伝った。また、要救助者（70）に低体温症の症状があったため、近傍の山小屋に応援を求め、お湯や保温具などの提供を受けた。要救助者は近傍にいた人たちによってスキー場まで搬送された後、スキーパトロールに引き渡され、麓で待つ救急車に収容された。

情報源
—
● JAN現地調査
● 新聞報道

Comment　積雪の不安定性を認知しやすい状況での事故。充分な経験を持つグループが、なぜ、このコンディションで、その場所にいるのだろうという事故は、これまでもしばしば発生している。

自分も同様の事故を起こす可能性があると考えることが必要。

近傍にいた山岳利用者の協力が被害軽減の力になったが、一方で、タイミングが悪ければ、林道を移動しているパーティにとってはもらい雪崩となる可能性もあった。

Snowboard

新潟県
妙高市

妙高三田原山
みょうこうみたはら

2008年2月1日
● 遭遇1人
● ケガ1人
● 死者0人

撮影のために入山した経験豊富な6人パーティは
現場状況を確認しながら行動していたが、
数日前からアクティブであった不安定性の雪崩で流された。

気象と積雪

重要な兆候		
	直近の雪崩発生	○
	不安定性の兆候	○
	直近の堆積	○
	急激な昇温	—

前日まで 1月28日は高気圧に覆われ、晴れ。29日、厚い雲域を持つ低気圧が本州の南岸を北東進。これにより粒径2〜3mmの雪が白馬から妙高、そして群馬の山域まで広域で降り、点発生雪崩が観察された。

30日にかけて冬型となり、自然発生あるいは誘発でsize 1〜2.5の面発生雪崩が多数、広域で観察されている。その後、小さい低気圧が通過し、31日も冬型が続く。

当日の状況 1日は冬型が緩んできており、午後から天気は回復して晴れとなる。アメダス関山（標高350m）で気温 -2.9℃（7時）。過去12時間で23cmの降雪。また、入山して間もなく、滑走中にsize 1の雪崩をメンバーが誘発している。

地形特徴

標高帯	森林帯
斜度	35°以上
形状	凸状
風の影響	クロスローディング
植生	疎林
地形の罠	走路内に崖
ATES	チャレンジング

発生区は大きな凸状地形。西側にある大きな尾根には北西の風による雪庇が形成されるが、当該斜面はクロスローディングあるいは吹き払いの影響がある地形。また、日射の影響も強く受ける。

走路となる沢地形は狭く、途中に崖があり、地形の罠となっている。

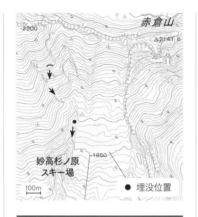

妙高杉ノ原
スキー場

100m

● 埋没位置

発生した雪崩

雪崩の種類	ストームスラブ
規模	size 2.5
キッカケ	人的誘発（偶発）
標高	2114m
斜度	35°
方位	南
弱層	降雪結晶
滑り面	こしまり雪

破断面の幅は20m、厚みは40cm。

行動

活動	スノーボード
関与グループ数	1

経験豊富な6人パーティが撮影のため、妙高杉ノ原スキー場のトップから入山。撮影が目的のため、固定的なルート設定はしておらず、天候と積雪状況で判断しつつ、三田原山周辺で行動する流動的な予定。

10時15分、登行を開始。三田原山方面へ向けて登行しつつ、短い距離での撮影を行なう。14時20分、メ

2008/2/2 ©R. Sasagawa

埋没位置（点線円）。デブリは奥まで続く

ンバー1人が先に単独下山。その後も同じように短い距離での撮影を続けつつ、当該斜面に到着。スノーボーダー1人が滑走中に雪崩を誘発し、流された。

捜索救助

インシデントレベル	L3
雪崩装備	あり

雪崩の発生は16時25分。すぐに捜索を開始し、発生から10分で顔を掘り出し、呼吸を確保。消防とスキー場に通報し、17時20分、スキーパトロールが現着。

大腿骨骨折のためスキーパトロールが応急処置を行ない、18時15分、搬送を開始。18時30分、スキー場トップで待機していた雪上車に収容され、その後、病院へ搬送された。

情報源

● JAN現地調査
● 事故報告書

Comment 低気圧が粒径の大きな雪を降らせ、方位関係なく点発生雪崩が発生。その後、冬型の高密度な降雪が載り、規模を拡大させた面発生雪崩が敏感に発生。これはシーズン中に何回もある、ごく一般的なサイクルとなる。

こうしたストームスラブの不安定性が落ち着いていく速度は、地形特徴によって異なる。雪崩がより発生しやすい要素を持つ地形では、安定化の確信が持てるまで、安全マージンを保つことが大切。

流された沢の途中には崖（滝）がある

アメダスデータ

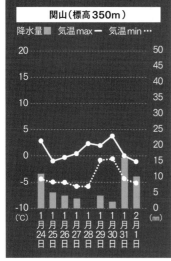

関山（標高350m）

降水量■　気温max—　気温min…

30日の気温上昇は、日本海から東進してきた小さい低気圧の通過による。現場との標高差に留意。

疎林部で発生し、沢地形を流された

天気図

1月30日
日本海を低気圧が東進。北日本は雪

1月31日
冬型の気圧配置。北日本の日本海側〜北陸は雪

2月1日
寒気の影響で、日本海側のところどころで雪や雨

積雪観察

1月29日に通過した低気圧の降雪が、厚み5cm、粒径2mmで、まだきれいに残っており、これが弱層となった。

斜度のある南面ながら日射の影響が積雪内になく、29日の降雪以降、低温の環境が保たれていたことがうかがえる。

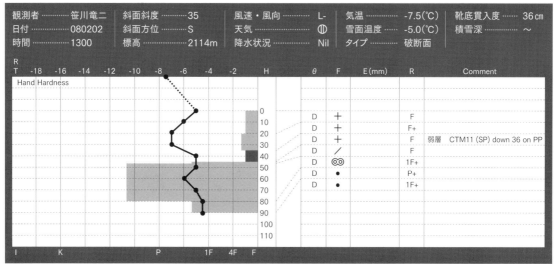

観測者	笹川竜二	斜面斜度	35	風速・風向	L-	気温	-7.5（℃）	靴底貫入度	36cm
日付	080202	斜面方位	S	天気	⊕	雪面温度	-5.0（℃）	積雪深	〜
時間	1300	標高	2114m	降水状況	Nil	タイプ	破断面		

弱層　CTM11 (SP) down 36 on PP

長野県
白馬村

八方尾根無名沢
（はっぽう）

2009年1月25日
● 遭遇1人
● ケガ1人
● 死者0人

スキーとスノーボードが混在した4人グループの
2人目が滑走しようとしたところ、雪崩が発生。
最初に滑走し、下部で待機していたメンバーが流された。

気象と積雪

重要な兆候	直近の雪崩発生	○
	不安定性の兆候	○
	直近の堆積	○
	急激な昇温	―

前日まで
22日午後から23日未明に降った結合力の弱い雪により、23日には多数の点発生と面発生の雪崩の報告。24日もスキーカットで雪崩の発生報告。

当日の状況
午前はアルパインに雲がかかるが、午後になると快方へと向かった。アメダス白馬（標高703m）にて気温 -9.3℃（7時）。

地形特徴

標高帯	アルパイン
斜度	35°以上
形状	凸部がある沢地形
風の影響	クロスローディング
植生	低木は埋没
地形の罠	下部の狭い谷
ATES	コンプレックス

北東に向いた大きな開放斜面は緩い沢形状。冬型ではクロスローディングが卓越する。下部は漏斗状に狭まり、狭い谷となる地形の罠。

発生した雪崩

雪崩の種類	ストームスラブ
規模	size 3
キッカケ	人的誘発（偶発）
標高	2250m
斜度	35°
方位	北東
弱層	降雪結晶
滑り面	しまり雪

低気圧や気圧の谷の通過で粒径の大きな雪が降り、それが冬型降雪で埋もれることで雪崩を発生させる、

シーズン中に何回もあるパターン。
白馬山域では18日から19日にも似たパターンでの雪崩サイクルがあり、19日には size 3 の自然発生雪崩が観察されている。

行動

活動	スノーボード
関与グループ数	1

白馬の山岳エリアを熱心に滑っている4人パーティが、八方尾根スキー場のトップから9時30分に入山。八方池上部にて積雪観察を行ない、2361m峰まで登行した。

2361m峰から標高差50mほど下にあるブッシュのバンド帯まで1人ずつ滑走。この際、第一滑走者がスノーボードカットを試みたが、特に反応はなかった。

リグループした後、先頭を交替し、スノーボーダーが斜面の中央奥にある樹林部をめざして滑走を開始した。しかし、途中でスラフが発生したことに気づき、スキーヤーズライトの、やや盛り上がった樹林部に停止位置を変更した。スノーボーダーは上部で待つメンバーに、スラフが発生したことを無線で伝えた。そして、次の滑走者が斜面に入ろうと凸状部に近づいたところ、雪崩が発生した。

捜索救助

インシデントレベル	L3
雪崩装備	あり

雪崩の発生は12時10分頃。雪煙が収まると、待機位置にいた仲間

の姿が見えないので、すぐに捜索を開始。途中で斜面は小さい尾根で左右に分かれるので、流量が多そうな左に2人、右に1人と振り分ける。

捜索をしつつ、これ以上、標高を下げると携帯電話が不通となる可能性があると判断し、警察に通報。そして、通信員をその場に1人残し、下流部は2人で捜索を実施した。

ビーコンが反応し、近づくとデブリから手が少し出ていることに気づき、掘り出しを行なう。顔の位置は雪面下10cmだったが、重傷を負って意識がなかった。呼びかけによって応答したので保温等に努め、その後、男性（41）は県警ヘリに収容された。

情報源

● JAN現地調査
● 関係者聞き取り

✕ 被災位置
● 埋没位置

100m

Comment

被災者は、仲間の待機していた位置から標高差で約600m下方に埋没した。しかし、雪崩発生から15分で被災者の顔を出している。

このような素早い捜索は、日頃から訓練

を実施し、「ビーコンがシグナルを拾わない時、人は近くにいない」ということを体が覚えていないと動けない。雪崩の規模から考えれば生還は幸運でしかないが、捜索範囲の割り振り、通信員の設置など的確な捜索が仲間の命を救ったともいえる。

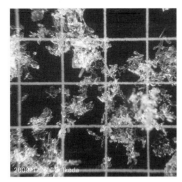

弱層となった降雪結晶。マス目は3mm

2009/1/29 ©T. Tonegawa

写真中央の支尾根の向こう側にある無名沢のほぼ全面が落ちている

アメダスデータ

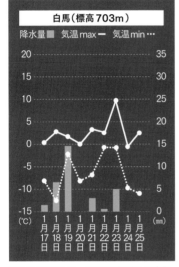

白馬（標高703m）

降水量■　気温max─　気温min…

18日は気圧の谷、19日は冬型での降雪。
似たパターンで22日夜から23日朝に気圧
の谷の降雪、その後、冬型降雪。

天気図

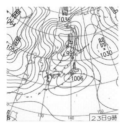

1月23日
本州南岸と日本海を前線を
伴った低気圧が北東進

1月24日
強い寒気が流入し、気温急
降下。日本海側を中心に雪

1月25日
北日本と北陸～九州の日本
海側は雪や雨

積雪観察

弱層は、22日午後から23日未明にかけて
通過した低気圧の降雪結晶。23日の日中
は疑似好天でよく晴れており、南面では日射

のクラストが形成しているが北東面はない。
積雪全体は、下層にいくほど密度が高くな
る正構造。

観測者	池田慎二	斜面斜度	35	風速・風向	L-W	気温	-10.9(℃)	靴底貫入度	50cm
日付	090126	斜面方位	NE	天気	⊗	雪面温度	-5.7(℃)	積雪深	～
時間	1400	標高	2250m	降水状況	S-1	タイプ	破断面		

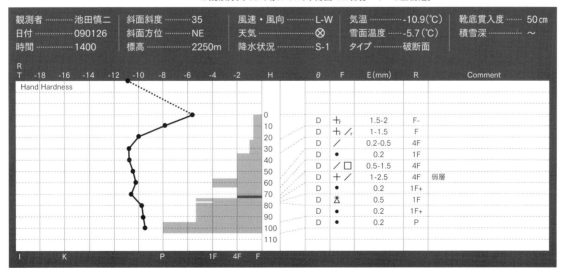

R T	θ	F	E(mm)	R	Comment
D	┬	1.5-2	F-	
D	┼ /	1-1.5	F	
D	/	0.2-0.5	4F	
D	●	0.2	1F	
D	/ □	0.5-1.5	4F	
D	┼ /	1-2.5	4F	弱層
D	●	0.2	1F+	
D	⟁	0.5	1F	
D	●	0.2	1F+	
D	●	0.2	P	

那須明礬沢
なすみょうばん

栃木県
那須町

2009年4月2日
● 遭遇5人
● ケガ1人
● 死者1人

山仲間を慰霊するための登山での事故。
暴風を避けるために選択した林道にて、
局所的に形成した雪の堆積斜面で被災した。

気象と積雪

重要な兆候	直近の雪崩発生	—
	不安定性の兆候	—
	直近の堆積	○
	急激な昇温	—

前日まで

4月1日、500hPaで-36℃というこの時期としてはとても強い寒気を持つ寒冷渦が日本海にあり、東へと移動している。那須岳周辺では、この影響で1日午後から降雪が始まった。

当日の状況

2日、宇都宮地方気象台が風雪注意報を発表。現場付近では、前日から2日朝までに約30cmの降雪があった。その後、冬型の気圧配置の強まりに伴い、北西の暴風となり、最大瞬間風速35m/sをロープウェイ山頂駅で15時に観測している。

地形特徴

標高帯	森林帯
斜度	—
形状	—
風の影響	弱い
植生	—
地形の罠	走路内の樹木と沢底の窪み
ATES	—

峠の茶屋跡避難小屋へ向かう登山道の北側、台地状地形の陰に切り開かれた林道での事故。現場に到着するまで、雪崩の危険をまったく感じることがない平凡な林道が続く。雪崩は、林道側面の崖上から吹き落ちてきた雪が堆積した斜面で発生。発生区の幅は10m程度しかない。

林道の下方は、樹木が複数ある沢状地形。ケガをした人は、この樹木に激突した。また、沢底が窪んでおり「地形の罠」になっている。

被災範囲

発生した雪崩

雪崩の種類	ストームスラブ
規模	size 1.5
キッカケ	人的誘発（偶発）
標高	1550m
斜度	38°
方位	北
弱層	新雪
滑り面	新雪

破断面の調査により、弱層は寒冷渦の通過に伴う降雪結晶であった。

行動

活動	登山
関与グループ数	1

当該山域を熟知した登山者が山仲間を慰霊する登山を計画。当初、一般登山道にて登山を試みるも、激しい風のため断念し、いったん駐車場まで下山。時間をおき、午後に再び登ることにしたが、そのときは強風を避けるために林道を利用した。

往路では、パーティは現場斜面を安全に通過。しかし、林道の奥もやはり風がとても強いため、登山を中止。下山の途中に再度、当該斜面を通過した際、雪崩を誘発した。

捜索救助

インシデントレベル	L4
雪崩装備	なし

雪崩は14時30分頃に発生。全員が流されたが、走路上部の樹木に引っかかる人もいた。男性1人（59）が不明となったが、雪崩装備を不携帯のため目視などによる捜索を進めると同時に、警察へ通報。

警察と那須岳山岳救助隊が捜索活動に加わり、同日18時5分、プロービングによって要救助者を発見。埋没深は1.2m。要救助者は、救急車で病院へ搬送された。

情報源

—
● JAN現地調査
● 救助関係者聞き取り
● 雪氷防災研究センター

Comment

「危険な場所では適度な間隔をあけて移動する」という原則的な行動様式は正しいが、それを私たちが常にできるかは、別の話になる。

強風から守られ、雪崩の危険をまったく感じない林道に突然現われた、ごく小さな雪の斜面に対して、適切に行動できるのか、というのは難しい問いである。

これは私たちが日頃から、どの程度、原則的な行動様式を徹底的に習慣化しているのかが試されているからである。

茶臼岳（1915m）

剣が峰（1799m）

2009/4/3 ©A. Degawa

中央部の台地に登山道があり、その右側の深い谷が明礬沢

2009/4/4 ©Y. Saotome

撮影者と奥の人物の間が発生区

2009/4/4 ©Y. Saotome

林道から雪崩走路を見下ろす。沢状の地形

天気図

3月31日
本州は一部地域を除き、高気圧に覆われて概ね晴れ

4月1日
上空に強い寒気を伴った低気圧が日本付近を通過

4月2日
全国的に北または北西の風が強く吹く

Column

雪崩ビーコンと捜索救助の発展

　日本に雪崩ビーコンが入り始めたのが1990年代の初め。1993年には国産の「アルペンビーコン1500」が発売され、さらにビーコンによる国内初の生存救出の事案もあった。

　90年代半ばには、2本アンテナのビーコンが登場し、飛躍的に操作性が向上。さらにバックカントリーの第一期ブームといえる参加人口の増加に伴って、雪崩ビーコンを取り扱う店が増えて、誰もが手軽に購入できるようになった。

　2000年代に入り、深部埋没の問題に対応する3本アンテナの雪崩ビーコンが登場。複数のメーカーによる各種モデルが店頭に並んだ。

　雪崩ビーコンは30年前も、現在でも、雪崩に埋没した人を生存救出するうえで最も有効な機器である。最新のモデルはプロブレムの改良により電波シグナルの解析力が向上し、より使いやすいものへ進化している。

　しかし一方で、電波を利用する機器ゆえの弱点もあり、多人数の近接埋没が発生した場合、マーキング機能が充分に働かなくなる。そうした状況になると、捜索者は雪崩ビーコンをアナログモードに切り替え、音を頼りに捜索を行なう。言い換えれば、30年前の性能で探すのである。

　生命の危機という緊急時に使用する機器でありながら、ある条件下では30年前の機能に戻るという現実は、山で活動する人がどのような環境下にあるのかを教えてくれる。

　雪崩捜索救助の現場において、最近10年間、革新的なことは何も生じていない。部分的な改良といくつかのアイデアが提案されているが、生存救出に大きな影響を与えたのは、雪崩エアバッグの普及と基礎的な捜索スキルを有した人の増加である。

　さまざまな団体が積極的に講習を実施することで、捜索スキルを有した人が増え、事故発生時、たまたま近傍にいた別パーティが埋没者を生存救出する報告も増えた。このような状況と大規模インシデントの発生を考え、2017年に日本雪崩捜索救助協議会（AvSAR協議会）が設立された。

　捜索救助の講習等に熱心に取り組む人は、なんとかして命を救いたいという強い思いを持つ人が多い。それは前へ進む強い力になるが、時として自分たちのやり方が一番という方向にもなりやすい。しかし、現実を見れば、今、必要なのは、皆が協力することであり、そのためのプラットフォームの整備である。こうした理念でAvSAR協議会は組織された。その構成団体は以下。

　日本山岳ガイド協会／日本山岳・スポーツクライミング協会／長野県山岳総合センター／日本山岳会／日本勤労者山岳連盟／日本雪崩ネットワーク

HP　https://avsarjapan.org

三宝荒神山
（さんぼうこうじん）

山形県
上山市

2014年3月17日
● 遭遇1人
● ケガ1人
● 死者0人

スキー場に近接した山岳エリアに
5人パーティのスノーボーダーがアプローチ。
3番目の滑走者が雪崩を誘発して流され、重傷を負った。

気象と積雪

重要な兆候	
直近の雪崩発生	U
不安定性の兆候	U
直近の堆積	O
急激な昇温	―

前日まで

3月13日に低気圧が本州上を北東進。14日に北海道東海上で発達し、強い冬型の気圧配置となる。しかし、長続きせず、すぐに冬型は緩み、16日には次の低気圧が日本海から東進。暖かい空気が東北地方にも流れ込み、みぞれや降雨となった。

当日の状況

低気圧が抜けた後、南の高気圧が張り出し、好天に。気温も上がり、3月下旬から4月上旬並みの気温となった。

地形特徴

標高帯	森林帯
斜度	35°以上
形状	凸部がある漏斗状
風の影響	複合的
植生	低木は埋没
地形の罠	狭い沢
ATES	コンプレックス

三宝荒神山のエリアは、上部は風の影響がとても強い。典型的な冬型で北西の風が吹くと、山肌を舐めるように横風となり、局所にクロスローディングする。また、北風が卓越すると、風が斜面を吹き上げるため、上部斜面は削剥を受ける。

当該斜面は、滑り込む箇所が凸状で積雪を支えにくい形状であること、同時に漏斗状の狭いシュートであるため、小さい雪崩でも雪が中央に集中しやすく、なおかつエスケープが困難であること、また、走路内に樹木が存在するなど、複数の要素が組み合わさった典型的な地形の罠。

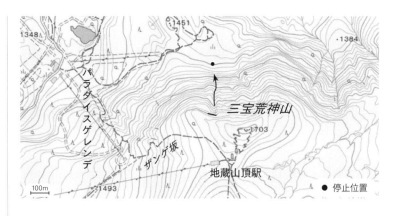

発生した雪崩

雪崩の種類	ストームスラブ
規模	size 1.5
キッカケ	人的誘発（偶発）
標高	1650m
斜度	42°
方位	北
弱層	こしまり雪
滑り面	融解凍結クラスト

破断面の幅は20m、厚みは20cmほど。滑り込む場所の斜度は40〜45°。直近の降雪の不安定性で発生したストームスラブの雪崩。

行動

活動	スノーボード
関与グループ数	1

5人のスノーボーダーは、午前中はゲレンデ内での滑走を楽しんでいたが、その後、スキー場トップから外へ出て、山岳エリアである当該斜面へ行くことにした。

蔵王ロープウェイ地蔵山頂駅からトラバースをして、当該斜面へアプローチ。リーダーが最初に滑り、途中の尾根上の安全地帯で待機。雪崩は3人目が滑り込んだ時に発生した。

捜索救助

インシデントレベル	L4
雪崩装備	なし

雪崩発生は12時50分頃。雪崩装備はリーダーのみ所持で、ほか4人は不携帯であった。幸いにも、流された30代の男性は埋没せず、デブリの上で停止した。ただし、流下中に樹木等に強く激突したため、重傷を負うことになった。

仲間がスキー場従業員を通じて救助を要請。スキーパトロールも出動し、最終的に防災ヘリコプターで病院に搬送された。

情報源
—
● JAN現地調査
● 関係者聞き取り
● 新聞報道

Comment

ハードコアなスノーボードムービーでは、過激なラインを攻める映像を楽しむことができる。こうした映像を見る際は以下を思い出してほしい。

大きな撮影隊ではスノーセーフティのスペシャリストが安全管理をしており、なおかつ即時対応できるレスキュー態勢にあること。もうひとつは、可能なかぎり走路の途中にハザードがなく、下部が大きく開けた地形を使っていること。素晴らしい滑りだけでなく、地形もよく観察するように。

2014/3/18 ©A. Degawa

雪崩を誘発した滑走者のライン（点線円）が残る

2014/3/18 ©A. Degawa

走路は狭い地形の罠。⚬の位置で停止した

アメダスデータ

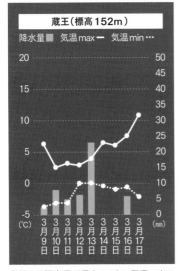

蔵王（標高152m）

降水量■　気温max —　気温min ⋯

現場とは標高帯が異なることに留意。山の
上では12日までは降雪、13日の降水は雨
となっている。

気象アラート

		3月15日	3月16日	3月17日
警報	暴風	—	—	—
	暴風雪	—	—	—
	大雪	—	—	—
注意報	強風	—	—	—
	風雪	—	—	—
	大雪	—	—	—

天気図

3月15日
寒気の影響が残り、気温は
全国的に平年より低い

3月16日
日本海の低気圧や前線の影
響で、北日本は雨や雪

3月17日
移動性高気圧に覆われ、全
国的に晴れて、気温が上昇

積雪観察

13日と16日のみぞれや降雨の状況が見て
とれる。50cm以下は安定した層構造。事故
から1日経っており、発生時の弱層は、降
雪結晶あるいはインターフェイスであった可
能性も高い。いずれにせよ、ストームスラブ
の雪崩。

観測者	出川あずさ	斜面斜度	42	風速・風向	L-NW	気温	-3.0（℃）	靴底貫入度	10 cm
日付	140319	斜面方位	N	天気	⊕	雪面温度	-3.2（℃）	積雪深	300+ cm
時間	1300	標高	1650m	降水状況	Nil	タイプ	破断面		

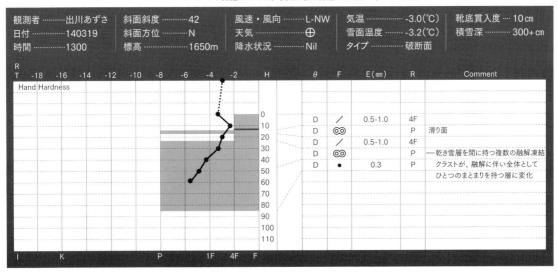

R T	θ	F	E（mm）	R	Comment
	D	/	0.5-1.0	4F	
	D	◎		P	滑り面
	D	/	0.5-1.0	4F	
	D	◎		P	—乾き雪層を間に持つ複数の融解凍結
	D	●	0.3	P	クラストが、融解に伴い全体として ひとつのまとまりを持つ層に変化

Snowboard

新潟県
妙高市

妙高粟立山
みょうこうあわだち

2015年1月17日
● 遭遇2人
● ケガ0人
● 死者1人

熱心なバックカントリーユーザーである2人パーティが
日帰りの予定で粟立山へのツアーを計画。
慎重に行動していたが、滑走時に雪崩を誘発して、2人が巻き込まれた。

気象と積雪

重要な兆候	直近の雪崩発生	U
	不安定性の兆候	U
	直近の堆積	O
	急激な昇温	―

前日まで 1月15日に本州の南岸を低気圧が発達しながら北東進。16日に東海上で発達し、17日には強い冬型となった。

当日の状況 新潟地方気象台は、17日3時40分、上越地方に大雪注意報（12時間最大降雪量60㎝）を発表。9時21分には大雪警報に切り替え。アメダス関山（標高350m）にて7時から11時まで、平均して時間降雪深4㎝以上の強度の降雪が記録されている。

地形特徴

標高帯	森林帯
斜度	30°以上
形状	緩い沢状
風の影響	複合的
植生	低木は埋没
地形の罠	走路内の立木
ATES	チャレンジング

現場は部分的に急斜面があるが、深い沢など極端な地形のない里山。

発生した雪崩

雪崩の種類	ストームスラブ
規模	size 2
キッカケ	人的誘発（偶発）
標高	850m付近
斜度	U
方位	北
弱層	U
滑り面	U

雪崩の幅は50m程度、スラブの厚みは30〜40㎝。現地調査はされ

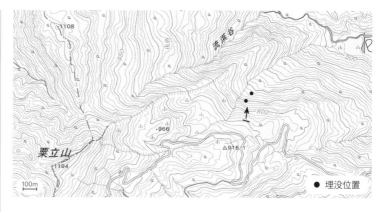

● 埋没位置

ていないが、全体状況からストームスラブであることはほぼ確実。

行動

活動	スノーボード
関与グループ数	1

10年以上のバックカントリー経験があり、シーズンで30日間以上は滑走する2人パーティが、万内川側から7時40分頃、入山。

登るにつれて降雪と風は強くなったものの、スプリットボードで10〜20㎝のラッセルで順調に高度を稼ぎ、標高900mのドロップポイントに到着。登行時の感触としては、新雪の下はよく締まっており、不安定性は感じていない。

10時30分、ドロップイン。新雪は30㎝ほどながら吹雪で視界が悪く、最初にAが標高差50mほどを滑ったところでリグループ。次に先頭を交替し、Bが滑走を開始したところ、3ターン目で雪崩が発生した。この時、Aがどこにいたかは、Bは把握していない。

捜索救助

インシデントレベル	L3
雪崩装備	あり

雪崩の発生は10時35分頃。雪崩が停止した時、Bは完全埋没していたが、ごく浅く、外界の光が見える程度であったので自力脱出できた。周囲を見渡すとAの姿が見えないので、ビーコン捜索を開始。

Bはデブリ末端に近い位置で埋没したため、捜索は、斜面上方向へ向かって行なった。ほどなくしてAの埋没位置を特定し、掘り出しを行なう。埋没深は1.5m程度で、すでに心肺停止の状態であった。

CPRを行ないつつ10時54分、消防に通報するも、荒天のため救助隊は現着できず、Bは現地でビバーク。翌18日、県警ヘリコプターで収容された。

情報源
――
● 関係者聞き取り
● 事故報告書

Comment 実務者の間では、降雪強度について「S3」といった言い方がされる。これは「S＝雪」「3＝1時間に3㎝積もる強度」を意味する。

S3が3〜4時間継続すれば、10㎝程度の降雪の深さとなり、さらに、そこに風が加われば、風下側には人を埋めてしまう規模の雪崩が発生しうる条件が整いつつあることがわかる。気象状況をよく観察することで、危険度が上昇している斜面を認識していくことが、現場では大切。

Ski

014

長野県
大町市

白沢天狗山
しらさわてんぐ

2015年2月14日
● 遭遇1人
● ケガ0人
● 死者1人

経験豊富なスキーヤーをリーダーとした2人パーティが
積雪状況を考慮して、目的の山を変更。
1人が雪崩に流されて、発生区内の樹木に衝突した。

気象と積雪

雪崩危険度　　3（警戒 Considerable）

重要な兆候　　直近の雪崩発生　○
　　　　　　　不安定性の兆候　○
　　　　　　　直近の堆積　　　○
　　　　　　　急激な昇温　　　ー

前日まで　　　2月12日に寒気を伴った気圧の谷が通過し、その後、冬型の気圧配置。白馬山域では12日から13日に size 1～2の雪崩やシューティングクラックなどが多数報告されている。

当日の状況　　長野地方気象台は13日7時40分、大町市に大雪注意報（12時間降雪の深さ20cm）を発表し、14日11時37分に解除。アメダス大町（標高784m）で気温 -3.4℃（7時）。

地形特徴

標高帯　　　　森林帯
斜度　　　　　35°以上
形状　　　　　大きな変化なし
風の影響　　　クロスローディング
植生　　　　　低木は埋没
地形の罠　　　地形内の樹木
ATES　　　　　コンプレックス

緩みのない急傾斜の斜面であり、地形内に樹木が残り、地形の罠となる。北西の風でクロスローディング。

発生した雪崩

雪崩の種類　　ストームスラブ
規模　　　　　size 2（推定）
キッカケ　　　人的誘発（偶発）
標高　　　　　1980m
斜度　　　　　U
方位　　　　　北
弱層　　　　　U
滑り面　　　　U

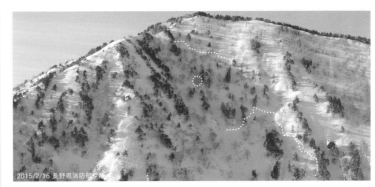

2015/2/16 長野県消防航空隊

⦿が要救助者の停止位置。右下の破断面は事故当日のものか不明

破断面の幅は約50m、スラブの厚みは40cmほど。滑り面は硬かった。

行動

活動　　　　　　　　　スキー
関与グループ数　　　　1

長年、熱心に山スキーに取り組んでいるAをリーダーとして、2人パーティが日帰りツアーを計画。

当初、小谷方面の山を考えていたが、大雪の情報もあり、状況が悪そうなので、5時の時点で白沢天狗山に変更。8時にメンバーBと合流して入山。麓で20cm程度の新雪。

膝下のラッセルをしつつ、高度を上げていき、途中で簡単な積雪テストを実施。周囲を見渡すも、真新しい雪崩は観察できなかった。

12時に2063m峰に到着し、積雪テストなどを行なった後、12時30分に滑走を開始。最初にAが斜度が緩むところまで滑り、リグループ。ここで先頭を交替し、Bが滑走を開始したところ、すぐに雪崩が発生した。

捜索救助

インシデントレベル　　　　L3
雪崩装備　　　　　　　　　あり

雪崩の発生は12時32分。安全確認をして、すぐに捜索に入る。12時34分、標高1900m付近でBを発見。Bは斜面内の樹木に引っかかって止まっており、埋没せず。CPRを実施しようとしたが、斜度が43°あるため、Bの体勢を整えることが極めて困難だった。そのため限定的な処置を試みることしかできなかった。

状況が厳しいため、12時40分、通報を試みるも携帯の電波が届かず。通話可能な尾根まで登り返し、13時30分に通報。その後、再度、現場に戻り、マーキングして下山。15日は荒天のため収容できず、16日、防災ヘリにてB（52）は収容された。

情報源

● 関係者聞き取り

Comment　万が一の場合を考えてファーストエイドの講習を受講している方は多いと思う。それは大切なことだが、訓練は多くの場合、室内で行なわれている。

今回の現場は、斜度が40°を超える場所で、要救助者が木に引っかかった状態。下手に動かせば、滑落してしまう。意識を失った人体はとても重い。現場で思うようなことがほとんどできなくても致し方ない。また、雪上と室内の床では硬さが異なることも、処置に影響を与えるので覚えておきたい。

群馬県
片品村

前武尊家の串
まえほたかいえ くし

2016年1月31日
● 遭遇1人
● ケガ0人
● 死者1人

2人パーティが日帰りの予定で入山。
とても狭いシュートに1人が流され、完全埋没。
近傍のパーティが捜索救助に加わった。

気象と積雪

雪崩危険度 ―――― 2（留意 Moderate）

重要な兆候 　直近の雪崩発生 ○
　　　　　　不安定性の兆候 ○
　　　　　　直近の堆積 ○
　　　　　　急激な昇温 ―

前日まで　　前線を伴った南岸
低気圧が接近。前橋
地方気象台は1月29日16時48分、
片品村に大雪注意報（12時間最大
降雪の深さ30cm）を発表し、翌30
日4時28分に解除。アメダス藤原で
は同期間に12cmの積雪深差を記録。

当日の状況　　低気圧は東海上
に離れ、弱い冬型と
なる。アメダス藤原（標高700m）で
気温-0.1℃（7時）。

地形特徴

標高帯	森林限界
斜度	40°以上
形状	狭いシュート
風の影響	複合的
植生	低木は埋没
地形の罠	狭い沢
ATES	チャレンジング

流されたシュートは「ここを滑ろうと
したのかな」と考えるような斜面。

発生した雪崩

雪崩の種類	ストームスラブ
規模	size 1.5
キッカケ	人的誘発（偶発）
標高	1930m
斜度	40°以上
方位	南東
弱層	U
滑り面	U

雪崩の幅はシュートを出ると広がり

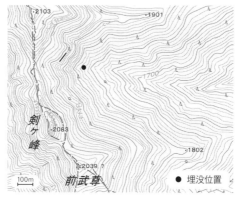

100m

剣ヶ峰
・2083
前武尊
・2039
・2103
・1901
・1700
・1802

● 埋没位置

2016/1/31
©T. Houri

∷は埋没位置。左手の斜面を
Bは滑走した

10m程度、スラブの厚みは20cm。表
面にウインドクラストが形成しているが、
内部はとても軟らかい状態。

行動

活動	スキー
関与グループ数	1

日帰りツアーの予定で2人パーティ
がスキー場を経由して入山。2人は前
武尊山頂から剣ヶ峰をトラバースして、
現場付近に到着。

メンバーAは、滑走斜面の選択と
状況を見るため、少し奥まで1人で進
んだ。Aがそのシュートを滑走しようと
したのか、あるいは単に状況を確認しよ
うとしただけなのか、詳細は不明だが、
行動中に雪崩を誘発し、狭いシュート
（幅2m程度）を150mほど流され、
下部の沢状地形に完全埋没した。

Bは11時45分、Aが流されたシュ
ートの隣に位置する斜面にドロップイン。
この斜面とAが流されたシュートは下
部で合流しており、滑走中にBは、デ
ブリがあることに気づいた。

捜索救助

インシデントレベル ―――― L2
雪崩装備 ―――――――― あり

デブリがあり、仲間が見当たらない
ことから、Aが雪崩に流されたと考え、
Bはデブリ末端から捜索を開始。

ビーコン捜索の最中に、近傍にガイ
ドパーティがいることに気づき、大声で
応援を要請。それを聞いた近くにいた
山岳会パーティもサポートに加わった。
ガイドパーティが現着した時、すでに位
置特定は終わり、掘り出しが始まって
いた。埋没深は1m、掘り出しは5分
で完了した。

警察への通報後、ヘリコプターの
到着までの約1時間、現場にいた計
15人によってCPRが続けられた。そ
の後、被災者（36）は搬送先の病院
にて死亡が確認された。

情報源
―
● JAN現地調査
● 関係者聞き取り

Comment　　どのようなパーティで
あれ、ある場所で集合
した後、「尾根の向こう
側の状態をちょっと見てくる」と一部のメンバ
ーがグループを離れる場面は、よくあるので
はないかと思う。

そのような時、メンバー間で、どのようなコ
ミュニケーションを行なうのが状況に合ってい
るのかを考えたい。確認しに行く場所の
危険度や積雪状況、今後の計画との関係、
そしてパーティの規模などで、いろいろなパ
ターンがあるだろう。

アメダスデータ

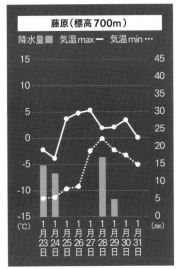

藤原（標高700m）

降水量■　気温max━　気温min┄

24〜25日は強い寒気による冬型降雪。29〜30日の降水は、南岸をゆっくり移動した前線を伴う低気圧による。

気象アラート

		1月29日	1月30日	1月31日
警報	暴風	－	－	－
	暴風雪	－	－	－
	大雪	－	－	－
注意報	強風	－	－	－
	風雪	－	－	－
	大雪	16時48分・発表	4時28分・解除	－

天気図

1月29日
前線を伴う低気圧が西〜東日本南岸を通過する

1月30日
南岸を通過する低気圧の影響で関東北部を中心に積雪

1月31日
弱い冬型。本州の日本海側では曇りまたは雪や雨

積雪観察

破断面ではなく、雪崩発生斜面と類似した場所での観察データ。29日の降雪は、まだ結晶の形をよく残しており、結合力の弱い状態。また、積雪中層以下には不安定性は観察されておらず、表層の不安定性が原因であることは確実。

観測者 …… 池田慎二	斜面斜度 …… 34	風速・風向 …… L-N	気温 …… -6.7（℃）	靴底貫入度 …… 30cm
日付 …… 160202	斜面方位 …… SE	天気 …… ⊕	雪面温度 …… -5.7（℃）	積雪深 …… 〜
時間 …… 1545	標高 …… 1970m	降水状況 …… Nil	タイプ …… Test	

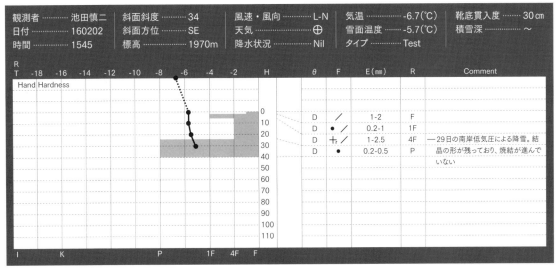

R	T		θ	F	E（mm）	R	Comment
		D	/	1-2	F	
		D	● /	0.2-1	1F	
		D	┬ /	1-2.5	4F	─29日の南岸低気圧による降雪。結晶の形が残っており、焼結が進んでいない
		D	●	0.2-0.5	P	

Column

なだれ注意報と気象情報

気象庁のなだれ注意報は、欧米やJANの雪崩情報のように「雪崩の起こりやすさ」ではなく、「特定の気象要素」に着目した情報である。そのため、おおまかな傾向でしかない。また、山岳域は対象としていない。

雪崩の危険度を考えるうえでは、気象庁の「大雪」「風雪」「強風」の各注意報や、「大雪」「暴風雪」「暴風」の各警報を見逃さないように。

これらも基本的には麓の住民のための情報ではあるが、ストームスラブやウインドスラブの形成の傾向を捉えるうえでとても参考になる。

注意報・警報は気象庁のホームページで簡単に閲覧できるので、毎朝、目的の山がある行政区で、それらが発表されているかを確認したい。

栃木県
那須町

那須茶臼岳
（なすちゃうす）

2017年3月27日
- 遭遇48人
- ケガ40人
- 死者8人

高校山岳部の春山講習中に雪崩が発生。
4パーティ48人が発生区内あるいはその直下にいたため
過去30年間で最悪の雪崩事故となった。

気象と積雪

重要な兆候	
直近の雪崩発生	―
不安定性の兆候	―
直近の堆積	○
急激な昇温	―

前日まで　積雪は安定し、春の融解凍結のサイクル。26日、低気圧が日本の南を北東進。寒気が入っており、宇都宮地方気象台は大雪注意報（12時間降雪の深さ15cm）を10時32分に発表。

当日の状況　未明から強い降雪が始まり、8時にはアメダス那須高原（標高749m）で約30cmの積雪。前日からの大雪注意報は14時22分に解除となった。

地形特徴

標高帯	森林限界
斜度	35°以上
形状	平滑
風の影響	クロスローディング
植生	低木は埋没
地形の罠	走路内の樹木
ATES	チャレンジング

南東および東に面した開放斜面は典型的な発生区。また、下部の樹林が障害物となるので、地形の罠。

発生した雪崩

雪崩の種類	ストームスラブ
規模	size 2
キッカケ	人的誘発（偶発）
標高	1450m付近
斜度	35°以上
方位	南東
弱層	新雪
滑り面	新雪

誘発すると破断面は生じるものの、始動積雪層を構成する雪の焼結が

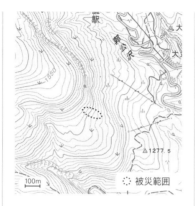

☆ 被災範囲

まだ進んでいないため、点発生雪崩のような振る舞いで流下する雪崩。

行動

活動	登山
関与グループ数	4

2泊3日の講習の最終日は62人が参加。本部待機の教員1人と装備不十分でテントに残った生徒5人および教員1人を除く、55人が雪上講習を行なった。当初、茶臼岳への登山を計画していたが、7時30分、主要教員3人の協議により、積雪と気象状況を考慮し、登山を中止。講習開始を30分遅らせたうえで、すでに営業を終了しているスキー場とそれに近接した場所での雪上訓練に切り替えた。

参加者は7〜13人で構成された5つの班に分かれて訓練を実施。それぞれ講師に従ってゲレンデ内でのラッセル訓練を行なった後、4つの班が南東に延びる尾根へと登った。また、2つの班はさらに上部へアプローチし、雪崩が発生した。

2017/3/28 ©A. Degawa

被災現場から見上げた南東斜面

捜索救助

インシデントレベル	L4
雪崩装備	なし

雪崩発生は8時43分で、4つの班が被災。部分埋没の者が周囲の人を助けつつ、教員が動ける生徒を近場に移動させた後、捜索を行なった。

本部との連絡がとれないため、教員1人が本部まで徒歩で移動した後、9時20分頃、救助要請を行なった。消防や山岳救助隊の第一隊は10時30分にスキー場に到着。11時45分に現着して、救助活動を開始した。

この時点で所在不明者が3人いたが、捜索を実施しているのは教員と数人の生徒のみであった。12時20分頃から自力歩行が可能な者の下山が消防等の介助で始まり、最終的に19時頃には被災者全員が病院に収容された。

情報源
―
- JAN現地調査
- 事故検証委員会報告書

Comment　結合力の弱い低気圧性降雪の雪崩はシーズン中に何回もある、ごく普通の現象。被害が甚大だからといって、特殊な雪崩が起きたわけではない。

雪崩対策の第一歩は、雪崩地形の認識とグループマネジメント。雪崩の危険にさらされる地形に入る時間と人数を極力減らすにはどうすればよいかを考え、実行する。

これが徹底できれば、大規模な雪崩事故のほとんどは防ぐことができる。雪のことは、その次の話となる。

2017/3/28 ©A. Degawa

スキー場の入口付近から被災現場（点線囲み）を見た写真。4つの班は、ゲレンデ内に孤立して立つ樹木付近から南東に延びる尾根へ向かって登行

2017/3/28 ©A. Degawa

矢印の層が積雪テストで壊れた層。その上下にも密度のとても低い層がある

気象アラート

		3月25日	3月26日	3月27日
警報	暴風	ー	ー	ー
	暴風雪	ー	ー	ー
	大雪	ー	ー	ー
注意報	強風	ー	ー	ー
	風雪	ー	ー	ー
	大雪	ー	10時32分・発表	14時22分・解除

天気図

3月25日
沖縄付近で低気圧が発生し、日本の南を東進

3月26日
寒気が入り、関東甲信の山沿いで雪。気温も真冬並み

3月27日
関東の東で低気圧急発達。関東〜東北は山間部で雪

積雪観察

5〜13cmは事故後に形成したウインドスラブ。13〜22cmが低気圧降雪で、事故当日の降雪量を適切に反映していない。その下の融解凍結層が旧雪面となる。テスト結果は、低気圧降雪に載るウインドスラブの効果であることに注意。

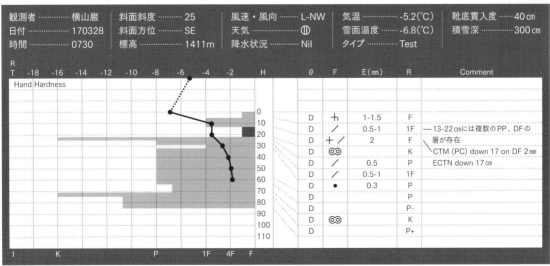

観測者 横山巌	斜面斜度 25	風速・風向 L-NW	気温 -5.2(℃)	靴底貫入度 40cm
日付 170328	斜面方位 SE	天気 ⏁	雪面温度 -6.8(℃)	積雪深 300cm
時間 0730	標高 1411m	降水状況 Nil	タイプ Test	

R T	θ	F	E(mm)	R	Comment
	D	+r	1-1.5	F	
	D	/	0.5-1	1F	13-22cmには複数のPP、DFの
	D	+ /	2	F	層が存在
	D	∞		K	CTM (PC) down 17 on DF 2mm
	D	/	0.5	P	ECTN down 17cm
	D	/	0.5-1	1F	
	D	●	0.3	P	
	D			P	
	D			P-	
	D	∞		K	
				P+	

017

長野県
小谷村

白馬乗鞍岳裏天狗
はくばのりくら うらてんぐ

2020年2月28日
- 遭遇1人
- ケガ1人
- 死者0人

滑走者が斜面に滑り込むのと同時に雪崩を誘発して流された。
ビーコンの電源が入っていなかったため、
近傍パーティがラインプロービングを実施し、3時間後に発見された。

気象と積雪

雪崩危険度　　3（警戒 Considerable）

重要な兆候　　直近の雪崩発生　　〇
　　　　　　　不安定性の兆候　　〇
　　　　　　　直近の堆積　　　　〇
　　　　　　　急激な昇温　　　　—

前日まで　25日から26日に前線を伴う低気圧が、本州上を東進。27日には冬型となる。25日午後の降り始めからの累計降雪量は森林限界付近で75cm程度。

当日の状況　冬型はすぐに緩み、移動性高気圧に覆われる。アメダス白馬で気温-6.2℃（7時）。寒気が残っていたため、昇温せず、最高気温は2.5℃（12時）。

地形特徴

標高帯　　　　森林限界
斜度　　　　　40°以上
形状　　　　　凸状
風の影響　　　複合的
植生　　　　　低木は埋没
地形の罠　　　沢地形
ATES　　　　　チャレンジング

発生区は、天狗原を吹き抜けてきた風でトップローディングが卓越する。また、斜面を回り込む風の影響も強く、複合的な面もある。

発生した雪崩

雪崩の種類　　ストームスラブ
規模　　　　　size 2
キッカケ　　　人的誘発（偶発）
標高　　　　　2140m
斜度　　　　　40°
方位　　　　　東
弱層　　　　　降雪結晶
滑り面　　　　融解凍結層

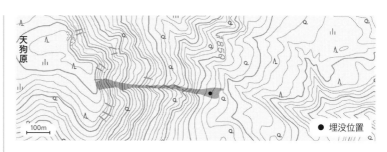

● 埋没位置

破断面の幅20m、厚み30cm程度。スラブは軟らかく、部分的にステップダウンしている。また、雪崩は沢内を地形に沿って流れており、斜度の緩む堆積区で大きく広がった。

行動

活動　　　　　　　　スノーボード
関与グループ数　　　1

白馬山域を熱心に滑走している2人のスノーボーダー（40代）が、山の神を経由して白馬乗鞍スキー場までのツアーを計画した。栂池高原スキー場から入山し、西鵯峰の稜線を経由して裏天狗のシュートに到着。

斜面に滑り込んだところ、すぐに雪崩を誘発し、そのまま流された。

捜索救助

インシデントレベル　　　　L4
雪崩装備　　　　　　　　　あり

雪崩の発生は11時40分頃。仲間が捜索に入り、ビーコン捜索を行なうが、埋没者のビーコンの電源が入っていなかったため、混乱する。

発生とほぼ同じタイミングで近傍にいた5人構成のガイドパーティが事故を覚知。1人が状況確認のため、現場へ向かう。ビーコン捜索をするも反応がないため、他4人を呼び、スポットプロービングを開始する。その作業中、流されなかった仲間と合流でき、状況を確認する。12時25分、近傍にいた別パーティの2人が捜索に加わり、デブリ末端からラインプロービングを開始。12時42分、堆積区からでは携帯電話が不通のため、近隣で行動中だった別のガイドパーティに連絡し、警察への通報を行なう。12時53分に、このガイドパーティ3人も加わり、ラインプロービングを継続する。

デブリ下部が二股に分かれていたので、7人と5人に分けてラインプロービングを実施。14時頃、県警ヘリが現着し、上空からの捜索を20分ほど行なう。この際、デブリでのプロービング作業が一時中断される。

下山開始のタイムリミット直前、14時41分、プローブがヒットして発見。埋没深30cm。警察に再度連絡し、15時、県警ヘリにて収容されて一命をとりとめた。

情報源
—
● JAN現地調査
● 関係者聞き取り

Comment　完全埋没した際の生存の可能性は、深刻な外傷がない場合、埋没深（顔の位置）、埋没の体勢、ウェアの状態、エアポケット、寒さ耐性など、いろいろな要素の影響を受ける。

雪崩が停止した時、「顔の前に少し空間があり、雪面と思われる方向から薄い光が見えた」という今回の浅い埋没は、とても幸運だった。また、当事者は冬季でもサーフィンを行なっており、そのことによる寒さ耐性も寄与したのかもしれない。

点線円の箇所でステップダウン。上はウィークインターフェイスでウインドスラブ、下は降雪結晶の弱層で破断

走路下部は狭い沢状地形。側部破断面が続いていることにも注意

堆積区内には樹木が多少あり、その周辺でスポットプロービングを実施。デブリは末端付近で2つに分かれており、右側にも別の末端がある

アメダスデータ

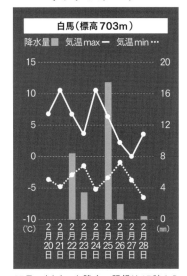

25日のまとまった降水の記録は15時からのもの。低い標高での降り始めは降雨。気温2.6℃（15時）。

気象アラート

		2月26日	2月27日	2月28日
警報	暴風	−	−	−
	暴風雪	−	−	−
	大雪	−	−	−
注意報	強風	−	−	−
	風雪	−	−	−
	大雪	16時31分・発表	継続	4時25分・解除

天気図

2月26日
前線を伴った低気圧が日本の東に抜ける

2月27日
日本の東に低気圧があり、日本付近は冬型の気圧配置に

2月28日
寒気の影響で、北日本の日本海側はところどころで雪

稜線直下から破断している

上部破断面の一部。スラブの様子がよくわかる

雪崩を発生させた不安定性の推移

全体状況

25日午前は好天、午後から低標高では弱い降雨、高標高では降雪が始まる。森林限界付近で26日朝までに25cmの降雪。

26日、標高1900〜2200m付近、北〜東〜南東の斜面にて多数の面発生雪崩が報告されている。規模はsize 1〜2で、弱層は25日の降雪結晶。前日から風も弱く、新雪は低密度で堆積していたが、日差しや昇温の影響を受けた斜面では表面の雪がスラブの傾向を強めるにしたがい、人の刺激に対して敏感に反応した。

27日朝までに15cmの降雪があり、点発生雪崩が森林帯で多数報告されている。28日朝までの夜間の降雪はなかったが、風は継続して吹いており、低密度な雪が移動し、表層にスラブを形成した。

雪崩情報

28日5時30分に発表した雪崩情報「行動への助言」は以下。

ーーーーーーーーーーーーーーー

危険な雪崩コンディションです。天気が回復し、日差しが入り始めると気分は高揚してくるものです。それに惑わされてはいけない日です。一見、雪は安定しているように見えるかも知れませんが、きちんと追跡されている危険な弱層が積雪内に存在しており、まだ、人の刺激で雪崩を発生させうる状態にあります。凸状あるいは孤立した地形、急峻な漏斗状地形などは避けるようにしてください。また、斜面の先に「地形の罠」がないかも大事です。

「この地形は潜在的にどの程度の規模の雪崩を発生させうるか？」と考えてください。大きな斜面では表層が薄く雪崩れただけで簡単に人を死に至らしめる規模の雪崩となりえます。

慎重なルート選択と保守的な意思決定、そして原則的な行動様式を大切に。寒気が入っており、雪は良い状態です。風の影響の小さい、シンプルな地形で、斜度を落としても充分楽しめるはずです。良い一日を。

積雪観察

事故翌日に採取した走路中間、側部破断面でのデータ。日射の影響のない面で観察したので、トラッキングされていた降雪結晶は、まだきれいに残っており、結合の状態も良くない。この後、まだ数日間は充分な注意が必要な状況といえる。

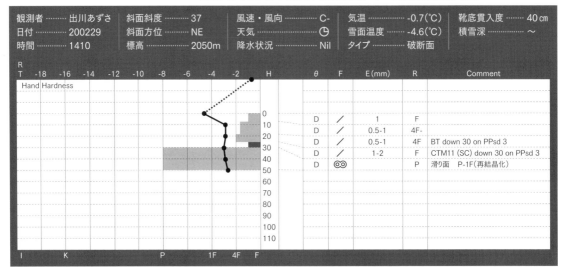

観測者	出川あずさ	斜面斜度	37	風速・風向	C-	気温	-0.7(℃)	靴底貫入度	40cm
日付	200229	斜面方位	NE	天気	☁🕐	雪面温度	-4.6(℃)	積雪深	〜
時間	1410	標高	2050m	降水状況	Nil	タイプ	破断面		

R T	θ	F	E(mm)	R	Comment
D	／	1	F	
D	／	0.5-1	4F-	
D	／	0.5-1	4F	BT down 30 on PPsd 3
D	／	1-2	F	CTM11 (SC) down 30 on PPsd 3
D	◯◯		P	滑り面　P-1F(再結晶化)

第 2 章

ウインドスラブ

Wind slab

長野県
小谷村

白馬乗鞍岳東面
（はくば のりくら）

2019年2月2日
- 遭遇2人
- ケガ2人
- 死者0人

2人パーティがシール登行中に雪崩を誘発。
両名とも流されて埋没したが、1人が自力脱出。
事故に気づいた近傍パーティが救助活動に協力した。

気象と積雪

雪崩危険度 …… 3（警戒 Considerable）

重要な兆候	
直近の雪崩発生	○
不安定性の兆候	○
直近の堆積	○
急激な昇温	－

前日まで　28日昼から29日朝までに60cmのまとまった降雪があったが、その沈降と安定化は順調に進んだ。31日に南岸低気圧が通過し、1日は強い冬型。降雪量は15cm程度であったが、森林限界付近では、場所によって降雪結晶が反応し、size 1〜1.5の人的誘発の雪崩が複数、観察された。

当日の状況　冬型は緩んで、高気圧が移動性となって進んできたが、北の縁であったため強風が残った。アメダス白馬にて気温 -2.5℃（7時）。

地形特徴

標高帯	アルパイン
斜度	30°以上
形状	ボウル状
風の影響	複合的
植生	低木は埋没
地形の罠	特になし
ATES	チャレンジング

　この大きな発生区は、西から北西の風の時はトップローディングし、北風では東に延びる支尾根を巻き込んでくる風でクロスローディングする。
　結果、クライマーズライトにある凸状部はスラブを形成しやすく、自然発生、誘発を問わず、雪崩観察が多い場所となる。
　日頃、多くの人が利用しているルートも雪崩れているが、それはその場所が発生区であるからにほかならない。

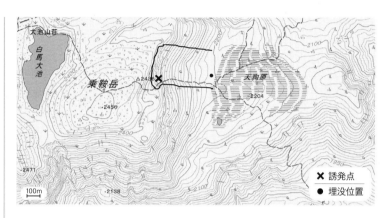

× 誘発点
● 埋没位置

発生した雪崩

雪崩の種類	ウインドスラブ
規模	size 2.5
キッカケ	人的誘発（偶発）
標高	2400m
斜度	30°以上
方位	東
弱層	U
滑り面	U

行動

活動	スキー
関与グループ数	1

　気の合う2人が、初めてチームとして山スキーに出かけた。2人とも山スキーの経験は充分にあり、馴染みの山域でもあった。
　オーソドックスなルートで天狗原まで到着。この時点で極めて強い風が吹いていたので、「これ以上は行かないほうがいいかも」と感じていたが、互いに口にすることなく、登行を開始し、斜面途中で雪崩を誘発した。

捜索救助

インシデントレベル	L3
雪崩装備	あり

　雪崩発生は11時30分頃。Aは自力脱出すると、脱臼していた肩を自力で入れた後、すぐにビーコン捜索を実施。Bの埋没範囲を絞り、プロービングに入る段階で、天狗原にて休憩中の別パーティが状況を覚知。約10分後、別パーティが現着した時、AはBの掘り出し作業に移っており、それに協力する。11時52分、警察に通報。14時、ヘリが飛来するも強風によって救助できず。
　地上から警察と遭対協が現地へ向かい、15時40分に現着。救助隊に要救助者を引き渡すまでの長時間、2パーティと単独の計6人が協力して要救助者に付き添い、保温等の救護活動を行なった。

情報源

- 関係者聞き取り

Comment　今回の雪崩は、目視で破断面の厚みが30〜50cm、幅は約300m。クライマーズレフトを登行すると最後に凸状部があるが、そこで誘発している。これがスラブの端にあたり、流下する雪崩の中央部には巻き込まれなかった。
　被災者の埋没深は150cm、埋没時間は25分程度であり、一般的には生存救出の可能性が低くなる事案である。近傍パーティによる幸運な覚知と献身的な協力がなければ生還はできなかった可能性が高い。

2019/2/2 ©R. Sugai

⬚ 埋没位置

雪崩発生後も強い風が吹いていたため、破断面はすぐに埋まりつつあり、デブリの雪も動いている

アメダスデータ

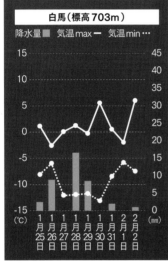

白馬（標高703m）

降水量■　気温max―　気温min…

28日は寒冷前線が上空を通過し、そのまま強い冬型の気圧配置に。山は暴風雪となった。全体的に低温。

気象アラート

		1月31日	2月1日	2月2日
警報	暴風	―	―	―
	暴風雪	―	―	―
	大雪	―	―	―
注意報	強風	―	―	―
	風雪	―	―	―
	大雪	9時10分・発表	継続	―

天気図

1月31日
低気圧から延びる寒冷前線が通過し、日本海側で雪

2月1日
強い冬型の気圧配置となり、北日本は暴風雪に

2月2日
西から高気圧が張り出し、冬型は次第に緩む

Column

安全対策を阻害し、個人と社会の関係性を切る「自己責任」という言葉

　登山であれ、なんであれ、大人が主体的な意思決定のもとに行動した場合、そこには責任が常に生じている。言い換えれば、各個人の行動の帰結として責任があるのは自明なので、事故防止の文脈で自己責任を叫んでもまったく意味がない。

　また、事故発生の抑止と被害軽減がゴールであるならば、それは具体的かつ実効性のある手法や技術などで解決していくべき類の話である。

　雪崩事故対策の標準的なフレームワークは、雪崩情報と雪崩教育を連動させたものである。シーズンに限られた日数しか雪上経験を積めない人が、その日のコンディションを的確につかむ水準まで判断の熟度を上げるのは難しい。それゆえ、社会が雪崩情報のかたちで行動者をサポートするのである。そして、その教育は雪崩情報を上手に使いながら、とのような地形を選択し、行動をマネジメントするのかが中心となっていく。

　このプロセスはリスクコミュニケーションでもある。それゆえ、いかにして的確に雪崩の危険を伝えるのかに腐心してきた雪崩情報や教育に係る実務者によって、ストームスラブや持続型スラブといった言葉が作られ、利用されるようになった。

　安全対策にはユーザーとの対話が欠かせないという立場にいると、恣意的な定義づけによって個人と社会の関係性を切る言葉として、パターナリズムを纏って語られる「自己責任論」は理解しがたいばかりか、安全対策にとって有害であると感じる。

　社会との関係性は切れないことを念頭に、恣意的な手垢にまみれた言葉を使うことなく、具体論のある安全対策を穏やかに語り、地道に実行していくことが肝要かと思う。

019

Ski

北海道
上富良野町

三段山
（さんだん）

2012年12月16日
● 遭遇1人
● ケガ0人
● 死者1人

山スキーのパーティが通い慣れた山域に入山。
先行したメンバーとは異なったラインで
急斜面に入ったリーダーが雪崩を誘発し、流された。

気象と積雪

重要な兆候	
直近の雪崩発生	U
不安定性の兆候	U
直近の堆積	O
急激な昇温	―

前日まで

9日から続いた強い冬型は13日には緩んだものの、寒気が流れ込んでいたため低温が続く。アメダス富良野（標高174m）では13日に最低気温-18.2℃（8時）を観測。

当日の状況

15日に低気圧が本州を通過、16日には北海道の東に抜け、冬型の気圧配置が強まった。現場では、まだ強い降雪は始まっていなかったが、旭川地方気象台は9時20分、大雪注意報（12時間降雪の深さ25cm）を発表。アメダス富良野で気温-0.6℃（7時）を観測。

地形特徴

標高帯	森林限界
斜度	30°以上
形状	凸状
風の影響	複合的
植生	低木は埋没
地形の罠	地形内の樹木
ATES	シンプル

全体的に緩いルート内にある部分的な急斜面での事故。発生区は遮るものがなく、風の影響を受けた雪でスラブが形成しやすい。

2012/12/17 ©S. Ikeda

発生区は小さい斜面

発生した雪崩

雪崩の種類	ウインドスラブ
規模	size 1.5
キッカケ	人的誘発（偶発）
標高	1310m
斜度	32°
方位	北西
弱層	降雪結晶
滑り面	しまり雪
	こしまり雪

破断面の幅は約60m、厚みは40〜80cm。積雪表層に厚み30cm程度の硬度Pのウインドスラブが載り、弱層は硬度4Fで典型的な逆構造。このような硬めのスラブでのスキーカットはすすめられないし、積雪テストも評価が難しいことが多い。

現実的な対応は、斜面の状態をよく観察し、積雪表層の雪を触りつつ、気象状況を考えながらスラブの形成を見積もることで、よりセーフティなラインを選ぶことになる。

行動

活動	スキー
関与グループ数	1

山スキーの5人パーティが8時頃、白銀荘から入山。一段目で20cm程度の新雪があり、前日のトレースは消えている状態。二段目の上まで登り、9時45分、滑走を開始。

二段目の急斜面にて、前方の3人が尾根筋に沿って滑り降りた後、その

100m　∴：被災範囲

ラインから離れて、4人目がスキーヤーズレフトの西斜面に進入したところ、雪崩が発生した。

捜索救助

インシデントレベル	L2
雪崩装備	あり

雪崩の発生は9時50分頃。80mほど下方で待機していた3人がすぐに現場に急行。約5分で現着するとデブリから出ているスキーを発見し、それを頼りに掘り出しを行なった。

被災者の男性（74）の埋没深は50cm、8〜9分で気道を確保したが、この時点で呼吸停止。

10時頃、消防に救助要請するも荒天でヘリは飛行できず。その後、別パーティ7人が救助活動に協力し、CPRを行なう。白銀荘から救助用ソリを運び上げ、搬出を行なうことで、13時すぎ、被災者は救急車に収容された。

情報源
—
● JAN現地調査
● 関係者聞き取り

Comment

雪崩ハザードを評価する概念には「脆弱性」が含まれる。

これはストレスに対する脆さを意味する。たとえば、日々訓練をしている若者と、身体的な強度を持たない高齢者では、雪崩に遭った際の耐性がまったく異なる。また、雪崩装備を持たない人と、エアバッグを背負っている人でも異なる。

雪はとても重い。被災者のような高齢者には大きなストレスである。そこに経験豊富という言葉は意味を持たない。

020

Ski

北海道
上富良野町

富良野岳北尾根
（ふらのだけきたおね）

2013年3月28日
● 遭遇1人
● ケガ0人
● 死者1人

気温上昇を見越して、早朝に出発した2人パーティ。
折からの強い南西の風によって斜面入口に形成した
ウインドスラブが割れて、1人が雪崩に流された。

気象と積雪

重要な兆候	直近の雪崩発生	─
	不安定性の兆候	─
	直近の堆積	─
	急激な昇温	○

前日まで　21日の暴風雪の後、春の兆しが感じられる比較的穏やかな日が続く。26日の弱い冬型の後、27日にかけて移動性高気圧が通過した。

当日の状況　稚内の北に中心を持つ低気圧に向かって、暖かい空気が流入。アメダス富良野（標高174m）にて6時の気温1.2℃が、11時に11.2℃に上昇した。

地形特徴

標高帯	森林帯
斜度	35°以上
形状	緩みのない傾斜
風の影響	複合的
植生	低木は埋没
地形の罠	走路内の樹木
ATES	チャレンジング

　森林限界に近づき、大きな樹林が次第にまばらになってくるエリア。滑り込んだ付近は沢状の窪みがある。尾根のすぐ脇でもあり、風向によってスラブが形成されやすい場所。

　走路は緩みのない斜度でフラットな堆積区まで続いており、小さい雪崩でも立ち木がハザードとなる。

2013/3/29 ©H. Fukuda

斜面入口にスラブが形成されていた

発生した雪崩

雪崩の種類	ウインドスラブ
規模	size 1.5
キッカケ	人的誘発（偶発）
標高	1310m
斜度	40°
方位	北東
弱層	降雪結晶
滑り面	しまり雪

　滑り面となったしまり雪の上に、粒径2mmの降雪結晶があり、その上載積雪も同種の新雪で硬度4Fのスラブを形成。直近の風で雪が動き、軟らかいウインドスラブを形成した。

行動

活動	スキー
関与グループ数	1

　日帰りの予定で2人パーティ（スキーとスノーボード）が5時に北尾根の登行を開始。尾根上は強風の影響を受け、硬くクラストしており、スノーシューは潜らない状態。天候は高曇りで、周辺の高い山はガスの中だった。

　目的の斜面に到達し、スキーヤーが沢地形の右寄りに滑り込み、10mほど滑ったところでスラブが割れ、小さい窪み地形全体が流れた。

捜索救助

インシデントレベル	L2
雪崩装備	あり

　雪崩の発生は6時頃。スノーボーダーは、すぐにビーコンを切り替え、捜索を開始。沢地形を下っていくと目視で流されたスキーヤーの姿をすぐに確認できた。被災者は埋没しておらず、安全な場所に移動させてから救助を要請。道警のヘリコプターは9時頃に現着し、要救助者（43）を収容したが、外傷により死亡した。

GT008-3

スッカン富良野川

十勝岳温泉

1142

1087

三峰山沢

法華ノ滝

2 滝

100m　　　● 埋没位置

2013/3/29 ©H. Fukuda

走路内には樹木がある

情報源

● JAN現地調査
● 関係者聞き取り

Comment　直近にまとまった降雪はなく、尾根上の雪は風で叩かれて硬い状態。「風下の日影斜面には、以前のよい雪がまだ残っているかもしれない」といった考えは、滑走者であれば誰もが持つもの。

　そして、どこにでもあるような斜面の入口のポケット的な地形にスラブが形成されていて流された。形成間もないウインドスラブは割れやすく危険。もし、中程度の風が数時間吹けば、風下には危険なスラブが形成されている可能性をイメージすることは大切。

八方尾根北面
はっぽう

2016年2月5日
● 遭遇1人
● ケガ0人
● 死者0人

3人パーティが日帰りの予定で入山。
これから滑走しようと斜面入口に立ったところ
雪崩を誘発し、標高差で300mほどを流された。

気象と積雪

雪崩危険度	2（留意 Moderate）
重要な兆候	直近の雪崩発生　〇
	不安定性の兆候　―
	直近の堆積　―
	急激な昇温　―

前日まで　1月30日の低気圧の通過後、強い冬型の気圧配置にならず、明瞭な雪崩サイクルもなかった。その後も、ごく弱い冬型が続き、山岳の積雪は安定化していった。一方、北側の斜面においては、放射によって再結晶化した雪と、雲がかかった際に多少降った降雪結晶によるsize 1の点発生雪崩が2月4日に観察されている。

当日の状況　前日と同様に北側の日射の影響を受けない急斜面でsize 1の点発生雪崩が複数観察。朝はアルパインに雲がかかっていたが、次第に晴れる。アメダス白馬で気温-4.2℃（7時）。

地形特徴

標高帯	アルパイン
斜度	35°以上
形状	沢状地形
風の影響	複合的
植生	低木は埋没
地形の罠	大きな沢地形
ATES	コンプレックス

北に延びる尾根の東側にある発生区は、北西風の場合、風が尾根を回り込みクロスローディング。一方、北寄りの風となると削剥を受けやすい。

八方尾根のこの区域は、標高は低いものの樹木はわずかで、風の影響がとても強いため、アルパインエリアとして考えることが必要。沢底は大きな「地形の罠」の中となる。

発生した雪崩

雪崩の種類	ウインドスラブ
規模	size 2.5
キッカケ	人的誘発（偶発）
標高	1520m
斜度	U
方位	北東
弱層	U
滑り面	U

破断面の調査はされていないので詳細は不明。ただし、低標高では1月31日から雪崩危険度は1（低い）で推移しており、限られた場所にある乾いた雪が移動して形成したウインドスラブと考えるのが妥当。

行動

活動	スキー
関与グループ数	1

八方尾根スキー場トップから入山。八方池まで登り、ガラガラ沢を中間部付近まで滑走。最近の雪が平均で15cm、沢底は30cm溜まっており、滑走では不安定性は感じず。

そこからスキーヤーズライトの尾根に登り返し、尾根上で一度、リグループ。次に、その尾根の東側を滑ろうと、ゆっくり斜面上部に入り、これから滑りだそうという時に、滑走者が立つ斜面上方向7m程度のところにクラックが入り、雪崩が発生した。

斜めに滑走することで脱出しようと試みるも、ほぼ停止状態であったために初速がなく、脱出できず。15m程度流された時点で、エアバッグのトリガーを引いた。

ガラガラ沢

八方山

八方池山荘

100m

● 埋没位置

捜索救助

インシデントレベル	L3
雪崩装備	あり

雪崩発生は10時40分頃。雪崩が停止した時、被災者は首から下が完全埋没。身動きが一切できなかったが、しばらくもがいているうちに左手が抜け、顔の前にあって呼吸を苦しくしていた雪を自分で取り除くことができた。

滑りだした場所にはガスが多少かかっていたので、仲間の初動が見えず不安を感じたが、そのまま落ち着いて待ち、救助された。

情報源
―
● 関係者聞き取り

Comment　エアバッグは雪崩に完全埋没する可能性を下げる点で一定の効果はある。しかし、流された沢がもう少し狭ければ、被災者は完全埋没していたかもしれない。事実、隣の沢（押し出し沢）では、エアバッグが展開したものの、完全埋没した事例（生存救出された）がある。

また、今回は幸いにもトリガーを引けているが、トリガーを引けないまま埋まる事例も珍しくない。どのような安全装置を手にしようが、最善は「流されない」である。

写真からは一見、デブリは厚みがあるようには見えないが、埋没点（点線円）で2m以上の深さがある

停止した時、ゴーグルに雪がかかる程度埋没していた。かろうじて脱出できた左手で、顔の前の雪を取り除く。ストックの先には右手がある。ストラップを外していなかったため、まったく動かせない

屈曲した沢状地形を標高差300m、長さ500mほど流されたことになる

アメダスデータ

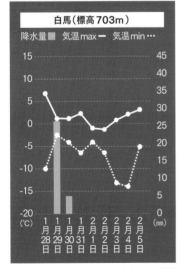

29日から30日にかけて南岸低気圧が通過。29日は気温の逆転層があり、標高2000mでもプラスの気温で降雨。

気象アラート

		2月3日	2月4日	2月5日
警報	暴風	—	—	—
	暴風雪	—	—	—
	大雪	—	—	—
注意報	強風	—	—	—
	風雪	—	—	—
	大雪	—	—	—

天気図

2月3日
西から冬型の気圧配置が緩んでいく

2月4日
冬型は緩むが、北陸～北日本の日本海側は曇りや雪

2月5日
東日本の日本海側～北日本のところどころで雨や雪

立山浄土山

たてやまじょうど

富山県
立山町

2016年11月29日
● 遭遇6人
● ケガ1人
● 死者1人

一ノ越方面をめざした大学生の6人パーティが
視界不良もあり、浄土山の北東ボウルに進入。
雪崩を誘発し、全員が巻き込まれた。

気象と積雪

雪崩危険度　　　2（留意 Moderate）

重要な兆候　　　直近の雪崩発生　○
　　　　　　　　不安定性の兆候　○
　　　　　　　　直近の堆積　　　○
　　　　　　　　急激な昇温　　　−

前日まで
24日未明のドライアウトで形成したこしもざらめ雪により、27日には標高2400～2600mの東～北面でsize 1～1.5の面発生雪崩が人的な刺激で発生。また、27日夜半にみぞれが降り、28日からの降雪で融解凍結クラストとして埋没した。

当日の状況
発生時の視界は50mほど。ラッセルは足首、吹き溜まりで腿。標高2450mにて気温-11℃（6時30分）、弱い北西の風が吹き、降雪はほぼなし。

地形特徴

標高帯　　　　アルパイン
斜度　　　　　30°以上
形状　　　　　ボウル内
風の影響　　　クロスローディング
植生　　　　　ほぼなし
地形の罠　　　地形内の岩
ATES　　　　チャレンジング

岩壁と尾根に囲まれたボウル状地形が発生区。西風によるクロスローディングが強く発生する場所で、ボウル内での雪の堆積の仕方にも多様性がある。地形内に岩があり、少雪であれば、地形の罠となる。
現場下部には一ノ越へと通じる夏道がある。冬季においては、この夏道は必ずしもセーフティなルートではない。上部に浄土山の大きな発生区があるため、コンディションが悪い時は別ルートのほうが安全。

発生した雪崩

雪崩の種類　　ウインドスラブ
規模　　　　　size 1.5
キッカケ　　　人的誘発（偶発）
標高　　　　　2620m
斜度　　　　　35°
方位　　　　　北東
弱層　　　　　あられ、こしもざらめ雪
滑り面　　　　融解凍結クラスト

行動

活動　　　　　　　　　　登山
関与グループ数　　　　　1

26日に入山し、室堂平にて幕営。27日と28日は雪訓。29日6時、一ノ越方面をめざして出発した。
視界が悪く、慎重に移動し、8時10分、少し登った台地で小休止。スマホGPSで位置確認を試みるもうまく作動せず。8時25分、休憩を終え、間隔をあける指示を出した後、行動を再開したが、最後尾のメンバーが歩きだした時に雪崩が発生した。

捜索救助

インシデントレベル　　　L3
雪崩装備　　　　　　　　あり

雪崩には6人全員が巻き込まれた。列の後方にいた3人は数mから80m程度流され、自力脱出した。
警察に通報した後、捜索を開始。最初に手のみが出ているメンバーを発見し、次にそのすぐ近くでビーコンの反応があり、埋没深80cmのメンバーを掘り出す。
最後のメンバーも近くに埋没しており、時間を置かず発見。埋没深は1.5mで掘り出した時点で既に心肺停止。ここで雪崩発生から30分ほど。そして、9時50分に山岳警備隊が到着するまでCPRを継続。天候不良のため、美女平まで搬送した後、防災ヘリにて病院へ移送された。

情報源
● JAN現地調査
● 事故報告書

Comment　雪崩事故には、意図を持って発生区に入る場合と、本来の目的とは異なったまま、気づいた時には危険な場所に踏み込んでしまっている場合がある。これは登山者・滑走者を問わず、共通して発生している。
後者では、しばしば事前計画の重要性が指摘されており、それも要点ではある。と同時に、多重防護の考え方における現場階層で見ると、状況認知とメンバー間のコミュニケーションに問題があることが多い。

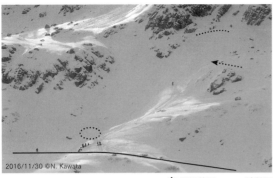

岩盤の付け根付近に破断面は出現　　⋯⋯ 埋没範囲　⋯⋯ 破断面　◀⋯ 行動線　── 登山道　　　現場（点線円）となったボウルの西側の尾根は風で激しく削剥されている

2016/11/30 ©N. Kawata

アメダスデータ

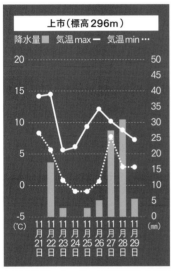

22日は降雪。その後の気温低下は寒気南下による。27日からは南岸低気圧の接近での昇温。その後、冬型へ。

気象アラート

		11月27日	11月28日	11月29日
警報	暴風	－	－	－
	暴風雪	－	－	－
	大雪	－	－	－
注意報	強風	－	－	－
	風雪	－	－	－
	大雪	－	－	－

天気図

11月27日
日本海と南岸の低気圧の接近により、全国的に雨や雪

11月28日
西高東低の気圧配置で、西～北日本の日本海側は雪

11月29日
冬型の気圧配置が続き、北日本は日本海側を中心に雪

積雪観察

表層に近い融解凍結クラストは破断面内でも厚みが異なり、50m下方の斜面では存在しない。また、風がとても強い場所であり、あられの積もり方にも大きなばらつきがある。雪崩の発生には、積雪表層が逆構造であったことが重要な要素。

観測者	横山巌	斜面斜度	35	風速・風向	C-	気温	～	靴底貫入度	～
日付	161130	斜面方位	NE	天気	○	雪面温度	～	積雪深	～
時間	1115	標高	2620m	降水状況	Nil	タイプ	破断面		

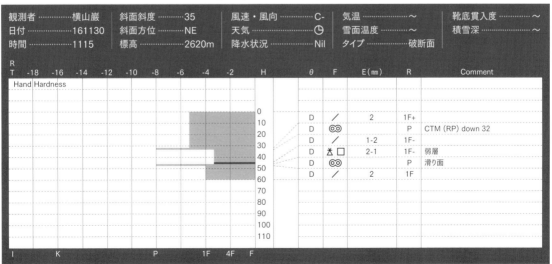

H	θ	F	E(mm)	R	Comment
0	D	/	2	1F+	
10	D	⊚		P	CTM (RP) down 32
20	D	/	1-2	1F-	
30	D	△□	2-1	1F-	弱層
40	D	⊚		P	滑り面
50	D	/	2	1F	

023 Climb

長野県
白馬村

白馬大雪渓葱平
はくば だい せっけい ねぶかっぴら

2017年4月28日
- 遭遇2人
- ケガ0人
- 死者1人

白馬岳主稜を登攀した2人パーティが
下山途中に葱平付近で雪崩を誘発し、流された。
1人は自力脱出したが、1人は行方不明となった。

気象と積雪

重要な兆候		
	直近の雪崩発生	O
	不安定性の兆候	U
	直近の堆積	O
	急激な昇温	O

前日まで 25日に移動性高気圧が去り、西から前線を伴った低気圧が接近。低気圧の通過後、一時的に冬型となったため、26日から27日にかけて標高が高いところでは40〜50cmの降雪。

当日の状況 標高1800m付近から新雪が雪面を覆う状態となり、標高2300mを超えると40〜50cmの新雪。稜線付近では風の影響が強く、雪面にはシュカブラができ、かなり削剥されている。

また、気温上昇と日射の影響により、主稜二峰の標高2700m付近、南東面で10時頃、面発生雪崩。

地形特徴

標高帯	アルパイン
斜度	35°以上
形状	破断面は凸状
風の影響	吹き下ろし
植生	ほぼなし
地形の罠	巨大な沢地形
ATES	コンプレックス

大雪渓のルートは、杓子岳の北東側、白馬岳の南東側にある複数の大きな雪崩走路の末端にあり、なおかつ正面にも広大な急斜面、開放斜面がある。このようなルートでは、雪崩ハザードにさらされることを減らす選択肢が、ほんのわずかしかない。ルートにおける地形評価でコンプレックスとされる典型例の地形である。

また、上部では谷の両側の壁に風が当たって巻き込むため、降雪量が少なくてもスラブが形成されやすい。

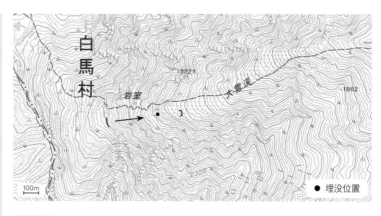

● 埋没位置

発生した雪崩

雪崩の種類	ウインドスラブ
規模	size 2
キッカケ	人的誘発（偶発）
標高	2400m
斜度	U
方位	東
弱層	U
滑り面	U

破断面の幅は60〜70m、スラブの厚みは20cmほど。

行動

活動	登山
関与グループ数	1

白馬岳主稜の登攀を計画し、3時15分、猿倉から入山。30分後、白馬尻にて主稜に取り付き、順調に高度を稼ぎ、11時30分、白馬岳頂上。

20分ほど休憩をした後、大雪渓を下降。途中、下降してきたスキーヤーと会話を交わし、下降を再開して間もなく、雪崩を誘発した。

捜索救助

インシデントレベル	L4
雪崩装備	なし

雪崩の発生は12時30分頃。生還したAは、流されながら仲間Bと斜面下方を確認していたが、雪崩が停止した時、頭を下にしてほぼ完全埋没となった。足をバタつかせると空間ができ、なんとか自力脱出。かなり距離があったが、下部にいるスキーヤーに大声で救助を要請した。

13時15分、県警ヘリが飛来し、山岳遭難救助隊5人で現場捜索。近傍にいた5〜6人のスキーヤーと登山者も捜索に加わるも、ビーコン不携帯のため、夕方までに発見できず。

事故後は荒天もあり、効果的な捜索が実施できず。後日、会の仲間が捜索を行ない、5月20日14時30分頃、B（37）を発見、収容した。

情報源
—
- 関係者聞き取り
- 事故報告書

Comment 事故となった雪崩と主稜二峰直下で発生した雪崩は異なった種類。前者は、乾雪のウインドスラブであり、後者は湿雪の面発生雪崩。まとまって降った雪が、それが堆積した場所の特性によって、異なる種類の雪崩となった。

事故後の荒天により、杓子岳側から雪崩が自然発生し、捜索エリアにさらに大量のデブリがかぶった。これが捜索活動をさらに困難にした。雪崩ビーコンを装着していれば、その日のうちに収容できた事案である。

破断面は浅く、20cm程度。発生後、風で雪が動き、少し埋まっている

雪崩発生から45分後には県警ヘリが飛来し、救助活動を実施

雪崩ビーコンを装着していなかったため、捜索には甚大な労力がかかった

デブリは杓子岳の北東側のルンゼ直下に堆積しており、捜索活動に影響を与えた

:::: 埋没位置

アメダスデータ

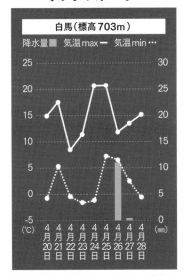

白馬（標高703m）

降水量■ 気温max— 気温min…

25日は高気圧の縁を回って暖かい空気が流れ込み、日本海側で6月〜7月中旬の気温。その後、前線の通過で降雨。

気象アラート

		4月26日	4月27日	4月28日
警報	暴風	－	－	－
	暴風雪	－	－	－
	大雪	－	－	－
注意報	強風	－	－	－
	風雪	－	－	－
	大雪	－	－	－

天気図

4月26日
前線を伴う低気圧により北日本日本海側を中心に広く雨

4月27日
低気圧や気圧の谷は東に進み、西から高気圧が張り出す

4月28日
高気圧に覆われて、全国的に概ね晴れる

長野県
小谷村

小蓮華山船越ノ頭
（これんげ　ふなこし　あたま）

2018年1月20日
● 遭遇1人
● ケガ0人
● 死者1人

山域をよく知る3人パーティの先頭滑走者が
稜線付近の局所に形成されたウインドスラブで流され、
近傍のパーティが捜索救助に加わった。

気象と積雪

雪崩危険度	1（低い Low）

重要な兆候	直近の雪崩発生	―
	不安定性の兆候	―
	直近の堆積	―
	急激な昇温	―

前日まで　17日、麓では降雨、標高1800m以上では降雪となった。その後、強い寒気の流入もなく、高めの気温で推移し、19日には高気圧が張り出した。

当日の状況　20日も好天ながら、上空を浅い気圧の谷が通過。白馬乗鞍岳の標高2200m付近では風はとても弱いものの、主稜線では激しい飛雪があった。アメダス白馬で気温-5.5℃（7時）。

地形特徴

標高帯	アルパイン
斜度	30°以上
形状	部分的な凸状
風の影響	トップローディング
植生	なし
地形の罠	なし
ATES	チャレンジング

大きな広がりを持つ斜面で、地形の罠もない。空間の広がりで錯覚しやすいが、滑り込む付近の斜度は35°を超える。発生区は北西風でトップローディングが卓越する区域。

周辺の雪面に風紋がある

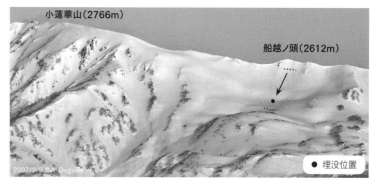

小蓮華山（2766m）

船越ノ頭（2612m）

● 埋没位置

2007/2/9 ©A. Degawa
写真は事故以前に撮影したもの

発生した雪崩

雪崩の種類	ウインドスラブ
規模	size 2
キッカケ	人的誘発（偶発）
標高	2550m
斜度	35°以上
方位	南東
弱層	U
滑り面	U

雪崩は標高差250m、流下距離800mほど。目測での破断面の幅30m、スラブの厚みは20～70cm程度。

行動

活動	スノーボード
関与グループ数	1

5人パーティが日帰りでのツアーを計画。スキー場トップのリフトで少しトラブルがあり、遅れた2人を待たず、3人が先行して入山。これが原因となり、いつもは行なっているビーコンのチェックが完全ではなかった。

昼頃、船越ノ頭に到着し、最初の滑走者が斜面に入った時に雪崩を誘発。滑走者はエアバッグを所持していたが、展開できなかった。

捜索救助

インシデントレベル	L4
雪崩装備	あり

雪崩の発生は12時30分頃。すぐに仲間2人が捜索を行なったが、埋没者のビーコンの電源が入っていなかった。近傍にいたガイドパーティが捜索活動に加わり、ビーコンの表示からゴーストが発生していることに気づき、ラインプロービングに切り替えた。

最終的に近傍のパーティが集まり、約30人によるプロービングが行なわれ、発生から約1時間20分後に、埋没深50cmで発見された。

県警ヘリは発見から1時間後に現着したが、強風で収容できず、要救助者（40）は翌21日に搬出された。

情報源

● 関係者聞き取り

Comment　広大な斜面の地形局所に形成されたウインドスラブによる雪崩。

強風によって雪面に風紋やシュカブラが形成されていると滑走しづらいため、どうしても、面ツルの気持ちよさそうな場所を探すのが滑走者の常。しかしながら、そうした場所は、ウインドスラブを形成しているところでもある。

安全対策でできることは、斜度を落とすこと。25°の傾斜であっても、クリーミーなパウダーなら気持ちよい滑走は可能だ。

新潟県
妙高市

妙高大毛無山
（みょうこうおおげなし）

2019年1月25日
● 遭遇1人
● ケガ0人
● 死者1人

3人パーティが大きなボウル地形に滑り込み、
3番目の滑走者がsize 2.5の雪崩を誘発。
近傍にいたパーティの協力で捜索救助が行なわれた。

気象と積雪

雪崩危険度	2（留意 Moderate）

重要な兆候	直近の雪崩発生	◯
	不安定性の兆候	◯
	直近の堆積	◯
	急激な昇温	―

前日まで　23日に寒冷前線が本州上空を通過。その後、冬型となり、暴風雪。アメダス関山（標高350m）では、24日朝までに約40㎝、積雪深が増加。ウインドスラブの形成が報告されている。

当日の状況　日本海で発生した弱い低圧部が近づいてきたこともあり、気象状況はやや収まる。天候は曇り。アメダス関山にて気温は-2.7℃（7時）。

地形特徴

標高帯	森林帯
斜度	35°以上
形状	ボウル状
風の影響	複合的
植生	低木は埋没
地形の罠	下部の狭い沢
ATES	コンプレックス

南東に開けた大きなボウル地形で、クロスローディングとトップローディングが組み合わさり、雪が吹き溜まる場所。中間にある平坦部は雪崩地形内なので安全地帯ではない。

2019/1/25 ©I. Yokoyama

全景写真では見えていない堆積区

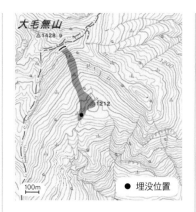

大毛無山
△1428.9
△1212
100m
● 埋没位置

発生した雪崩

雪崩の種類	ウインドスラブ
規模	size 2.5
キッカケ	人的誘発（偶発）
標高	1370m
斜度	30°以上
方位	南東
弱層	U
滑り面	U

破断面の幅は約30m、厚みは30～150㎝。荒天もあり、破断面の調査は実施できていないが、目視で旧雪内の可能性を確認している。

行動

活動	スキー
関与グループ数	1

スキー場トップから山岳エリアに外国人の3人パーティが入山。午前はゲレンデ内を滑走していたが、雪崩対策の装備等は整っており、予定しての行動。斜面トップから1人ずつ滑走し、3人目で雪崩を誘発した。

2019/1/25 ©I. Yokoyama

南東のボウル全景

捜索救助

インシデントレベル	L3
雪崩装備	あり

雪崩の発生は13時40分頃。仲間の2人が初動の捜索を開始したが、やや手間取り、その状況に気づいた稜線上にいた別パーティのメンバーが捜索の応援に加わった。

埋没の深さは約150㎝で、雪崩発生から約20分で上半身が掘り出された。また、その6分後には隣接するスキー場のスキーパトロールも現着し、CPRを実施した。その後、要救助者（49）は県警ヘリにて病院に搬送されたが、死亡が確認された。

なお、被災者はエアバッグを携帯していたが、展開できなかった。

情報源

- JAN現地調査
- 関係者聞き取り
- 新聞等の報道

Comment　限られたデータセットながら、エアバッグを背負っている人は、それを使用していない人に比べ、規模の大きな雪崩に流される傾向にあることが判明しつつある。

エアバッグは埋没の可能性を下げる有効な道具だが、同時に、心理学的な側面において、前述のことは認識しておきたい。

そして、国内においても、トリガーを引けずに埋没している事例が複数あることも覚えておく必要がある。

不確実な世界における、最も厄介な相手

判断の妥当性

降雪後の晴れた日、真新しい雪崩の跡はなく、登りながら凸状部でスキーカットをしても特に反応しない。登行しながら手にしたほかの情報も合わせて考えると、「積雪コンディションは悪くはなさそうだ」という確信が自身の中に芽生えてくる。

斜面の入口に立つと、すでに3本のトラックが入っており、快適な滑走を先行者は楽しんだ様子が見て取れる。あなたは「大丈夫だろう」と判断を下して滑り込む。新雪を堪能し、麓のバーでアプレのビールを飲んでいると、その斜面で雪崩事故が発生したことをテレビが告げている。

この日の意思決定は妥当だったのだろうか。

誤った成功体験

ある斜面が雪崩れるとわかっていて滑り込む人はいないだろう。つまり、当事者の積雪コンディションに対する確信が、どこかで誤っていたがゆえに事故は発生する。

同じ斜面でインシデントが発生すれば、自分の判断が危うかったことに気づくキッカケになるかもしれない。しかし、それがなかったらどうだろう。積雪には雪崩を発生させうる脆弱性が存在していたにもかかわらず、自分の状況認知は適切だったという「誤った成功体験」しか残らない可能性が高い。そして、それは次の意思決定に影響を与える。

誤った成功体験が生じるのは、結果が良ければ意思決定も良かったに違いないと、私たちは考えがちだからである。意思決定と結末を短絡的に結びつける考え方にいると、良い意思決定をしていても、悪い結末がありうることを忘れてしまう。

そろわないパズルのピース

残念ながら、積雪コンディションは、誰にも「完全」にはわからない。どの程度の状態にあるかを判断するため、根拠となる情報を集めて考えていく。それは穴だらけのジグソーパズルを見て、描かれている絵を大雑把に推察することに似ている。

重要なピースがいくつも手に入ればいいが、穴だらけとなったパズルであれば、経験豊富な実務者であれ判断の精度は大きく下がらざるを得ない。私たちは常に「不完全な情報によって不完全な判断」を下している。

誰もがはまる罠

事故が起きると、「事前に積雪コンディションは把握できたはずだ」という言葉が現われる。これは後知恵バイアスである。

事故後、私たちは雪崩の発生という「結果」をすでに知っており、もし、現場調査がされていれば、弱層の種類さえも知ることができる。重要なピースを手に入れた後に行なう、意思決定を振り返る作業は、極めて思慮深いアプローチが必要だ。

後知恵バイアスが厄介なのは、「こうすればよかった」あるいは「判断できたはずだ」という事故に対する主観が一度決まってしまうと、それを裏付ける材料を集め、筋の通ったストーリーが作られることにある。

熱心さのパラドックス

人は非合理な生き物である。他者の推論の偏りには気づきやすいが、自身の偏りには気づかない。これをバイアスの盲点という。

心理学の研究によれば、私たちの直感に反して、知識があり情報処理能力の高い人のほうが、認知バイアスの盲点の影響を大きく受けることが示唆されている。また、それを自覚していても、克服できないことも報告されている。

これを知れば、事故後に「積雪が危険な状態にあったことは事前に把握できたはずだ」という自信に満ちた言葉が、勉強をしている熱心な山岳利用者や実務者あるいは研究者の一部から出てくるのも理解できる。

知識や経験がある人ほど、主張に合う情報やデータを使って、筋の通る話を作れるからである。そして、雪崩発生前には把握できていない情報や、ストーリーに合わないデータを軽視あるいは無視していく。

危うい橋を渡る

誤った成功体験であれ、穴だらけのジグソーパズルであれ、それが示唆するのは「不確実性」である。不完全な情報によって不完全な状況認知がなされ、不完全な人間が意思決定をする。端的に言えば、私たちはかなり危うい橋を渡っている。

不確実性への対処は、自身の状況認知に関する限界を認めると同時に、自身が容易に判断を誤ることを受け入れ、他者からの指摘に耳を傾けつつ協力し合うことである。

フィールドでの雪崩発生など、直接証拠の情報が皆の間でもっと共有されれば、誰かが雪に埋まる前に、重要なパズルのピースを使って個々の状況認知は改善されるだろう。

判断をリーダー任せにするのではなく、パーティ全員が協力して状況認知を進めれば、重要な情報の見落としや認知バイアスの罠に引っかかる可能性も下がるだろう。

状況認知の厳密さを追うのではなく、大雑把な姿しか把握できないという前提を忘れないことだ。そして、わからないことの度合いに合わせて大きくステップバックをする。

ステップバックや他者との協力に抵抗感があるとすれば、それはあなたがこのスポーツに入れ込んできた熱量が作り出した自我（エゴ）である。多くの雪崩プロフェッショナルがプライドこそ最も厄介な存在だと一様に口にする理由はここにある。

最大の敵は自分自身である。

第 3 章

持続型スラブ

Persistent slab

026

富山県
立山町

立山雷鳥沢
（たてやまらいちょう）

2007年4月18日
● 遭遇3人
● ケガ2人
● 死者1人

春シーズンの営業が開始された翌日、
2週間ほど前に形成していた持続型弱層によって
size 2.5の雪崩が発生し、3人が巻き込まれた。

気象と積雪

重要な兆候	直近の雪崩発生	—
	不安定性の兆候	○
	直近の堆積	○
	急激な昇温	—

前日まで 16日、寒気を伴った低気圧が本州を通過。翌17日に関東の東海上で発達し、山中ではまとまった降雪。

当日の状況 冬型は緩んだものの、寒気が残ったため、午前は曇り。その後、回復へと向かう。気温は例年より低く推移。

地形特徴

標高帯	アルパイン
斜度	35°以上
形状	ボウル状
風の影響	クロスローディング
植生	低木が埋没
地形の罠	漏斗状
ATES	コンプレックス

発生区はボウル状で、それが狭い沢に収束していく漏斗状の地形。誘発区域付近の斜度が最もきつく、ボウル上部の雪を支えにくい地形形状。また、中間から下部はクロスローディング、最上部は吹き払いのほうが卓越する地形特徴となっている。

発生した雪崩

雪崩の種類	持続型スラブ
規模	size 2.5
キッカケ	人的誘発（偶発）
標高	2700m
斜度	35°
方位	南〜南西
弱層	こしもざらめ雪
滑り面	融解凍結層

破断面の幅は200m、厚みは50cm。

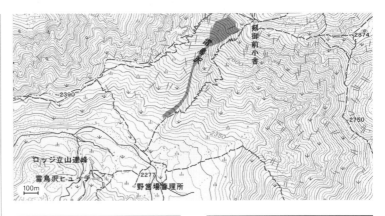

行動

活動	スキー、スノーボード
関与グループ数	2

4人のスキーヤーのパーティAと、6人のスノーボーダーのパーティBは、いずれも雷鳥沢周辺を滑走することを計画していた。

雷鳥沢のクライマーズレフトの尾根を使い、剱御前小舎へ登行。この2パーティのメンバーがボウル内にいた時、雪崩は発生した。雪崩発生時の状況は以下のとおり。

パーティA：1人は沢下部まで滑走し、少し高いところで待機。1人はボウル内で停止しており、そこをめざしてもう1人が滑走中。最後の1人は尾根上を滑走していた。

パーティB：技量の高いメンバー2人が先にボトムまで滑走。残された4人は滑走の撮影をしようと考え、メンバーの1人がボウルに入った。

つまり、雪崩が発生した時、ボウル内に滑走2人、待機1人がいた。

捜索救助

インシデントレベル	L4
雪崩装備	2人なし

雪崩発生は12時20分。パーティBの3人は、ただちに最終消失点となったボウルが狭まるノドまで移動し、ツボ足で沢下方に向かってビーコン捜索を開始した。

一方、尾根上にて雪崩の発生を目撃した別の3人パーティは、先行していた2人が走路上部へ、下方を登行していた1人がデブリ末端に急行し、捜索を実施した。結果的に、デブリ末端に向かったメンバーが埋没者を発見している。

スキーヤー2人は手が出ており、すぐに発見されて生還。スノーボーダー（34）は埋没深50cmで完全埋没して、ビーコンで発見された後、県警ヘリで病院に搬送された。

情報源
—
● JAN現地調査
● 事故関係者聞き取り

Comment 雪崩は、誰も認知していない不安定性で発生している。「積雪を調べれば…」と考える人もいるかもしれないが、雷鳥沢上部には、安全に適切な観察ができる場所はほとんどない。尾根で掘っても、弱層の位置は深く、たとえ見つけても適切な判断は困難。

また、雷鳥沢のボトムで観察しても、旧雪内にある球形化が進みつつある再結晶化した雪の判断は、一般の山岳利用者には難しい。雪崩情報が必要な所以である。

雪崩発生時、点線円内の誘発区域にスキーヤー1人とスノーボーダー1人が滑走中。流された3人は屈曲するデブリ外側に近接埋没した
Ⓐ尾根上のスキーヤー1人　Ⓑ停止していたスキーヤー1人　Ⓒスノーボーダー3人の待機位置

アメダスデータ

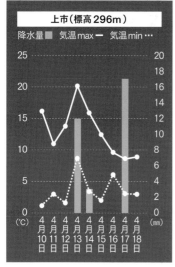

13日は日本海を低気圧が東進し、南風で昇温。16日に上空を低気圧が通過したが、寒気を持つため気温上昇なし。

破断面は事故後の風でやや隠れている

デブリは走路上部から堆積

天気図

4月16日
上空に寒気を伴った低気圧が本州を通過する

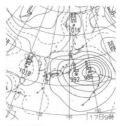

4月17日
低気圧は発達しながら進み、関東の東海上に

4月18日
北陸〜北日本は移動性の高気圧に覆われる

デブリは走路末端で停止しているが、50年ほど前、称名川の奥の平地に立っていた山小屋が雪崩で破壊されている。春の小屋開けで発覚。雪崩の視点で地形を評価すると、今回の雪崩は大きいとはいえない

2007/4/20 ©A. Degawa

雪崩を発生させた不安定性の推移

破断面での調査前

現場での調査を行なう前、山岳関係者の間で推論のひとつに挙がっていたのが、あられを弱層とした雪崩の可能性であった。

17日から18日朝までに降った新雪30cmの中に、あられが多分に含まれており、事故当日、簡易なテストを行ない、「結合状態があまり良くないかもしれない」という感触を持った人も多数いたようだ。

19日午後、雷鳥沢のテント場周辺で積雪観察を2カ所で行なった。ひとつは平らな場所、もうひとつは事故と同じ南を向いた35°の斜面。前者では、あられがあり、後者では、あられを確認できなかった。

調査の結果と推察

20日、破断面で2カ所、登行に使う尾根上で1カ所の積雪観察を行なった。その結果、弱層は、こしもざらめ雪であり、直近に形成されたものではないことがわかった。破断面での弱層の深さは40〜50cmだが、尾根上では1m以上の深さであった。

下層にある氷板は、3月25日の降雨の可能性が高い。まとまった降雨がないと、このような厚みを持つ硬い層は形成されないからである。

そして、31日に再び、大きな昇温があった後、4月3日から4日にかけて強い寒気が南下している。この寒気は、輪島上空5400mで-36℃という真冬並みの強さで、この気温低下が

こしもざらめ雪の形成に寄与したものと推察されている。

このような推察が可能なのは、今回はたまたま、まとまった降雨での形成が強く示唆される氷板という目印となる層があったからである。

6本のトラック

当日、雷鳥沢は別の3人パーティが最初に滑走しており、雪崩が発生する前に、斜面には6本のトラックがすでに入っていた。

持続型スラブの場合、このように複数のトラックが入った斜面が雪崩れることが、しばしば報告されている。「斜面に入ったトラックは、必ずしも積雪の安定を意味しない」は、雪崩の基礎知識のひとつである。

積雪観察

いちばん下にある氷板はまとまった降雨がないと形成しない。事故から2日後ながら、積雪表層部の硬度が高めなのは、風で再配分された雪が堆積しているため。テスト結果が出ているあられは、事故当日にも認知されていたもの。

観測者	出川あずさ	斜面斜度	36		風速・風向	M-S	気温	-4.0(℃)	靴底貫入度	5cm
日付	070420	斜面方位	SW		天気	◐	雪面温度	-1.8(℃)	積雪深	300+cm
時間	0830	標高	2683m		降水状況	Nil	タイプ	破断面		

R T	Hand Hardness	H	θ	F	E(mm)	R	Comment
		0	D	◎		K	
		10	D	┿	0.5-1.5	4F	
		20	D	◎		K	
		30	D	⋈	2-3	1F+	
		40	D	◎		K	
		50	D	⋈	2-3	P-	CTM16 down 20×2
		60	D	•	0.5	P	
		70	D	• /	0.25	P+	CTH22 down 33×2
		80	D	• □	0.3-0.5	P	弱層
		90	D	◎ □		K	滑り面
		100	D	• □	0.5	P-	
		110	D	▬		I	ショベルを跳ね返す硬さ

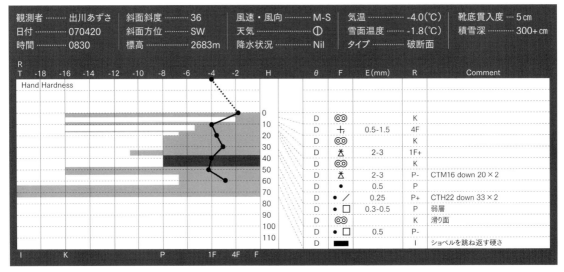

北海道
上富良野町

上ホロカメットク山下降ルンゼ
（かみ）

2007年11月13日
● 遭遇1人
● ケガ1人
● 死者0人

経験ある2人パーティが山スキーを計画。
少雪のため、滑走可能な斜面が限られるなか、
最終的に選んだ斜面で雪崩に被災した。

気象と積雪

重要な兆候		
直近の雪崩発生	—
不安定性の兆候	—
直近の堆積	—
急激な昇温	—

前日まで　10月13日に旭川で初雪。その後、小さい荒天が数回あったものの、11月上旬はまとまった降雪がなかった。

当日の状況　高気圧が張り出し、天候は回復。風も弱い日。安政火口付近で積雪は20〜30cm。雪崩より滑落が気になる状況。アメダス富良野（標高174m）にて気温-1.1℃（7時）。

地形特徴

標高帯	アルパイン
斜度	35°以上
形状	下支えなし
風の影響	トップローディング
植生	ほぼなし
地形の罠	深い沢と崖
ATES	コンプレックス

誘発点直下の崖によって、積雪は下支えのない地形に載っている状態。

発生した雪崩

雪崩の種類	持続型スラブ
規模	size 2.5
キッカケ	人的誘発（偶発）
標高	1820m付近
斜度	30°
方位	北西
弱層	こしもざらめ雪 しもざらめ雪
滑り面	こしもざらめ雪 しもざらめ雪

破断面の幅は170m、厚みは45cm程度で最大80cmほど。上載積雪内に厚み40cmほどの硬いスラブを形成していた。

破断面調査は、日本雪氷学会北海道支部雪氷災害調査チームによって実施されており、記載のデータはそれに基づくもの。

行動

活動	スキー
関与グループ数	1

2人パーティが、十勝岳温泉から6時30分に入山。積雪が少なく、雪があるところをつないで奥へと進む。

2人はこれまで北西稜を登ったことがないため、ロープが必要にならない範囲という判断で1700m付近まで登り、その後、避難小屋から十勝岳方面へ移動しつつ、滑れそうな斜面を探す。あまり良い斜面がなく、最終的に当該斜面を選択した。

乾雪の締まった雪面に、どのぐらいエッジが効くのかを確認するように、1人がジャンプターンを数回繰り返しながら10mほど滑走。停止位置の下は小さい崖で滑走不可。そして、仲間に崖を回避するルートを指示し、その方向にスキーの向きを変えようとした時、雪崩は発生した。

捜索救助

インシデントレベル	L3
雪崩装備	あり

雪崩発生は11時20分頃。残されたメンバーの待機位置からは斜面下部の様子が視認できないため、一度、稜線まで上がった。声がけと目視をした後、アイゼンを装着し、スキーをザックに付け、ビーコンを受信モードにして捜索を開始。デブリの範囲が広いため、スキーが出ている場所から下方を捜索の優先区域にする。

スキーに近づくとビーコンが反応し、すぐにその周囲を掘り、埋没した仲間（29）を発見。その後、消防に通報。埋没深は約50cm。当初、意識がなかったが活動中に気づき、保温等に努めつつ、ヘリで収容された。

情報源
—
● 関係者聞き取り
● 事故報告書
● 雪氷災害調査チーム

Comment　硬いスラブの下に結合力がとても弱い雪があった場合、雪崩が誘発されるとどのようなことが起こるのか、その見本のような事例。

硬いスラブは上からの刺激を分散するため、下にある弱層の破壊を起こしにくくする。しかし、いったん雪崩が発生すると、その硬さゆえに規模が大きくなりやすい。

誘発の理由は、停止位置が岩に近く、積雪が浅いため。このような雪崩では、弱層テストはほとんど役に立たない。

Ski

新潟県
妙高市

妙高前山
みょうこうまえやま

2006年1月28日
● 遭遇4人
● ケガ3人
● 死者0人

連日の降雪で深いラッセルとなる状況だったため
先行者のトラックを利用してシール登行。
途中、仲間の方向転換を手助けしている時に雪崩が発生した。

気象と積雪

重要な兆候	直近の雪崩発生 ── ─
	不安定性の兆候 ── ─
	直近の堆積 ── ○
	急激な昇温 ── ─

前日まで　1月21日、南岸低気圧が関東に大雪を降らせ、22日には東海上で発達。強い寒気の流入を伴う冬型の気圧配置となり、北日本でまとまった降雪。この冬型は流入する寒気の強弱がありつつ、28日まで継続する。

当日の状況　アメダス関山（標高350m）にて27日夕方から28日朝までに35cmの降雪。気温-2.7℃（7時）。

地形特徴

標高帯	森林帯
斜度	35°以上
形状	凸状
風の影響	複合的
植生	疎林
地形の罠	地形内の樹木
ATES	チャレンジング

発生区は大きな凸状地形になっており、南面は地形内に立ち木が残る疎林。下方の沢は深く、狭い。

発生した雪崩

雪崩の種類	持続型スラブ
規模	size 2
キッカケ	人的誘発（偶発）
標高	1750m
斜度	38°
方位	南
弱層	こしもざらめ雪
滑り面	融解凍結層

破断面の幅は約100m、厚みは60〜100cm。流下距離は500mほど。

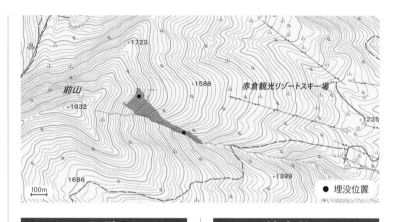

赤倉観光リゾートスキー場

前山

● 埋没位置

行動

活動	スキー
関与グループ数	1

経験ある7人パーティ（30〜70代で構成）が前山を登り、滝沢尾根を下るクラシックなルートで山スキーを計画。しかし、気象状況を考慮し、当日の朝、スキー場からの前山往復に変更した。

11時30分、入山。7人で隊列して登行していたが、ペースが異なるため、先行3人と後続4人に分かれた。また、登行を始めた時点ですでに先行パーティがあり、そのトラックを使用した。トラックを外すとスキーで膝下程度のラッセルとなった。

適度な間隔で登行を続けていたが、後続チームの1人が急斜面での方向転換に手間取り、結果的に4人が団子状態で集まってしまう状況となる。仲間が方向転換を手助けしようとしているうちに雪崩が発生。4人全員が流された。破断面は4人の上方10〜20mの位置に生じた。

捜索救助

インシデントレベル	L3
雪崩装備	あり

雪崩発生は12時56分。1人は数m下方にあった樹木にしがみつき、それ以上は流されなかった。2人は30〜50m下方にある樹木に激突して停止し、大腿骨骨折。また、もう1人は下方へ流され、ほぼ完全埋没。幸いにも左手が動き、顔が雪面からかろうじて出ていた。なお、先行の3人は数十m先におり、当初、雪崩発生に気づかなかった。

最上部で自力脱出したメンバーが無線と大声で救助を要請。また、近傍にいた2パーティも事態に気づき、捜索救助の応援に入り、最終的に要救助者をスキー場まで搬送した。

情報源

● JAN現地調査
● 関係者聞き取り
● 事故報告書

Comment　この雪崩のように特定の地形にのみ持続型スラブの危険が生じている場合がある。天気状況の推移から、冬型が少し弱まり、日中に日差しが生じた時に、融解凍結層が形成されたことがわかる。

こうした空間スケールの小さい現象は、天気予報やアメダスといったデータからでは推察することができない。

雪崩スキルのある人間が協力して、不安定性の状況をトラッキングしていないと、その状況認知は難しいことが多い。

立ち木に2人が激突した

アメダスデータ

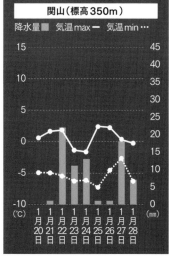

関山（標高350m）

降水量■ 気温max— 気温min…

21日以降、低温が続いている様子がよくわかる。発生区とは単純計算で8℃程度、気温が違うことに注意。

登行トラックの左端、東と南の斜面の変わり目が誘発点

天気図

1月26日
強い冬型となり、日本海側は雪や曇り、一部で雨となる

1月27日
北日本中心の冬型が続き、北陸から北の日本海側で雪

1月28日
冬型が続き、北陸から北の日本海側は雨や雪

積雪観察

薄く挟まる融解凍結層は日射による。弱層は、この2つの層に挟まれた箇所の雪が再結晶化したもの。

現地調査では、破断面近くの東面でも積雪観察を実施しているが、東面ではこの融解凍結層は存在しない。

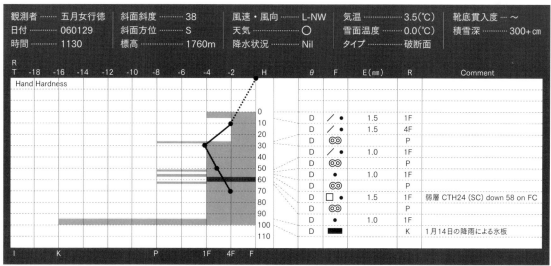

観測者	五月女行徳	斜面斜度	38	風速・風向	L-NW	気温	3.5(℃)	靴底貫入度	～
日付	060129	斜面方位	S	天気	○	雪面温度	0.0(℃)	積雪深	300+cm
時間	1130	標高	1760m	降水状況	Nil	タイプ	破断面		

θ	F	E(mm)	R	Comment
D	/ •	1.5	1F	
D	/ •	1.5	4F	
D	◎		P	
D	/ •	1.0	1F	
D	◎		P	
D	•	1.0	1F	
D	◎		P	
D	□ •	1.5	1F	弱層 CTH24 (SC) down 58 on FC
D	◎		P	
D	•	1.0	1F	
D	■		K	1月14日の降雨による氷板

029

Ski

長野県
松本市

乗鞍岳位ヶ原
（のりくら くらい はら）

2010年2月23日
● 遭遇1人
● ケガ0人
● 死者1人

単独の山スキーヤーが午前に富士見岳エリアを滑走。
山荘で休憩した後、午後の滑走のため
当該斜面の端を登行中に雪崩を誘発し、被災した。

気象と積雪

重要な兆候	直近の雪崩発生	―
	不安定性の兆候	―
	直近の堆積	―
	急激な昇温	○

前日まで　冬型の気圧配置は19日に終わり、20日は穏やかな晴れ間が広がった。以降、しばらく高い気温が続くことになる。特に、22日には低気圧が日本海を進んだため、南風が入り、北陸などで春一番が吹いている。

当日の状況　23日は前日の暖かい空気が残る。広く晴れて、4月頃の気温となった。

地形特徴

標高帯	森林限界
斜度	35°以上
形状	ボウル状
風の影響	トップローディング クロスローディング
植生	低木は埋没
地形の罠	堆積区の樹木
ATES	チャレンジング

　乗鞍岳は独立峰であり、森林限界から上部ではとても風が強いことで知られる。発生区は北東に面したボウル状の地形。この斜面の上部には平坦な地形が大きく広がり、そこで吹きさらされた雪が発生区に堆積している。また、ボウル地形のクライマーズライトの丸みを帯びた尾根部も、冬型の気圧配置の際は、強い風の吹きさらしを浴び、硬い雪面が露出しやすい場所となる。

　発生区の直下、走路内を位ヶ原山荘からツアーコースへとつながる林道が走っており、ここを行き来する人も多い。今回の雪崩は、その林道を突っ切っている。

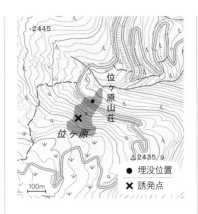

● 埋没位置
× 誘発点
100m

発生した雪崩

雪崩の種類	持続型スラブ
規模	2.5
キッカケ	人的誘発（偶発）
標高	2480m
斜度	28°
方位	北東
弱層	こしもざらめ雪
滑り面	氷板

　降雨後の気温低下で形成された弱層による雪崩。また、弱層形成後も降雪量が少ないため、圧密の効果が弱く、さらに低温と放射の影響が合わさり、充分に成長したこしもざらめ雪は厚みを持って形成していた。

　誘発点は、凸状とスラブが薄い箇所という典型的な組み合わせ。

行動

活動	スキー
関与グループ数	1

　単独の山スキーヤー（30）が、日帰りの予定で乗鞍高原温泉スキー場

2010/2/24 ©A. Degawa

林道付近から発生区を見上げる

から入山。富士見岳エリアを滑走した後、昼頃、位ヶ原山荘で休憩。午後の滑走のため、発生区のクライマーズライトの尾根を登行し、ややボウル状内に入ったところで雪崩を誘発して流された。

捜索救助

インシデントレベル	L3
雪崩装備	あり

　山荘関係者が登行中の男性を見ており、少し目を離した間に雪崩が発生。山荘関係者は現場に急行し、ビーコン捜索を実施。上半身の部分埋没の男性を目視で発見し、すぐに掘り出しを行なったが心肺停止であった。雪崩発生に気づいてから約15分で捜索救助を行なっている。

情報源

● JAN現地調査
● 関係者聞き取り

Comment　自分の周囲に樹木があると安心を感じる人は多いかもしれない。しかし、雪崩に関しては、その樹木の上方にどのような斜面があるのかが、より大切になる。また、雪崩の流下で、いつも樹木が折れるわけでもない。

　林道から発生区を見上げた写真は、そのことをよく教えてくれる。歩いている時は、常に自分の上方を意識することが大事。そこに発生区があるか、そして人が入る可能性があるか、などを考える。

写真の奥、破断面は樹木をつないで延びている

アメダスデータ

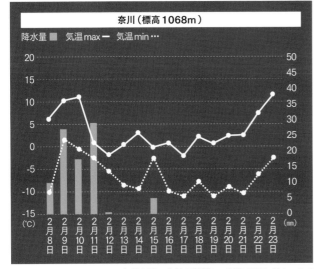

奈川（標高1068m）

降水量 ■　気温max —　気温min …

2月9日から10日にかけて、本州南岸に前線が停滞し、暖気が流れ込むことでまとまった降雨となった。その後、寒気が入り、急激に冷え込んでいる。

2010/2/24 ©A. Degawa

破断面付近からの見下ろし。手前にはカリカリの滑り面が露出している。点線は山荘からツアーコースへ向かう林道の位置

天気図

2月22日
関東の一部を除いて最高気温は3〜4月上旬の暖かさ

2月23日
本州付近は広く晴れて最高・最低気温ともに3〜4月並み

積雪観察

45cm下にある分厚い氷板は、まとまった降雨がないと形成しないため、2月9〜10日の降雨によるもの。

表層に厚みを持った硬度1Fのスラブが形成されていることも重要。これが規模を大きくした原因のひとつ。

観測者	出川あずさ	斜面斜度	28	風速・風向	L-NW	気温	2.0（℃）	靴底貫入度	10cm
日付	100224	斜面方位	NE	天気	○	雪面温度	-8.7（℃）	積雪深	300> cm
時間	2230	標高	2473m	降水状況	Nil	タイプ	破断面		

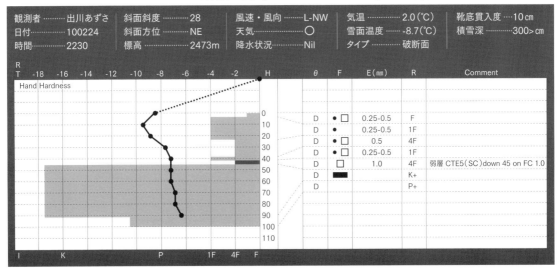

							θ	F	E(mm)	R	Comment
0							D	•□	0.25-0.5	F	
10							D	•	0.25-0.5	1F	
20							D	•□	0.5	4F	
30							D	•□	0.25-0.5	1F	
40							D	□	1.0	4F	弱層 CTE5（SC）down 45 on FC 1.0
							D	■		K+	
							D			P+	

71

030

Ski

山形県
上山市

熊野岳蔵王沢
（くまのざおう）

2010年3月12日
● 遭遇1人
● ケガ0人
● 死者1人

ベテラン山スキーヤー2人が蔵王沢を滑走。
先頭のメンバーが安全に滑り降り、対斜面に登りつつ振り返ると
雪崩が発生しており、後続の仲間が行方不明となっていた。

気象と積雪

重要な兆候	直近の雪崩発生	―
	不安定性の兆候	―
	直近の堆積	○
	急激な昇温	―

前日まで　3月9日から10日にかけて、本州南岸を低気圧が北東進し、三陸沖で急発達した。これにより、九州から北日本の広範囲で大荒れの天気となった。山形地方気象台は、10日5時9分、大雪注意報を発表し、同日9時18分には解除をしている。そして、11日には、低気圧はゆっくりと北海道の東海上に離れたが、寒気はそのまま残り、真冬並みの気温が続いた。

当日の状況　移動性高気圧が張り出し、高気圧の縁を回り込む暖かい気流の影響で、数日前までの冷え込みは緩んだ。ロープウェイ地蔵山頂駅で-8℃（6時）。

地形特徴

標高帯	森林限界
斜度	35°以上
形状	ボウル内
風の影響	クロスローディング
植生	なし。夏季はガレ場
地形の罠	沢底の窪み
ATES	コンプレックス

　蔵王沢および熊野岳から中丸山への稜線は南西に延びる。このため、冬型降雪の際は、尾根上部は風にたたかれて硬い雪面が形成され、谷筋へ降りていくと風の影響が弱まり、積雪が堆積しやすい傾向を持つ。

　また、冬型において、西寄りの風となった場合は、蔵王沢の谷筋を風が吹き上げるため、稜線から延びる支尾根や斜面変化の風下側にスラブが形成されていく。

　蔵王沢全体が大きな「地形の罠」であり、風による雪の堆積のばらつきが大きく、セーフティなラインを選ぶには経験が必要。ルート設定はコンプレックスなエリアとなる。

発生した雪崩

雪崩の種類	持続型スラブ
規模	size 2
キッカケ	人的誘発（偶発）
標高	1500m
斜度	34°
方位	北西
弱層	こしもざらめ雪
滑り面	融解凍結クラスト

　ロープウェイ地蔵山頂駅にて、6日はプラスの気温で降雨があり、その後、8日と9日は-10℃以下まで気温は低下している。

　一方、9〜10日の降雪量は20cm程度とあまり多くなかった。スラブを構成した雪は、充分に焼結を進めており、デブリには大きな雪塊なども多々存在した。

行動

活動	スキー
関与グループ数	1

　11時に地蔵山頂駅から入山。熊野神社を経由し、クラストした尾根を慎重に滑走。そして13時30分頃、当該斜面の上部に到達した。

　メンバーAが先に沢底まで滑走し、沢の対岸へ数m登り、仲間Bの滑りを見ようと振り返ると、すでに雪崩は発生しており、その姿がなかった。

100m　　　● 埋没位置

捜索救助

インシデントレベル	L4
雪崩装備	なし

　Aは目視による初動捜索をした後、14時10分に救助要請し、その後、県警ヘリに収容された。

　一方、通報を受けたスキーパトロールは約1時間後に現着し、捜索を開始。Aが県警ヘリで救出されているため、現場に残されたスキーやザックなどを手がかりにプロービングを実施したが発見に至らず、日没もあり、現地にてビバーク。

　翌13日、警察や自衛隊など約60人態勢で組織的なプロービングが行なわれ、11時50分頃、被災したB（76）は埋没深1.5mで発見された。

情報源
―
● 関係者聞き取り
● 事故報告書
● 新聞報道

Comment　山形蔵王を象徴する樹氷は、過冷却の水滴を多く含む降雪が強風で吹きつけることで成長していく。これは降雪がスラブを形成していきやすい傾向も併せ持つ。

　降った雪は焼結が進むことで安定化に向かうが、もし、その下層に弱い雪が存在すれば、今回のような雪崩になる。積雪を調べるにしても、風の影響が強い地域では適所が少なく、硬いスラブの誘発感度の見積もりは一般的にとても難しい。

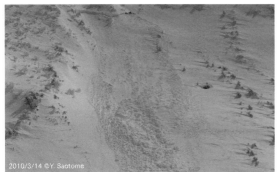

2010/3/14 ©Y. Saotome

2010/3/14 ©A. Degawa

風の影響もあり、積雪は右手側のほうが浅い

デブリには大きな雪塊も見られた

アメダスデータ

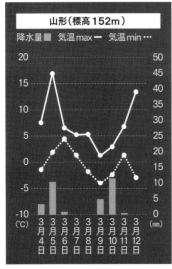

山形（標高152m）

降水量 ■　気温max —　気温min …

3月5日に低気圧が東北を東進する際、暖かい空気が入り、降雨となった。標高が低いことに留意。

気象アラート

		3月10日	3月11日	3月12日
警報	暴風	—	—	—
	暴風雪	—	—	—
	大雪	—	—	—
注意報	強風	—	—	—
	風雪	—	—	—
	大雪	5時09分・発表 9時18分・解除	—	—

天気図

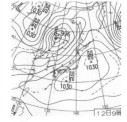

3月10日
三陸沖を低気圧が急発達して北上。全国的に大荒れに

3月11日
冬型の気圧配置で北陸〜北海道ではじめ雨や雪が残る

3月12日
移動性高気圧に覆われ、全国的に晴れ間が広がる

積雪観察

弱層は、薄く凍結したざらめ雪としまり雪に挟まれた、こしもざらめ雪。この積雪構造は、ある時間帯のみ雨が降り、その後、「降雪とともに冷えて、その境界面でこしもざらめ雪が形成される」という単純な理解をしてはいけないことを示している。

観測者	池田慎二	斜面斜度	35	風速・風向	L-NE	気温	-7.7（℃）	靴底貫入度	0 cm
日付	100314	斜面方位	NW	天気	⦿	雪面温度	-5.0（℃）	積雪深	〜
時間	1300	標高	1490m	降水状況	Nil	タイプ	破断面		

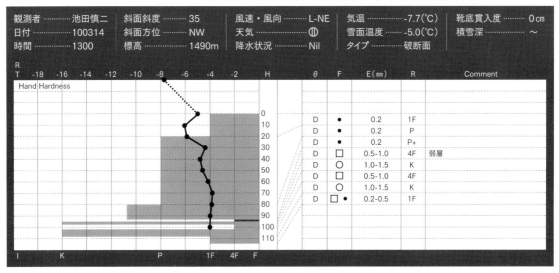

H	θ	F	E(mm)	R	Comment
0	D	●	0.2	1F	
10	D	●	0.2	P	
20	D	●	0.2	P+	
30	D	□	0.5-1.0	4F	弱層
40	D	○	1.0-1.5	K	
50	D	□	0.5-1.0	4F	
70	D	○	1.0-1.5	K	
90	D	□ ●	0.2-0.5	1F	

73

031

Ski　Snowboard

富山県
立山町

国見岳
(くにみ)

経験ある6人パーティが、初滑りのため立山・室堂へ。
2日間の吹雪の直後に発生区内を登行し、
雪崩を誘発して、全員が埋没した。

気象と積雪

重要な兆候	直近の雪崩発生	―
	不安定性の兆候	○
	直近の堆積	○
	急激な昇温	―

前日まで　28日、日本海の北部で低気圧が発達し、寒冷前線が上空を通過した後、強い冬型。富山地方気象台は28日20時10分、強風注意報（12m/s）を発表。

当日の状況　高気圧が移動性となり、天気は回復。風はなく、室堂で気温-8.5℃（9時）。

地形特徴

標高帯	アルパイン
斜度	35°以上
形状	凸状
風の影響	クロスローディング
植生	低木が埋没
地形の罠	なし
ATES	チャレンジング

発生区は大きな凸状であり、西寄りの風によるクロスローディングが卓越する。また、誘発区域の近くは落ち込んでおり、上部の雪を下支えしない形状となっている。

発生した雪崩

雪崩の種類	持続型スラブ
規模	size 2
キッカケ	人的誘発（偶発）
標高	2520m
斜度	34°
方位	北東
弱層	こしもざらめ雪
滑り面	しまり雪

メインの破断面の幅は70m、厚みは10～150cm。手前側にある小さい雪崩の破断面の幅は20m。

行動

活動	スキー、スノーボード
関与グループ数	1

1泊2日の日程でシーズンの初滑りを計画した6人パーティが、扇沢から11月29日に入山。

29日10時30分、室堂に到着するも、風雪が激しく、当日予定していた行動をすべて中止。風当たりが弱い場所を探して、幕営する。

30日は5時頃、起床。天候が回復したことを確認すると、準備を進めつつ、1日を有効に活かせる滑走場所として国見岳を選択した。前日の強い風雪から、雪崩の危険はこの時点では認識していた。

8時20分、ビーコンのチェックを行なった後、行動開始。国見岳北東面の下部にいったん止まり、登行ルートを検討し、以前登ったことがある今回のラインを登ることに。ルートを決めた後、少し進んだところで、雪崩が発生した。

捜索救助

インシデントレベル	L4
雪崩装備	あり

雪崩発生は8時49分。雪崩が停止した時、自力脱出できたのは1人のみで、ほぼ完全埋没であった。

ほか5人の状態は、完全埋没2人、上半身の部分埋没1人、顔のみ出ている1人、片手が出て呼吸空間が確保できていた1人。

自力脱出したメンバーは、最初に片手が出ている仲間を救助。その頃、後続していた2パーティ5人が現着し、捜索救助を実施。

9時50分頃、完全埋没の2人が発見された。1人は3m埋没、1人はデブリの隙間からスノーシューがわずかに見え、位置を特定。その後、10時頃から被災者は防災ヘリコプターで順次、病院に搬送された。

情報源
—
● JAN現地調査
● 事故報告書

Comment　雪崩に巻き込まれる人数を最小化することは、被害軽減にとても重要であり、それは昔から言われている「安全な場所で止まる」「危ないところでは間隔をあける」であったりする。

それがうまくいっていない場合、しばしば「油断していたのでは」と指摘されるが、多くの事例から理解できることは、その行動様式が習慣化されていないということ。今回の事故は、全員亡くなっていても不思議ではなかった、という理解が必要。

| | ○ 誘発区域 |
| | ⋯ 埋没区域 |

2010/12/1 ©A. Degawa

風による雪の堆積の仕方がよくわかる

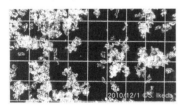

放射で形成したこしもざらめ雪

斜面右手は風の削剥がある

ストックの長さは125cm

アメダスデータ

上市（標高296m）

降水量■ 気温max━ 気温min⋯

室堂の標高は2450m。この降水は山中では雪だったが、風が強く、相当水量に対応するほどの降雪はなかった。

気象アラート

		11月28日	11月29日	11月30日
警報	暴風	―	―	―
	暴風雪	―	―	―
	大雪	―	―	―
注意報	強風	20時10分・発表	16時49分・解除	―
	風雪	―	―	―
	大雪	―	―	―

天気図

11月28日
日本海北部の低気圧が発達し、寒冷前線が通過

11月29日
冬型の気圧配置となり、日本海側は雪や雨となる

11月30日
冬型は緩み、北日本や日本海側の降雪は日中おさまる

写真の奥側の破断面は浅い

前日の吹雪で立山側の道路は除雪されていない

雪崩を発生させた不安定性の推移

全体状況

11月19〜21日にかけて高気圧が日本を広く覆った。室堂周辺では20日夜間の放射冷却により、雪面の雪が再結晶化し、こしもざらめ雪を形成したことが観察されている。

22〜23日に低気圧が日本の南岸を東進。山中では10〜20cmの降雪となった。23日には標高2500mの東斜面でsize 1の面発生雪崩、標高2700m以下の南斜面で多数のsize 1の点発生雪崩が観察されている。

また、北東〜北西の北側斜面では、この低気圧の通過に伴う湿り気を含んだ新雪が、こしもざらめ雪の上に載っていることが確認されており、今後の観察事項となった。

24日、北側では低気圧の雪は乾いたまま、スラブの硬度を1Fまで上げていた。一方、雪面から30cmのところに大きな温度勾配があり、再結晶化が進みつつあることが観察されている。

その後、25日から27日まで10cm程度の降雪しかなく、27日朝には粒径3mmの表面霜も観察されている。

吹雪と弱層

27日夕方の時点での室堂周辺の積雪コンディションは以下のとおり。
・積雪の全体状況は安定
・ただし、孤立した地形に注意
・不確実性は、北側斜面に埋没している、こしもざらめ雪
そして、2日間の吹雪があり、30日

の晴天となった。

雪崩そのものについては、気になっていた雪が弱層として発生しており、JAN会員によって19日から継続的に把握されていた積雪状態と破断面データの整合もあり、よく理解することができた。

ただし、この再結晶化した雪がどの程度の強度を持っているかを考えるよりも、荒天でまとまった降雪があり、それが強風で移動して形成したウインドスラブの危険を考えることのほうが、現場の雪崩対策としては比較できないほどに重要である。

30日のような日は、斜面をよく観察してウインドスラブを探しだし、斜度を落として行動しながら、状況を理解していくことが大切。

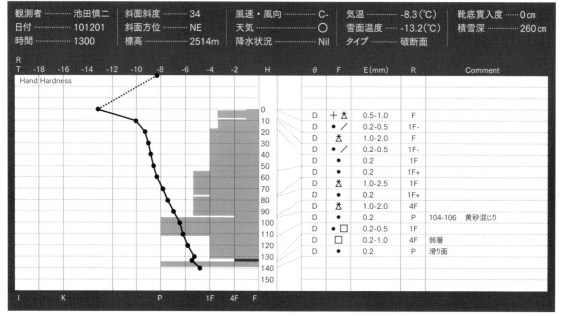

積雪観察

破断面の厚みは幅があり、このデータは厚い部分であることに注意。11月25日夜半に黄砂が観察されており、このことからも弱層形成がそれ以前であると理解できる。表層も含め、全体的に硬度のある層で構成されている。

観測者 … 池田慎二	斜面斜度 … 34	風速・風向 … C-	気温 … -8.3(℃)	靴底貫入度 … 0cm
日付 … 101201	斜面方位 … NE	天気 … ○	雪面温度 … -13.2(℃)	積雪深 … 260cm
時間 … 1300	標高 … 2514m	降水状況 … Nil	タイプ … 破断面	

H	θ	F	E(mm)	R	Comment
0	D	+ ⚼	0.5-1.0	F	
10	D	• /	0.2-0.5	1F-	
20	D	⚼	1.0-2.0	F	
30/40	D	• /	0.2-0.5	1F-	
40	D	•	0.2	1F	
50	D	•	0.2	1F+	
60	D	⚼	1.0-2.5	1F	
70	D	•	0.2	1F+	
80	D	⚼	1.0-2.0	4F	
90	D	•	0.2	P	104-106 黄砂混じり
100	D	• □	0.2-0.5	1F	
110/120	D	□	0.2-1.0	4F	弱層
130	D	•	0.2	P	滑り面

白馬大雪渓
(はくばだいせっけい)

長野県
白馬村

2011年4月29日
- 遭遇11人
- ケガ2人
- 死者3人

ホワイトアウトし、風雪の激しい大雪渓で
登山をしていた複数のパーティが
稜線付近で発生した雪崩に巻き込まれた。

気象と積雪

重要な兆候		
	直近の雪崩発生	○
	不安定性の兆候	○
	直近の堆積	○
	急激な昇温	―

前日まで 4月26日から28日で60mm以上の降水があり、麓では雨、標高の高いところでは、まとまった降雪となった。

当日の状況 冬型は緩んでいたが、寒気が残ったため、概ね標高2200m以上で吹雪になっており、ホワイトアウト。真新しい雪崩デブリも観察されている。

地形特徴

標高帯	アルパイン
斜度	35°以上
形状	ボウル状
風の影響	トップローディング
植生	ほぼなし
地形の罠	巨大な沢地形
ATES	コンプレックス

大雪渓は杓子岳の北東側、白馬岳の南東側にある複数の大きな雪崩走路の末端にあり、なおかつ正面にも広大な急斜面、開放斜面がある。

このようなルートでは、雪崩ハザードにさらされることを減らす選択肢が、ほんのわずかしかない。そのためルートにおける地形評価では典型的なコンプレックスとなる。

2011/5/9 ©S. Ikeda
稜線直下の破断面

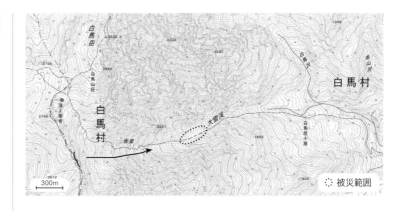
300m
被災範囲

発生した雪崩

雪崩の種類	持続型スラブ
規模	size 3
キッカケ	自然発生
標高	2660m
斜度	45°
方位	南東
弱層	U
滑り面	融解凍結クラスト

行動

活動	登山
関与グループ数	3

1泊2日の日程で白馬岳への登山を計画した9人パーティが、猿倉から入山。標高を上げるにしたがい、風雪が強まったこともあり、途中で計画を中止。3人と6人の2組となって下山をしていた。

また、詳細な位置関係は不明なものの、それぞれ別の単独登山者2人も同様にホワイトアウトの中を行動していた。雪崩の発生は16時。

捜索救助

インシデントレベル	L4
雪崩装備	なし

9人パーティに関しては、部分埋没のメンバーが自力脱出し、周辺に埋まっている仲間を救助した。死亡となった完全埋没したメンバー（63）は、ピッケルが雪面に出ていたことで位置を特定できた。

その後、通報を受けた警察が捜索に入り、単独登山者（41）のザックを発見。視界不良なども重なり、ほかにまだ何人埋まっているか、すぐに把握できない状態であった。

翌30日、前日とは別の登山者（69）を発見。事故当日に発見されたザックの所持者は、荒天による捜索の中断などもあり、5月11日に発見された。

情報源
- JAN現地調査
- 新聞報道

Comment 破断面の調査は5月9日に実施。破断面の幅100m以上、厚さ1mを確認した。事故後の気象条件などもあり、雪が大きく変化しているため、弱層などの詳細は不明となった。

しかし、滑り面の融解凍結層を確認することができ、上載積雪内に複数の汚れ層などがあることから、雪崩は直近の降雪によるストームスラブではなく、弱層が以前に形成されていた持続型スラブによる雪崩であることがわかった。

長野県
白馬村

白馬小日向山
（はくば おびなたやま）

2011年3月11日
- 遭遇3人
- ケガ0人
- 死者3人

山域をよく知る3人パーティが日帰りツアーへ出かけたが、
夜になっても下山しないため、捜索を実施。
東日本大震災と同日であるが、地震との関係は不明。

気象と積雪

重要な兆候		
直近の雪崩発生	○	
不安定性の兆候	○	
直近の堆積	○	
急激な昇温	－	

前日まで 7日に南岸低気圧、9日に上空を低気圧が通過し、その後、上空に強い寒気が入って冬型となり、明瞭な不安定性やそれによる雪崩が観察される。

当日の状況 冬型は継続しており、アメダス白馬にて、朝7時までの過去12時間降雪は15cm、気温は-4.3℃。

地形特徴

標高帯	森林限界
斜度	35°以上
形状	沢状
風の影響	複合的
植生	低木は埋没
地形の罠	地形内の樹木
ATES	チャレンジング

発生区は、低気圧の通過時には南西の風の風下となるのでトップローディングで堆積し、その後、冬型になると北西の風でクロスローディングあるいは吹き払われる。

発生した雪崩

雪崩の種類	持続型スラブ
規模	size 3
キッカケ	人的誘発（推定）
標高	1780m
斜度	34°
方位	北東
弱層	こしもざらめ雪
滑り面	融解凍結層

破断面の幅は150m以上、平均的な厚みは70cm程度。

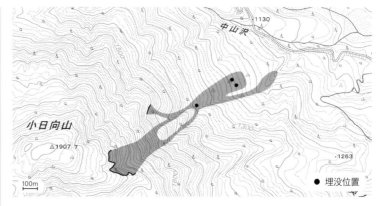

● 埋没位置

行動

活動	スキー、スノーボード
関与グループ数	1

白馬山域を熟知している30〜40代の3人パーティが日帰りでツアーを計画。7時30分頃、関係者へ「これから小日向山へ向かいます」と通知が入る。

その後、行動中にいくつかあったSNSへの投稿が12時40分で止まる。19時10分、3人が下山していないという連絡が関係者に入る。知人らが車で二股まで行き、無線で交信を試みるが応答なし。

捜索救助

インシデントレベル	L4
雪崩装備	あり

12日7時、遭対協の捜索チームが編成され、下部区域を捜索するAチームと、登行トラックを追いつつ上から探すBチームに分かれる。

8時30分、行動を開始。また、本部と現場の通信状況が悪いため、白馬岩岳スキー場トップに無線通信を中継する要員を配置した。

小日向山の北から北東に面した沢に番号をつけ、両チームが連絡をとりながら、順次、ビーコンの反応がないか潰していく作業を行なう。

14時14分、埋没深150cmで最初の1人を発見。その後、要員が集合し、15時30分、被災者のそり搬送を開始。16時45分、二股に到着。

13日7時、行動を開始。前日と同じく、沢地形を順次、潰していく捜索を、要員増強した2チームで実施する。14時39分、埋没深50cmで1人を発見。続いて14時46分、前者から50mほど離れた位置で最後の1人を発見。埋没深30cm。その後、16時頃、被災者2人はヘリコプターにて収容された。

情報源
—
- JAN現地調査
- 事故報告書

Comment

東日本大震災と同じ日の事故。全員が亡くなっているため、滑走による誘発なのか、地震による雪崩なのか、確定的なことの言及は難しい。それは、現場調査をしたとしても同様である。

もし仮に、3人目が滑走中に雪崩を誘発したとするならば、先に滑走した2人の待機位置は充分に安全な場所ではなかったということになる。これは発生しうる雪崩の想定規模をパーティが過小評価していた可能性を示唆している。

小日向山（1907m）

2011/3/14 ©C. Hayashi

雪崩の流下標高差は600m以上。上の埋没区域に1人、下の区域に2人が埋没

⬭ 埋没区域

2011/3/14 ©S. Ikeda

滑り面

点線が弱層。破断面の何カ所かで上部の降
雪結晶からステップダウンを確認

天気図

3月9日
日本海の低気圧の影響で北
陸各地に強い風

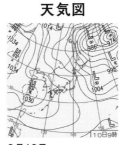

3月10日
冬型の気圧配置となり、真冬
並みの強い寒気が流入する

3月11日
冬型の気圧配置が続き、日
本海側は雪や雨

積雪観察

グラフのような硬度の高い融解凍結層と、充分に成長し、破壊の伝播性が高いこしもざらめ雪の組み合わせは、雪崩の規模を大きくしやすい。雪崩を発生させた弱層部分の温度勾配はすでに小さいので、徐々に安定化していくプロセスにある。

観測者	池田慎二	斜面斜度	37	風速・風向	L-N	気温	-1.6(℃)	靴底貫入度	45 cm
日付	110314	斜面方位	NE	天気	◍	雪面温度	-1.0(℃)	積雪深	>400 cm
時間	1200	標高	1780m	降水状況	Nil	タイプ	破断面		

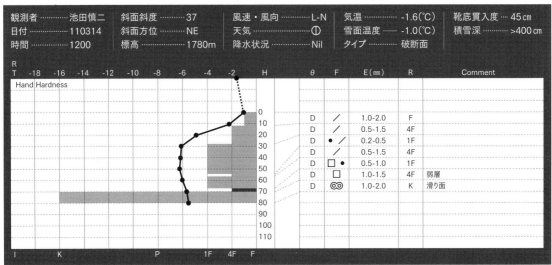

R/T	H	θ	F	E(mm)	R	Comment
	0	D	╱	1.0-2.0	F	
	10	D	╱	0.5-1.5	4F	
	20	D	•╱	0.2-0.5	1F	
	30	D	╱	0.5-1.5	4F	
	40	D	□ •	0.5-1.5	1F	
	50	D	□	1.0-1.5	4F	弱層
	60	D	◎	1.0-2.0	K	滑り面

アメダスデータと不安定性の推移 ｜ 白馬（標高703m）

降水量 ▓ 気温max ― 気温min ···

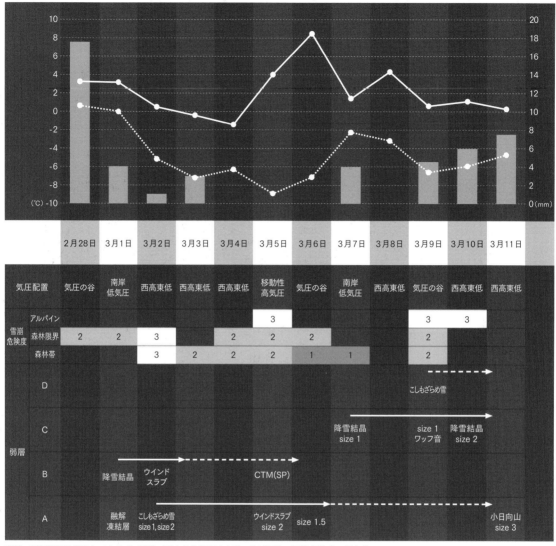

	2月28日	3月1日	3月2日	3月3日	3月4日	3月5日	3月6日	3月7日	3月8日	3月9日	3月10日	3月11日
気圧配置	気圧の谷	南岸低気圧	西高東低	西高東低	西高東低	移動性高気圧	気圧の谷	南岸低気圧	西高東低	気圧の谷	西高東低	西高東低
雪崩危険度 アルパイン						3				3	3	
雪崩危険度 森林限界	2	2	3		2	2	2			2		
雪崩危険度 森林帯			3	2	2	2	1	1		2		
弱層 D										こしもざらめ雪 →		
弱層 C								降雪結晶 size 1		size 1 ワッフ音	降雪結晶 size 2 →	
弱層 B	降雪結晶	ウインドスラブ →				CTM(SP) →						
弱層 A	融解凍結層	こしもざらめ雪 size 1, size 2			ウインドスラブ size 2		size 1.5 →					小日向山 size 3

当時、雪崩情報は発表しておらず、積雪の不安定性評価を実施。表は現在の雪崩危険度に置き換えている。

積雪構造の模式図

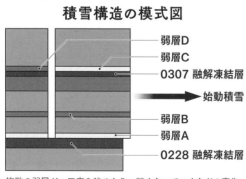

- 弱層D
- 弱層C
- 0307 融解凍結層
- 始動積雪
- 弱層B
- 弱層A
- 0228 融解凍結層

複数の弱層が、反応を強めたり、弱くなっていくなどの変化をしながら、同時に存在していることが、山岳の積雪では普通にある。今回の雪崩は弱層Aで発生。

2011/3/14 ©I. Yokoyama

下部の2人の埋没位置付近

雪崩を発生させた不安定性の推移

4つの不安定性

2月28日から3月11日までの期間で概ね4つの不安定性があり、それが追跡されている。

弱層A：
融解凍結クラストとこしもざらめ雪

南岸低気圧の接近に伴い、2月28日朝まで降雨があり、その後、降雪。3月1日、東斜面では旧雪と28日の降雪との結合は良かったが、北斜面では濡れた雪の凍結が始まる。

2日、約20cmの降雪が載り、こしもざらめ雪の形成も確認され、不安定性が高まる。自然発生または人的刺激でsize1〜2の雪崩が多数発生。

3日、冬型の気圧配置が北に偏り、日差しのある天気となったが、4日は冬型が強まり、山岳域は強風にさらされた。これにより、弱層Aを含む積雪にウインドスラブが載ったことで、雪崩活動も活発となる。人的刺激でsize2の雪崩が複数発生している。

6日も、弱層Aは人の刺激に対して反応を示していたが、この頃から徐々に反応は鈍くなり、弱層Cの反応が認知しやすくなっていく。

10日の時点で弱層Aは弱層Dの融解凍結クラストの下30cmほどに存在し、依然、注意すべき状態であることが確認されていた。

弱層B：
南岸低気圧による降雪結晶層

1日、低気圧の通過に伴い、樹枝状結晶が降り、降雪層を形成。2日、冬型降雪20cmが載り、不安定性が高まった。特にウインドスラブが表層に形成された場所で敏感に反応。

しかし、弱層Bの反応はすぐに少なくなっていく。5日の観察ではまだ注意を要するテスト結果が出ていたため、一応、留意事項とされた。そして5日以降、この層は人の刺激で雪崩を発生させなかった。

弱層C：
南岸低気圧による降雪結晶層

7日、再び南岸低気圧が通過し、樹枝状結晶が降った。時間降雪深3cm程度が続いたこともあり、日中にsize1の点発生雪崩を発生させた。

この降雪結晶層は厚さ5cmとなり、8日の降雪で埋没。9日には多数のワッフ音やシューティングクラック、そして複数のsize1の面発生雪崩の原因となった。

9日夕方から冬型降雪が強まったこともあり、10日には雪崩の規模をsize2に上げつつ、人の刺激により敏感に反応していた。

弱層D：
融解凍結クラストとこしもざらめ雪

5日の日射で形成した融解凍結クラストが、6日の30cmの降雪で埋没。しかし、多くの場所で雪は吹き払われ、クラストは露出した。

また一方で、9日、クラストが埋没している箇所において、こしもざらめ雪を形成していることが確認された。この弱層での人的な刺激での雪崩発生は、まだ確認されていなかったが、考慮すべき事項に加えられた。

2011/3/14 ©I, Yokoyama

破断は樹林内にも広く伝播しており、写真右上の破断面で積雪調査を実施

持続型スラブへの対応

積雪内に不安定性が生じ、それを認知した後、危険が継続しそうなものは追跡作業（トラッキング）を行なう。今回の雪崩を発生させた弱層Aは、再結晶化のプロセスから、人的な刺激で雪崩を発生させた初期までは、よく把握できていた。

その後、弱層Aは徐々に深く埋もれていき、危険な状態が続いているのか、わかりづらくなっていく。と同時に、積雪表層では、直近の気象現象で生じた不安定性での雪崩活動が活発になっていく。それも方位や標高で異なった種類の不安定性が同時に進行した。

こうした複雑な積雪状況を踏まえつつ、持続型スラブの危険は適切に評価する必要がある。それには、雪崩スキルのある実務者が情報を共有し、協力し合うことが、その対応に重要となる。

034 Ski

長野県 白馬村

白馬犬川上流
（はくばいぬかわ）

2012年1月28日
- 遭遇2人
- ケガ0人
- 死者1人

樹林の濃いエリアを滑走していた2人パーティが
視界不良のため予定外の開放斜面に入り込み、
引き返そうとした時に雪崩を誘発した。

気象と積雪

雪崩危険度 …… 3（警戒 Considerable）

重要な兆候　直近の雪崩発生　○
　　　　　　不安定性の兆候　○
　　　　　　直近の堆積　　　○
　　　　　　急激な昇温　　　ー

前日まで　25日に寒気を伴う低気圧が上空を通過し、26日から27日にかけて冬型が強まり降雪。27日、日射によるクラストが形成した斜面でsize 2の雪崩。

当日の状況　森林帯では中程度の北風を伴いながら、時間降雪深2cm程度の降雪。

地形特徴

標高帯	森林帯
斜度	35°以上
形状	大きな沢状
風の影響	トップローディング
植生	低木が埋没
地形の罠	下部の深い谷筋
ATES	コンプレックス

　発生区は南東に面した開放斜面。大きな沢状地形でもあり、下部は狭く、深い沢となっている。また、樹林帯にいたとしても、狭い沢底へ降りていくことに変わりはなく、コンディションが悪い時は上部の危険要素に長くさらされるリスクの高いルート。

発生した雪崩

雪崩の種類	持続型スラブ
規模	size 3
キッカケ	人的誘発（偶発）
標高	1550m
斜度	31°
方位	南東
弱層	こしもざらめ雪
滑り面	融解凍結クラスト

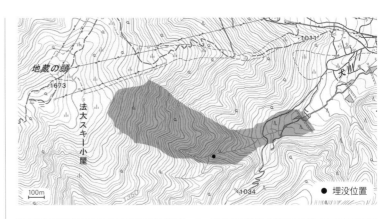

● 埋没位置

行動

活動	スキー
関与グループ数	1

　白馬山域を熱心に滑っている2人パーティが、荒天のため、樹林帯で滑走することにした。スキー場のトップに設けられているゲートから外に出て、南東側の樹林の濃い斜面を滑走した。

　視界は15mほどしかなく、沢底に降りると視界が開ける状態。もともとは、雪崩れた開放斜面に入るつもりはなく、樹林内のみで滑る予定でいた。しかし、繰り返し滑走の3本目でノートラックのラインを探しているうちに、開放斜面の端に入り込んでしまう。そのことに気づき、樹林部のほうへ戻ろうとスキーヤーズライトに向かって滑り始めたところ、雪崩を誘発した。

　2人とも流されたが、後方にいたメンバーは流される途中で、雪崩本体に取り残されるようなかたちで滑り面の上で停止。もう1人のメンバー（51）が行方不明となった。

捜索救助

インシデントレベル	L4
雪崩装備	あり

　幸いにも滑り面の上で停止したメンバーは、すぐにビーコン捜索を開始。ジグを切りながら降りていくが、視界がかなり悪いため、捜索範囲を確定させることに苦労した。

　状況が厳しいこともあり、捜索の途中で救助を要請。通報を受けた地域のガイド、そしてその後、警察などが捜索に入った。

　要救助者の概ねの位置はビーコンによって特定されたが、埋没深が約5mであったため、ピンポイントの特定が困難であり、大規模な組織的な掘り出し作業によって、不明となっていたメンバーは発見、収容された。

情報源
- JAN現地調査
- 関係者聞き取り
- 新聞報道

Comment　滑り面となった日射によるクラストの上に、20～21日に通過した低気圧が低密度の雪を載せた。降雪時は点発生雪崩なども観察されているが、それがその後、埋もれて再結晶化した。

日射のクラストは、形成時からトラッキングされていたので、27日にsize 2の雪崩の発生報告があったこと、大雪に関する情報が出ていること、また、北風が吹いていることなどを踏まえ、28日朝、森林帯の雪崩情報の危険度を3としている。

82

2012/1/29 ©A. Degawa

指さしているところが弱層の位置。右側は事故後に吹き溜まった雪

南東に面した大きな開放斜面のほぼすべてが崩落した

アメダスデータ

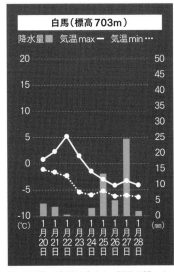

白馬（標高703m）

降水量■ 気温max— 気温min…

20日以降、降雪は少なく、低温が続いた。27日は気象アラートに対応するまとまった降雪の記録。

気象アラート

		1月26日	1月27日	1月28日
警報	暴風	—	—	—
	暴風雪	—	—	—
	大雪	—	16時55分・発表	21時22分・発表
注意報	強風	—	—	—
	風雪	—	—	—
	大雪	継続	継続	5時18分・警報から注意報に切り替え

天気図

1月26日
強い寒気の影響で日本海側は大雪。日中も気温上がらず

1月27日
日本海側では降雪が継続する。寒さも依然厳しい

1月28日
日本海側の降雪、厳しい寒さが続く

積雪観察

弱層は17〜19日の日射で形成された融解凍結クラスト上の、こしもざらめ雪。こしもざらめ雪は厚みを持って形成されており、ある一定期間、温度勾配が継続していたことがわかる。スラブの硬度もあり、規模が拡大した原因のひとつ。

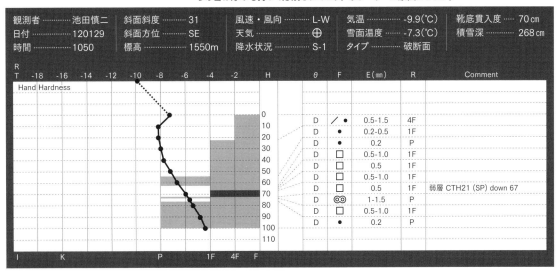

観測者	池田慎二	斜面斜度	31	風速・風向	L-W	気温	-9.9（℃）	靴底貫入度	70cm
日付	120129	斜面方位	SE	天気	⊕	雪面温度	-7.3（℃）	積雪深	268cm
時間	1050	標高	1550m	降水状況	S-1	タイプ	破断面		

H	θ	F	E(mm)	R	Comment
0	D	/ •	0.5-1.5	4F	
10	D	•	0.2-0.5	1F	
20	D	•	0.2	P	
30	D	□	0.5-1.0	1F	
40	D	□	0.5	1F	
50	D	□	0.5-1.0	1F	
60	D	□	0.5	1F	弱層 CTH21 (SP) down 67
70	D	◎	1-1.5	P	
80	D	□	0.5-1.0	1F	
90	D	•	0.2	P	

83

福島県
北塩原村

猫魔ヶ岳
ねこま

2012年3月13日
● 遭遇2人
● ケガ2人
● 死者0人

北東斜面にて3番目の滑走者が雪崩を誘発、
下方で先行待機していた2人が
その雪崩に巻き込まれ、重傷を負った。

気象と積雪

重要な兆候	直近の雪崩発生	U
	不安定性の兆候	U
	直近の堆積	—
	急激な昇温	—

前日まで

3月5日から6日にかけて暖かい空気を伴った南岸低気圧が通過。猪苗代・裏磐梯の山域は降雨となった。アメダス猪苗代では2日間で約30㎜の降水を記録。7日も暖かい空気は残ったが8日には寒さが戻り、11日から12日にかけて低気圧の通過に伴う風雪注意報（風速12m/s以上、雪を伴う）が発表されている。

当日の状況

福島地方気象台は北塩原村に対して、8時20分、「13日昼過ぎまで12時間最大降雪量、山沿いで30cm、平地20cm」の大雪注意報を継続で発表。現場付近の標高1330mでは10時頃、気温-7℃、風速3m/s、前日夕方からの降雪量10cm程度であった。

地形特徴

標高帯	森林帯
斜度	35°以上
形状	ボウル状
風の影響	トップローディング
植生	疎林
地形の罠	発生区と走路内の樹木
ATES	チャレンジング

発生区のボウル状地形は北東に面している。2m程度の積雪によって灌木が埋没し、小さな開放斜面を稜線付近に形成。稜線から約70mが平均40°、その後、約100mが平均30°の傾斜を持ち、立ち木が多数ある走路となっている。また、山頂部を除き、風の影響は弱い特徴を持つ。

2012/3/14 ⓒA. Degawa
猫魔ヶ岳(1403m)

最初の滑走者は手前の鞍部から滑り込み、雪崩を誘発していない

発生した雪崩

雪崩の種類	持続型スラブ
規模	size 2
キッカケ	人的誘発（偶発）
標高	1380m
斜度	38°
方位	北東
弱層	こしもざらめ雪
滑り面	融解凍結クラスト

行動

活動	スキー
関与グループ数	1

ゲレンデ内での滑走を楽しんでいたパーティが最後の1本として山岳エリアである猫魔ヶ岳方面へ登った。

最初の滑走者がボウル中央を、2番目がゲレンデから見て奥側を滑走し、傾斜がやや緩くなるところで停止。3番目が2番目と同じような場所から滑り込み、2～3ターン目で雪崩を誘発、下方の2人が巻き込まれた。

捜索救助

インシデントレベル	L4
雪崩装備	なし

現場にいた5人のうち、4人は同じ大学の山岳系の部に所属し、雪崩に関する基礎訓練を受けていたが、当初の目的がゲレンデ内滑走だったため、雪崩装備は不携帯だった。

雪崩に巻き込まれた2人は部分埋没で、目視で発見。ただし、流下中に樹木に激突し重傷を負った。初動は流されなかった3人が実施し、警察への通報も行なう。山岳装備がないこと、また、ケガの状況から判断し、1人がスキー場へ戻り、救助要請。約30分後に到着したスキーパトロールによりスキー場へ搬送された。

情報源

● JAN現地調査
● 関係者からの聞き取り
● スキーパトロール

Comment

事故が重大化するか否かは「地形」と「グループマネジメント」の整合性で決まる。本事例の場合、発生区内だけでなく、充分な斜度を持つ走路内にも立ち木が多い地形だったゆえ、雪崩が小さくとも甚大な被害となりうる場所であった。

雪崩を発生させた脆弱性は、1週間ほど前に生じ、さらに限られた場所にのみ存在している。斜面に滑り込む前に積雪観察する適所もほぼなく、事前認知は難しい状況にあったといえる。

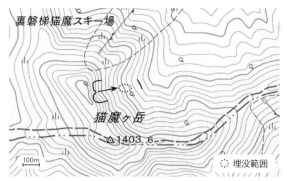

裏磐梯猫魔スキー場

猫魔ヶ岳

△1403.6

□: 埋没範囲

100m

2012/3/14 ©A. Degawa

デブリ末端付近から走路を見上げる

アメダスデータ

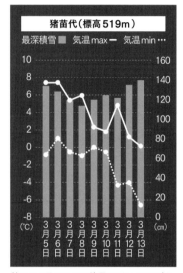

猪苗代（標高519m）

最深積雪 ■　気温max ―　気温min ‥‥

麓では8日にかけて積雪は20cmほど減り、直近に同程度を回復している。現場は800mほど標高が高いことに留意。

気象アラート

		3月11日	3月12日	3月13日
警報	暴風	－	－	－
	暴風雪	－	－	－
	大雪	－	－	－
注意報	強風	－	－	－
	風雪	21時56分・発表	21時35分・解除	－
	大雪	－	8時45分・発表	11時47分・解除

天気図

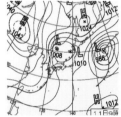

3月11日
東北太平洋側では最高気温が真冬並みの地点も

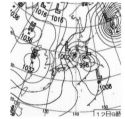

3月12日
日中低気圧が東北を通過後、冬型の気圧配置に

3月13日
日本海側は雨や雪。その他は高気圧に覆われ概ね晴れ

積雪観察

3月14日に雪崩の破断面で調査を実施。雪面から約50cm下に厚い融解凍結クラストがあり、気象推移から3月5〜6日の降雨によるものと推察された。弱層は約5cmの厚みがあり、樹枝状結晶の枝が再結晶化している様子が見て取れた。

観測者	出川あずさ	斜面斜度	50	風速・風向	C-	気温	-4.7(℃)	靴底貫入度	40cm
日付	120314	斜面方位	NE	天気	○	雪面温度	-5.5(℃)	積雪深	240cm
時間	1330	標高	1380m	降水状況	Nil	タイプ	Fracture		

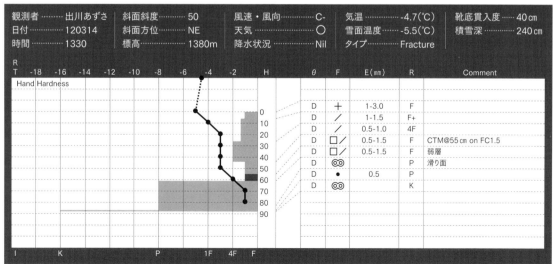

R/T	H	θ	F	E(mm)	R	Comment
	0	D	+	1-3.0	F	
	10	D	/	1-1.5	F+	
	20	D	/	0.5-1.0	4F	
	30	D	□/	0.5-1.5	F	CTM@55cm on FC1.5
	40	D	□/	0.5-1.5	F	弱層
	50	D	◎		P	滑り面
	60	D	・	0.5	P	
	70	D	◎		K	
	80					
	90					

Hand Hardness: I　K　P　1F　4F　F

谷川岳天神尾根西面

群馬県 みなかみ町

2012年3月14日
● 遭遇1人
● ケガ0人
● 死者1人

山域を熟知した3人パーティのリーダーが
認知していた不安定性を確認するためにスキーカットを実施。
誘発させた雪崩からのエスケープに失敗し、流された。

気象と積雪

重要な兆候	
直近の雪崩発生	○
不安定性の兆候	○
直近の堆積	○
急激な昇温	―

前日まで 3月10日は気温上昇によって積雪表層が緩み、日射を浴びる急斜面では融解凍結クラストが形成された。

このクラストは、11日から12日に通過した低気圧およびその後の冬型降雪で埋もれた。まとまった降雪となったため、12日には、size 1の雪崩やシューティングクラックなど明瞭な不安定性が観察されている。

当日の状況 14日は移動性高気圧が広がり、晴天。朝は放射冷却でよく冷え込んだ。寒気が残っており、気温はあまり上がらず、風もほとんどない状態。

地形特徴

標高帯	森林帯
斜度	35°以上
形状	沢状
風の影響	トップローディング
植生	低木は埋没
地形の罠	走路内の樹木
ATES	コンプレックス

発生区は西を向いた急斜面で、大きな沢地形内にある小さい沢状地形となる。走路は傾斜の緩みがなく、一気に流れ落ちる斜面構成で、その先で沢は狭く、深くなるため、ここ自体が大きな地形の罠となる。

冬型降雪の際は、天神尾根を越えてトップローディングする場所であり、雪はよく溜まる。一方、日当たりが良い急斜面であるため、雪の変化は早く、滑走する人が多い北東側とはまったく異なった傾向を持つ。

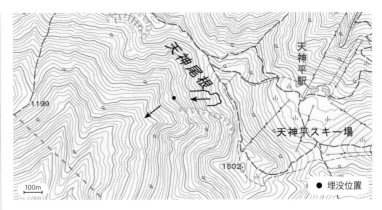
● 埋没位置

発生した雪崩

雪崩の種類	持続型スラブ
規模	size 2.5
キッカケ	人的誘発（意図）
標高	1440m
斜度	35°
方位	西
弱層	こしもざらめ雪
滑り面	融解凍結クラスト

行動

活動	スキー
関与グループ数	1

日帰りの予定で3人パーティが天神平スキー場から入山。天神尾根の西面を滑走し、登り返す予定でいた。

パーティは、積雪表層にある不安定性を事前に認識していたので、スキーカットによって、その状態を確認しようと考えた。リーダー（37）がカットに入ったが、雪崩は最初に入ったラインでは発生せず、その奥へもう一度、連続してスキーカットをかけたところで雪崩を誘発した。

リーダーはスキーヤーズライトの安全地帯へエスケープしようと試みたが失敗し、流された。

捜索救助

インシデントレベル	L3
雪崩装備	あり

雪崩の発生は11時。安全な位置で待機していた2人は雪崩の発生後、ただちにビーコン捜索を開始。標高を下げると、すぐに部分埋没の仲間を目視で発見して救助するも、すでに心肺停止。この間、1分程度。

1人はCPRを継続し、1人は携帯電話のつながる標高まで登り返し、11時10分に通報。その後、要救助者は、防災ヘリにて収容された。

情報源
―
● JAN現地調査
● 関係者聞き取り
● 事故報告書

Comment スキーカットは有効な手段ではあるが、この事例のように危険も伴うため、山中にて実施するときには次のことを考える必要がある。
①スラブの硬度 硬いスラブは避ける
②発生しうる規模 size 1以下
③失敗した際の結末 地形要素
誘発させやすい場所や規模の推定などには、事前にどの程度の深さに弱層があり、その地形にはどのような傾向を持って雪が堆積しているかを考える。

誘発点付近から上部破断面を見上げる

凸状部で発生した雪崩は狭い沢へと流下した

アメダスデータ

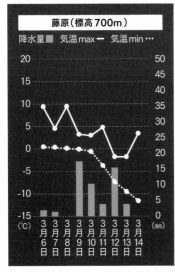

藤原（標高700m）

降水量 ■　気温max ―　気温min ・・・

このデータからは、ざっくりと降雪があったことは把握できるが、弱層形成に関する変化はまったく読み取れない。

気象アラート

		3月12日	3月13日	3月14日
警報	暴風	―	―	―
	暴風雪	―	―	―
	大雪	―	―	―
注意報	強風	―	―	―
	風雪	―	―	―
	大雪	10時28分・発表	9時05分・解除	―

天気図

3月12日
低気圧が東北を通過後、日本付近は冬型の気圧配置に

3月13日
本州日本海側では雨や雪。気温は平年より低め

3月14日
移動性高気圧に覆われて、日中は全国的に晴れる

積雪観察

下層は安定した積雪構造となっており、70cm下にある硬度Kの融解凍結クラストは3月9日の降雪で埋没。滑り面となった融解凍結クラストは10日の日射で形成。12日の時点で温度勾配が大きいことが観察されていた。

観測者	横山巌	斜面斜度	35	風速・風向	C-	気温	1.6(℃)	靴底貫入度	50cm
日付	120314	斜面方位	W	天気	○	雪面温度	0.0(℃)	積雪深	～
時間	1410	標高	1420m	降水状況	Nil	タイプ	破断面		

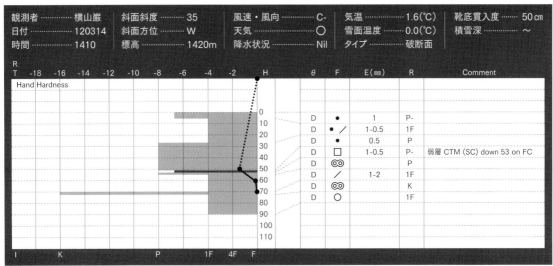

	θ	F	E(mm)	R	Comment
D		●	1	P-	
D		● /	1-0.5	1F	
D		●	0.5	P	
D		□	1-0.5	P-	弱層 CTM (SC) down 53 on FC
D		◎		P	
D			1-2	1F	
D		◎		K	
D		○		1F	

Snowboard

長野県 松本市 | 乗鞍摩利支天岳 (のりくらまりしてん)

2020年2月1日
● 遭遇1人
● ケガ0人
● 死者1人

スプリットスノーボードの3人パーティにおいて
1人がシール登行中にボウル状地形内へ滑落。
幸いケガもなく、安全地帯へ移動を始めた際に雪崩を誘発した。

気象と積雪

重要な兆候	直近の雪崩発生	―
	不安定性の兆候	―
	直近の堆積	―
	急激な昇温	―

前日まで 1月28日から29日にかけて本州南岸を低気圧が北東進。標高が低いところでは降雨、標高が高い場所では降雪となった。そして、30日から31日には、低気圧は北海道の東海上で発達し、強い冬型へ移行した。

当日の状況 冬型の気圧配置は緩み、冷え込みも穏やかな晴天であった。乗鞍岳の上空ではまだ強い風が残っていたものの、現場付近では、小枝が揺れる程度に収まっている。標高1530mにて、昼頃の気温は-2℃。

地形特徴

標高帯	アルパイン
斜度	35°以上
形状	ボウル状
風の影響	複合的
植生	低木は埋没
地形の罠	明瞭なものなし
ATES	チャレンジング

乗鞍岳は低気圧の通過で降雪がもたらされ、冬型になると強い風で積雪が再配分される特徴がある。

雪崩が発生した場所は東を向いたボウル状の地形。西風が卓越する場合は肩ノ小屋のコルからの吹き下ろし、北風が卓越すると山肌をなめてくる風として当該エリアに影響を与える。ボウルの北側の尾根は硬く、ボウル内にはスラブが形成されやすい。

2010年の位ヶ原の事案（P70）と同じく、硬い尾根の風下側にあるスラブの薄い場所で雪崩を誘発した。

● 埋没位置

発生した雪崩

雪崩の種類	持続型スラブ
規模	size 2.5
キッカケ	人的誘発（偶発）
標高	2610m
斜度	35°以上
方位	東
弱層	こしもざらめ雪
滑り面	氷板

降雨の後に降雪があっても、風が強ければ吹き払われることもある。また、多少の降雪が載っても、次の降雨の影響で、それ以前の融解凍結層と一体化することもある。よって、推定される日はあるものの、確定させるには充分な根拠がない。

行動

| 活動 | スノーボード |
| 関与グループ数 | 1 |

3人が、スプリットボードのシール訓練を兼ねてボウル状地形の尾根を登行している際、先頭のメンバーが（右ページの写真の）Ⓐ地点にて滑落し、Ⓑ地点にて停止。幸いケガもなく、登っていた尾根に復帰しようとⒸ地点まで来た時、雪崩を誘発した。

捜索救助

| インシデントレベル | L3 |
| 雪崩装備 | あり |

雪崩の発生は12時25分頃。仲間2人がすぐにビーコン捜索を開始し、位置を特定。要救助者を約3mの深さから救助した。

15分ほどで掘り出しまでを終えたが、意識不明の状態。その後、防災ヘリコプターにて被災者の男性（47）は病院へ搬送された。

情報源
―
● 関係者聞き取り
● 新聞報道

Comment 滑落の衝撃でも誘発されなかった積雪が、スラブの薄いところを踏んだだけで雪崩を発生させる。

これは硬いスラブと滑り面、そして破壊が伝播しやすい弱層の組み合わせで起きる。

言い換えれば、「積雪が少ない地域だから、雪崩の心配はない」とはならないということ。今回のような雪崩のパターンは、誘発感度の見積もりが難しいため、危険度評価が難しい。現場でできることは、地形をうまく選ぶことぐらいしかない。

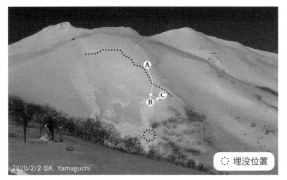

滑落位置Ⓐ、滑落停止位置Ⓑ、誘発位置Ⓒ

埋没位置

2020/2/2 ©K. Yamaguchi

デブリは平滑に見えるが、埋没深は3mである

2020/2/3 ©I. Araya

アメダスデータ

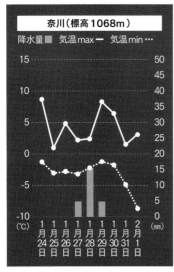

奈川（標高1068m）

降水量 ■　気温max ━　気温min ⋯

28日の低気圧の降水は、山の上では降雪。現場とは標高差で1500mほどあることを考慮する必要がある。

気象アラート

		1月30日	1月31日	2月1日
警報	暴風	ー	ー	ー
	暴風雪	ー	ー	ー
	大雪	ー	ー	ー
注意報	強風	ー	ー	ー
	風雪	ー	ー	ー
	大雪	ー	ー	ー

天気図

1月30日
北日本の低気圧がゆっくり北東進。北海道などで雪

1月31日
冬型の気圧配置に。東日本の日本海側で雨や雪

2月1日
冬型の気圧配置は次第に緩んでいく

積雪観察

上部破断面から少し降りた場所での観察。80～90㎝の位置にある氷板はまとまった降雨がないと作られない。表層は硬度のあるスラブが形成されており、その下に厚いこしもざらめ雪の層を形成している。

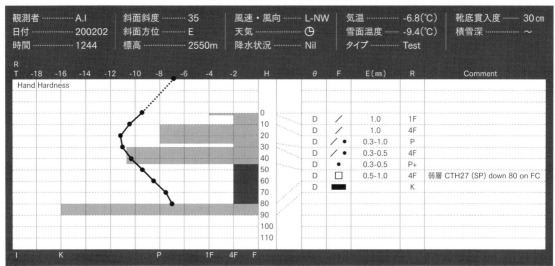

観測者 ……… A.I	斜面斜度 ……… 35	風速・風向 ……… L-NW	気温 ……… -6.8(℃)	靴底貫入度 ……… 30㎝
日付 ……… 200202	斜面方位 ……… E	天気	雪面温度 ……… -9.4(℃)	積雪深 ……… ～
時間 ……… 1244	標高 ……… 2550m	降水状況 ……… Nil	タイプ ……… Test	

θ	F	E(mm)	R	Comment
D	/	1.0	1F	
D	/	1.0	4F	
D	/•	0.3-1.0	P	
D	/•	0.3-0.5	4F	
D	•	0.3-0.5	P+	
D	□	0.5-1.0	4F	弱層 CTH27 (SP) down 80 on FC
D	■		K	

伯耆大山横手口沢
ほうきだいせんよこてぐち

鳥取県
伯耆町

2019年1月4日
● 遭遇1人
● ケガ0人
● 死者0人

スプリットスノーボーダーが横手口沢源頭で
乾雪の全層雪崩を誘発し、十数m流されたが、
雪崩に置き去りにされるかたちで生還した。

気象と積雪

重要な兆候		
直近の雪崩発生	—
不安定性の兆候	—
直近の堆積	○
急激な昇温	—

前日まで 　12月中旬にまとまった降雪があった後、暖かい日が続いたが、12月27日から強い冬型の気圧配置となり、年末は大雪となった。
　アメダス大山（標高875m）では27日から29日の3日間で累計89cmの降雪の深さを記録している。

当日の状況 　27日から続いた冬型も年明けとともにゆっくりと緩み、4日は移動性高気圧に覆われて晴天となった。

地形特徴

標高帯	アルパイン
斜度	35°以上
形状	誘発点は凸状
風の影響	複合的
植生	ほぼなし
地形の罠	全体が沢地形
ATES	コンプレックス

　大山上部はガレ場などのアルパインの特徴を持つ。また、日本海からの風雪の影響を直接的に受けるため、森林帯を超えるとウインドスラブが発達する。このため、上部と下部でコンディションは大きく異なる。

2019/1/4 ©M-BOMB
デブリから発生区を見上げる

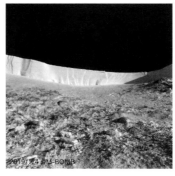
2019/1/4 ©M-BOMB
破断面の様子

発生した雪崩

雪崩の種類	持続型スラブ（推定）
規模	size 2.5
キッカケ	人的誘発 （偶発）
標高	1630m
斜度	38°
方位	南西
弱層	U
滑り面	U

　標高差750m、流下距離1400m程度を雪崩は流下。破断面は幅40m、厚み40〜140cm。今回の雪崩は、事例報告がほとんどない、誘発による乾雪の全層雪崩。破断面の状況から、年末のまとまった降雪内での発生でないことは明らかである。

行動

活動	スノーボード
関与グループ数	1

　仲間と行く計画だったが、予定が合わず単独での入山。積雪状況が気になるため、前日の3日に一ノ沢下

100m
弥山

部の標高1200m付近まで下見で登り、積雪観察。表層付近には顕著な不安定性がないことを確認した。
　4日、日射の影響を受ける前に滑り込みたいと考え、7時頃、弥山（みせん）の山頂に到着。他候補のいくつかの沢もしっかり雪が付いていることが見て取れたが、予定どおり下見をした一ノ沢に決定。8時20分頃、横手口沢源頭のテラスから滑り込むと、すぐにクラックが入り、雪崩が発生した。

捜索救助

インシデントレベル	L3
雪崩装備	あり

　誘発した後、十数m流されたが、雪崩に置き去りにされるかたちで滑り面となった地表で停止した。
　幸いケガもなく、発生した雪崩の現場状況を記録として残すため、写真を撮りつつ、慎重に下山した。

情報源
—
● 関係者聞き取り

Comment 　樹木に囲まれ、風雪が防がれる森の中にいると、安心感を覚えるもの。しかし、伯耆大山のように上部に極めて大きな発生区を持ち、標高で状況が大きく変わる山では、地形図や衛星画像のマッ
プで、自分の上部に何があるのか、事前に考えることが極めて大切。
　今回の雪崩は、冬季閉鎖の道路まで到達している。道路から破断面までの見通し角は29°。雪崩の世界では、発生区の真下にいるようなものである。

第 4 章

ディープスラブ

Deep slab

Ski

富山県
立山町

真砂岳
（まさご）

2013年11月23日
- 遭遇7人
- ケガ0人
- 死者7人

シーズンの初滑りでにぎわう立山にて、
10日ほど前に形成された弱層でsize 3の雪崩が発生。
雪崩地形内にいた7人が被災した。

気象と積雪

重要な兆候		
	直近の雪崩発生	○
	不安定性の兆候	○
	直近の堆積	○
	急激な昇温	─

前日まで　直近の荒天は、寒気が流入した18日に始まり、山中では19日午後から本格的な降雪となった。以後、22日まで断続的な降雪が続く。

当日の状況　移動性高気圧に覆われ、晴天。風も弱く、気温は標高2800mで-5℃（9時）。事故以外にsize 1〜1.5のストームスラブの雪崩が複数報告された。

地形特徴

標高帯	アルパイン
斜度	30°以上
形状	沢状
風の影響	複合的
植生	ほぼなし
地形の罠	深い沢
ATES	コンプレックス

　東西に走る尾根の北側に位置する雪崩地形での事故。発生区は風の影響が強く、雪が吹き払われるか、硬く薄いウインドスラブが形成されやすい場所である。アルパインゆえ、植生はほぼなく、浅い積雪でも雪崩発生のコンディションが整いやすい。
　尾根の中間部は西寄りの風による雪庇が張り出し、局所的な雪の堆積が生じる。このため、沢底を滑走する人は、長時間、「上方にある危険」にさらされることになる。
　走路である沢は深く、狭いため、危険への曝露を減らす安全な場所がほとんどない。よって、滑走ルートとしての当該斜面の評価は、コンプレックスとなる。

発生した雪崩

雪崩の種類	ディープスラブ
規模	size 3
キッカケ	人的誘発（偶発）
標高	2780m
斜度	30°以上
方位	西〜北
弱層	こしもざらめ雪
滑り面	融解凍結層

行動

活動	スキー
関与グループ数	2

　初滑りのため、大変な混雑となっている雷鳥沢方面から離れ、真砂岳へと続く大走りルート周辺には40人近くの人が行動していた。
　尾根取付付近で小休止をしていた5人パーティが、再び移動を始めた時、沢の最上部の2人パーティのうちの1人がトラバースをして隣の尾根に渡ろうとして、雪崩を誘発した。

捜索救助

インシデントレベル	L4
雪崩装備	あり

　雪崩の発生は10時55分。大走りルートの取付付近で休憩していた2パーティが初動捜索。発生直後は、巻き込まれた人がどの程度いるのか一切わからず、デブリの範囲が広大だったため、難しいミッションとなった。デブリ上の残留物の確認とビーコン捜索を並行して進める間、状況に気づいた近傍のパーティが捜索の応援に駆けつけ、最終的には30人以上が活動していた。
　警察への通報は10時58分。その約1時間後に山岳警備隊が現着したが、その時点で被災者6人が位置特定され、掘り出されていた。現場は民間から警察に引き継がれ、最後の1人もビーコンにて発見された。

情報源
—
- JAN現地調査
- 関係者聞き取り

Comment　室堂周辺は、交通機関で簡単にアクセスできる場所ではあるが、標高は2450mあり、アルパインエリアとなる。たとえば、ハイシーズンの吹雪の最中やその直後、高標高の山で自身がどのような行動を普段、とっているのかを思い出してみることは大切だ。
　山岳の積雪には不確実性があり、それへの対処は、状況に合った地形選択で安全マージンを確保することしかない。私たちは常に危うい橋を渡っているのである。

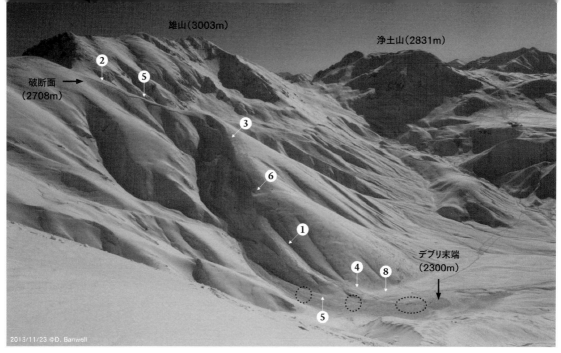

雄山（3003m）

浄土山（2831m）

破断面
（2708m）

デブリ末端
（2300m）

数字は雪崩発生時に行動していたパーティの位置と人数。最上部の2人と堆積区内の5人が被災　　　　：：：埋没者の発見位置

デブリは沢底の低い部分を埋め尽くしている。近傍パーティにより1時間で6人が発見された

誘発点の破断面の厚みは20cm程度。写真
右手側から左の尾根に向かってトラバース
し、停止した時に雪崩は発生

気象アラート

		11月21日	11月22日	11月23日
警報	暴風	ー	ー	ー
	暴風雪	ー	ー	ー
	大雪	ー	ー	ー
注意報	強風	ー	ー	ー
	雪風	ー	ー	ー
	大雪	ー	ー	ー

天気図

11月21日
西日本は冬型が緩んだが、
北日本は寒気流入が持続

11月22日
北日本は冬型が続き、日本
海側で弱い雨となる

11月23日
移動性高気圧に覆われて、
全国的に概ね晴れ

アメダスデータ ｜ 上市（標高296m）

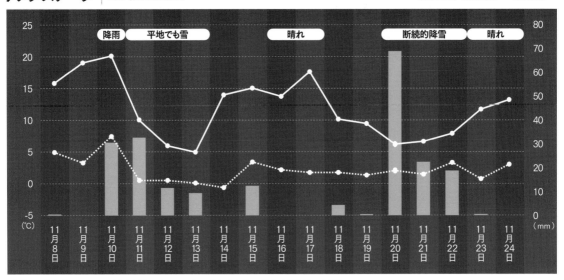

降水量 ▨　気温max ━　気温min ┈

現場とは標高差で2000m以上も異なるため、天気の移り変わりに伴う全体傾向の把握のみ。

雪崩を発生させた不安定性の推移

日毎の状況

　11月16日から22日の期間、JAN会員によって室堂周辺山域における積雪状態が「雪の掲示板」に報告されている。以下は、それを整理したもの。18日はデータなし。

11月16日（土）　2250〜2750m

　午前は日差しがあったが、午後から曇り。風もなく、気温は14時30分で3℃。積雪は少なく、60〜90cm程度。表層の雪はスラブ化していない。45〜60cm下に融解凍結クラストがあり、上載積雪との結合は良くない。テストではCTM（SC）の結果を複数のチームが報告。

11月17日（日）　2250〜2800m

　晴天、中程度の南西の風で、気温は10時30分で-4.1℃（2800m）。朝の時点で雪面はドライアウトしており、粒径2〜3mmの表面霜も観察される。日差しがある斜面では、表面霜は融解したが、北側では残り、雪面の再結晶化も観察される。

　24時間以内に発生のsize 1〜1.5の点発生雪崩が観察された。また、前日と同様に北側にて、こしもざらめ雪の不安定要素を複数のチームが観察。テスト結果はバラつく。

11月19日（火）　2350〜2450m

　強い南西〜西の風で気温-8℃程度。午後から風雪が強まり、10〜20cmの降雪。視界は100m。南東斜面、スキーカットでsize 1の雪崩。

　風が強いため、雪が吹き払われて、融解凍結層が露出したところも多く、滑落等にも注意が必要な状況。

11月20日（水）　2270〜2380m

　前日から80cm程度の降雪となり、フットペンで50cm。中程度の南西〜西の風を伴いながら、時間降雪深3cmが続き、気温は-7℃（2380m）。

　積雪表層にはウインドスラブが形成されており、日中、複数回の雪崩音があったことが報告される。

11月21日（木）　2270〜2590m

　18日からの一連の降雪は朝までに140cm。夜間に強い西風が吹き、表層の雪がかなり移動。このため、形成間もないウインドスラブはインターフェイスで不安定な状態。この日も大きな雪崩音が報告される。

11月22日（金）　2270〜2450m

　11時頃から視界が悪くなり、ほとんどのチームが行動できず。中程度の北西の風が吹き、時間降雪深2cmの降雪、気温-6.6℃（2380m）。

潜在的な脆弱性

　22日夜の時点で、雪崩を発生させうる脆弱性は次の4つが考えられた。
　1：直近の降雪内の不安定性
　2：16日観察の再結晶化した雪
　3：17日形成の表面霜など
　4：18日埋没の融解凍結層付近
　荒天の雪の下層は焼結を進めていることが観察されており、1においては、表層付近のスラブが最重要事項であった。一方、2は荒天で行動範囲が限定的であったため、不確実性が高い状態。同様に3についても充分な情報がなかった。また、4は不安定性が生じている証拠は得ておらず、調査の対象であった。

発生した雪崩

　事故当日、size 1〜1.5のストームスラブの雪崩が報告されているが、いずれも凸状なとの特徴を持つ場所での人的な誘発であった。また、自然発生雪崩は報告されていない。

　事故の雪崩は、前項2で挙げた弱層で発生。破断面の幅は350m以上あり、厚みは20cm〜3m以上と異なりが大きい。流下標高差は480mで、デブリ末端からの見通し角は24°。地形が持つポテンシャルから考えれば、大きな雪崩とはいえない。

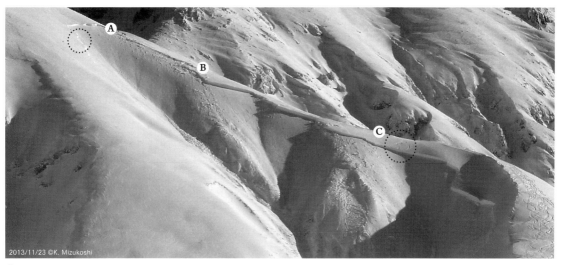
2013/11/23 ©K. Mizukoshi

Ⓐ ここにいた2人のうち、1人がトラバースを行ない、点線円の地点にて雪崩を誘発。待機していた1人も雪崩地形内にいたため流された
Ⓑ 破断面データの観察位置　Ⓒ 雪崩が発生する前に安全に滑り降りた3人グループのトラック跡

積雪観察

データは上の写真のⒷの位置で採取。調査を行なった事故翌日は視界が悪く、危険管理の面から最上部でのデータは採取できていない。深い位置の弱層を調べるディープタップテストをしているが、雪崩が発生した弱層では結果なしで、硬度も高い。

観測者	廣田勇介	斜面斜度	25	風速・風向	L-NW	気温	-5.5（℃）	靴底貫入度	5 cm
日付	131124	斜面方位	N	天気	⊗	雪面温度	-5.2（℃）	積雪深	215 cm
時間	1000	標高	2700m	降水状況	Nil	タイプ	破断面		

H	θ	F	E(mm)	R	Comment
0	D	⊥r	1	4F	
10	D	/	1	1F	CTM11 (B) down 19 × 2
20	D	/	2	4F	
30	D	●	0.5	1F+	
40	D	●	0.5	P	
50	D	●	0.5	P+	
60	D	●	0.5	P+	
70	D	□	0.5	P+	
80	D	□	1	P	DTN × 2
90	D	□	1	P-	弱層　DT30 (B) down 170 融解
100	D	◎◎		K+	凍結層の1cm上にて
					滑り面

もうひとつの致命的な雪崩

　警察による救助活動が終了し、現場が落ち着き始めた15時30分頃、雷鳥沢中間部の側面からsize 2の雪崩が発生し、沢の中を流下した。写真からわかるように、雪崩れた斜面にはすでに何本ものトラックが入っていたが、偶然、そこを滑った人が誘発した。

　現場調査はされていないが、状況から持続型スラブと推察している。もし、これが人の多い時間帯に発生していたら、何が起きるかを考え、自身のパーティの地形利用とグループマネジメントを振り返ることは、本事例の雪崩事故を考える以上に重要と思われる。

2013/11/23 ©Y. Kaneko

長野県 白馬村 | 八方尾根ガラガラ沢 （はっぽう）

4人パーティが山スノーボードのために入山。
斜面の入口は風でたたかれてクラストしていたが、
3人目が斜面に入ったところで雪崩が発生した。

気象と積雪

重要な兆候	直近の雪崩発生	U
	不安定性の兆候	U
	直近の堆積	O
	急激な昇温	—

前日まで 　14日、二つ玉低気圧が東進し、15日は強い冬型。輪島上空に-42.3℃の寒気が流入し、小谷で大雪。アメダス小谷（標高550m）で日降雪量79cm、白馬（標高703m）では24cm。17日から冬型は緩み、降雪量も減少する。

当日の状況 　移動性高気圧が東へ移動しつつあり、西からゆっくりと下り坂。アメダス白馬にて気温-12.3℃（7時）。

地形特徴

標高帯	アルパイン
斜度	35°以上
形状	ボウル状
風の影響	吹き払い
植生	低木は埋没
地形の罠	漏斗状
ATES	コンプレックス

破断面近くの斜面は北西〜北風による吹き払い地形。積雪は浅く、硬い状態のことが多い。

発生した雪崩

雪崩の種類	ディープスラブ
規模	size 3
キッカケ	人的誘発（偶発）
標高	1950m
斜度	30°以上
方位	北東
弱層	U
滑り面	U

破断面の幅は約300m、厚さは50〜100cm。調査は事故から4日後の23日に実施。

調査では明瞭な形で弱層は特定されていないが、破断面の状況から積雪最下層を構成する、ざらめ雪およびこしもざらめ雪の層の破壊が原因と推定されている。

行動

活動	スノーボード
関与グループ数	1

日帰りの予定で4人パーティが八方尾根スキー場を経由して入山。押し出し沢あるいはガラガラ沢の入口へとつながる緩い斜面には、すでに十数本のトラックがあり、メンバーは滑走されていない奥へ向かった。

メンバーのうち、1人が滑走の様子をビデオ撮影するため、手前側に残り、3人は奥の尾根部へアプローチし、最初は1人が滑り込んだ。

雪面は風でたたかれ、硬いウインドクラストとなっており、スノーボードのエッジが取られて転びそうになる。次に残りの2人が次々に滑り込むと、雪崩が発生。ビデオ撮影しているメンバー以外の3人が流された。

捜索救助

インシデントレベル	L4
雪崩装備	なし

雪崩の発生は14時30分頃。雪崩に巻き込まれなかったメンバーが沢を下降し、目視による捜索を行なう。

また、ちょうど南股へ向けて下山中だった2パーティが雪崩の発生に気づき、両リーダーが状況を確認するため、現場へ登り返す。両リーダーは、事故メンバーと現場で合流して一緒に残留物の捜索を実施する。

手がかりが何も発見できないこともあり、15時40分、スキー場へ通報。そこから警察へ連絡が回り、県警へ

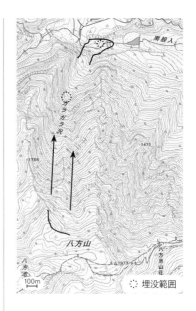

南股入 ガラガラ沢 八方山 八方池 八方池山荘 100m ⊙ 埋没範囲

リが約90分後に現着した。しかし、日没が迫っており、組織的な捜索は実施できなかった。

翌20日から組織的なプロービングなどが行なわれたが、成果なく終了。3人の被災者（25・18・23）の発見は、1人が5月初め、2人が6月中旬となった。

情報源

● 関係者聞き取り
● 事故調査報告書
● 新聞報道

Comment 　シーズン始めの雪の再結晶化と融解凍結のサイクル、そして、大きな温度勾配が生じやすい浅い積雪などが、積雪底部に結合力の弱い雪の層を作る。そして、今回の発生区が持つ積雪構造の誘発感度の評価は、とても難しい。

一方、雪崩規模の拡大は、低温が続き、荒天の雪が安定しないまま、沢状地形内に堆積していたことによる。地形は大きく、雪崩の曝露から逃れられる安全地帯は限定的なコンプレックスなルートとなる。

第 5 章

そのほかの雪崩

Other avalanches

兵庫県
養父市

氷ノ山北東面
（ひょうせん）

氷ノ山に登山に出かけた2パーティが
予定日を過ぎても下山せず、
長期の大規模な捜索活動が実施された。

気象と積雪

重要な兆候		
直近の雪崩発生	U
不安定性の兆候	U
直近の堆積	O
急激な昇温	－

前日まで

1月20〜21日にかけて上空に-40℃以下の極めて強い寒気が流入。23日までに、アメダス兎和野高原（標高540m）で累積の日降雪の深さは35cmを記録。その後、24日に九州の南にある低気圧が発達しながら東進。午後には関東沖にも低気圧が発生し、両者をつなぐ前線北側の雲で広い範囲で雨。25日に低気圧はひとつにまとまり、968hPaまで発達して強い冬型となった。

当日の状況

前日からの強い冬型は長続きせず、26日には緩み始めている。アメダス兎和野高原で、24日から26日朝までの累積降雪の深さは5cm程度。26日の気温は7時で1.3℃。

地形特徴

標高帯	森林帯
斜度	35°以上
形状	下支えなし
風の影響	クロスローディング
植生	沢内は埋没
地形の罠	狭く深い谷
ATES	コンプレックス

上記は氷ノ山の北側の地形評価。北に延びる尾根（流れ尾）は狭く、東側に雪庇が発達。また途中、2カ所で岩場を巻くところがあり、慎重な移動が必要となる。北東に開けるオオダニ上部は下支えのない開放斜面で典型的な発生区。下部の谷は深く狭いので、小さい雪崩でも流されると容易に重大な結果となる。

氷ノ山国際スキー場
氷ノ山
（須賀ノ山）
古生沼
100m
⋄ 埋没範囲

発生した雪崩

雪崩の種類	乾雪表層雪崩
規模	U
キッカケ	人的誘発（推定）
標高	U
斜度	U
方位	北東
弱層	U
滑り面	U

いくつかの推察はなされているが、確定情報はなく、発生場所、標高、種類を含め、ほとんどが不明。

行動

活動	登山
関与グループ数	2

50代が中心の2パーティ（3人と2人）が1月25日に入山。3人パーティは、山頂付近の避難小屋で1泊し、26日に下山予定。2人パーティは、日帰りの予定だったが、荒天のため避難小屋で1泊した。そして、両パーティが下山の途中で行方不明となった。

氷ノ山（1509m）
氷ノ山国際スキー場
⋄ 埋没範囲
2006/2/13 ©A. Degawa

氷ノ山国際スキー場トップから山頂に向かって延びる尾根が「流れ尾」

捜索救助

インシデントレベル	L4
雪崩装備	なし

天気が回復した27日、警察と山岳関係者が26人態勢で東尾根ルートを中心に捜索を実施。県警ヘリコプターで山頂へアプローチし、避難小屋を確認したが手がかりをつかめず、この後、捜索は一次中断する。

天候が落ち着いた3月8日から捜索を再開し、北東側のオオダニにて4月6日に最初の不明者を発見。そこから連日200人近い態勢の捜索活動が行なわれ、4月13日に最後の1人が発見された。捜索には延べ2590人の人員が投入された。

情報源

● 日本勤労者山岳連盟
● 新聞報道

Comment

夏山での遭難と同様に冬季遭難においても、足取りがまったくつかめない状態になると、捜索する側に極めて大きな負担がかかる。

雪崩事故に関しては、デブリなどで捜索範囲が絞られることもあり、ビーコンを所持していれば初動で発見できるケースが多い。もちろん、流された地形が非常に厳しく、人員が投入できないこともあるが、早期発見には欠かせない。1997年は雪崩ビーコンが滑走者の間で普及し始めた頃となる。

富山県
上市町

劔岳早月尾根
(つるぎ はやつき)

1997年12月31日
- 遭遇6人
- ケガ1人
- 死者5人

シシ頭直下の比較的平坦な場所で
雪崩が誘発され、2パーティのうち6人が流されて
20〜40代の5人が不明となった。

気象と積雪

重要な兆候		
直近の雪崩発生	U
不安定性の兆候	U
直近の堆積	O
急激な昇温	－

前日まで　12月29日、九州の西から低気圧が日本の南岸に沿ってゆっくり東進。夜には標高の低いところで降雨となる。30日夕方に低気圧が東海上に抜け、冬型の気圧配置となる。山中においては、29日は晴れ間がのぞいており、その後、30日は降雨のち雪へと変わっている。

当日の状況　31日、低気圧は東海上で974hPaまで発達したが、移動性高気圧が張り出してきたため、日中には冬型は緩み、天気は西から回復していた。山中においては、30日からの新雪は30cm程度ながら、踏み跡がない場所では太腿のラッセルとなる。

地形特徴

標高帯	アルパイン
斜度	緩い
形状	下支えなし
風の影響	複合的
植生	少ない
地形の罠	狭く急峻で深い谷
ATES	コンプレックス

　誘発した場所の斜度は緩いが、池ノ谷側は斜面が急激に落ち込み、下支えのない地形形状になっている。

　積雪表層のスラブがしっかりした硬度を持ち、破壊の伝播性が高い弱層がある場合、もし平坦地の積雪が下部地形で支えられていないと、雪崩が誘発されうることは、ごく一般的な現象となる。

● 滞留していたおおよその位置

画像はGoogle Earthから作成。事故当時の状況ではない

発生した雪崩

雪崩の種類	面発生乾雪表層雪崩
規模	size 3（推定）
キッカケ	人的誘発（偶発）
標高	2800m付近
斜度	U
方位	北東
弱層	U
滑り面	U

　規模は流下距離からの推定。走路が急峻かつ長いため、そこに堆積した新雪を巻き込み規模は拡大した。事故翌日に早月小屋付近で、あられが確認されているが、現場は風の影響も強く、不明とするのが穏当。

行動

活動	登山
関与グループ数	2

　2パーティ（5人と3人）が交替でラッセルをして、早月尾根を登行。シシ頭直下にて上部から下りてくるパーティを待つため、停止していたところ雪崩を誘発。6人が流された。うち1人は4〜5m流されたところで斜面にバイルを打ち込み、停止した。

捜索救助

インシデントレベル	L4
雪崩装備	なし

　雪崩の発生は13時5分頃。流されたメンバーが無線機を所持していたため、携帯電話で通報しようと試みたが、低温のため機能せず。1人が連絡のために早月小屋まで下山する。そうこうするうちに上部にいた別パーティが現着し、その無線機で警察へ通報した。

　県警ヘリコプターの捜索により、15時20分に部分埋没の男性1人が発見され、収容された。その後、捜索は長期にわたり、最後の被災者が発見されたのは9月5日となった。

情報源
- 事故報告関連資料
- 新聞報道

Comment　発生区に複数の人間がいると、荷重が増えるので誘発しやすい、とよく考えがちなのだが、それは適切な理解とはいえない。

　1人の人間の体重が、どの程度、積雪内部に圧力として影響を与えるのかは、定量的な計測がなされている。表層のスラブも影響を与えるが、ツボ足の場合、複数の人の重みが相乗効果を生み出すには、肩が組める程度の近さが必要。今回、各メンバーは、そこまで近接して停止していない。

ニセコ春の滝

北海道
倶知安町

はる　たき

1998年1月28日
● 遭遇4人
● ケガ2人
● 死者1人

3日間で約1mの降雪があった直後、
スノーボードスクールのスノーシューツアーが
発生区直下で休憩しており、発生した雪崩で被災した。

気象と積雪

重要な兆候	直近の雪崩発生	U
	不安定性の兆候	U
	直近の堆積	O
	急激な昇温	―

前日まで　1月18日、低気圧が発達しながら日本の南を東進。その際、北海道上空にも低圧部があり、昇温してプラスとなった。以後は、マイナスが続く。

19日午後には冬型の気圧配置に移行し、強い寒気が流れ込んだ。このため、20日から23日までの4日間はまとまった雪となり、アメダス倶知安（標高176m）にて100cmの降雪量を記録した。

24日、冬型の気圧配置は継続していたものの、北海道上空を低圧部が通過したことで、一時的に天気は回復。その後、西回りで、再び強い寒気が流れ込み、25日から断続的な降雪に。等圧線は緩んでおり、風は弱い状態での降雪であった。

当日の状況　アメダス倶知安にて9時の時点で気温-8.9℃。25日から28日9時までの累計降雪量は111cmを記録。

地形特徴

標高帯	森林帯
斜度	35°以上
形状	ボウル状
風の影響	複合的
植生	低木は埋没
地形の罠	地形内の樹木
ATES	チャレンジング

発生区は南から南東に面しており、無積雪期には崖となっている。被災した休憩場所は、ボウル状地形の底になるため、複数の発生区の危険に常にさらされていることになる。

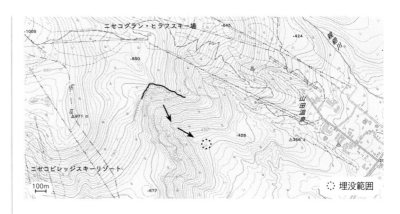

ニセコグラン・ヒラフスキー場

ニセコビレッジスキーリゾート

100m

山田温泉

☼：埋没範囲

発生した雪崩

雪崩の種類	面発生乾雪表層雪崩
規模	size 2.5
キッカケ	自然発生
標高	750m付近
斜度	34°
方位	南
弱層	こしもざらめ雪 こしまり雪
滑り面	こしもざらめ雪 こしまり雪

破断面のデータは、雪氷学会北海道支部による調査に基づく。近隣の気象観測点のデータと照合し、弱層は19日から20日付近にかけて形成された可能性がある。

行動

活動	スノーシュー
関与グループ数	1

当初、チセヌプリでの行動予定であったが、天候状況が悪く、ツアー主催者の判断で当該地域となった。

10時30分、事務所を出発し、スキー場脇から入山した。林の中を散策しながら春の滝方面へ登行を続け、11時25分頃、被災現場となる場所に到着し、休憩をしていた。

捜索救助

インシデントレベル	L4
雪崩装備	なし

雪崩の発生は11時40分頃。自力脱出できたメンバーが、近くを通った滑走者から携帯電話を借りて、11時50分、事務所と遭対協に連絡。その後、近傍にいた4人の滑走者の助けを借りながら捜索を開始。

12時20分、要員約30人が現着し、プロービングを行なう。13時頃、顧客2人が発見され、現着した道警ヘリで病院へ搬送された。

情報源

● 関係者聞き取り
● A STUDY OF AN AVALANCHE AT NISEKO, JAPAN

Comment　どの程度、雪崩発生の可能性があったのだろうか？という視点は、このような事故には必要ない。雪崩地形を外した場所で休憩をしていれば、何も問題は発生しないからである。

さらに、スノーシューというリスクを負う必要のない、またそれを求めない人が参加するアクティビティゆえ、地形選択はよりセーフティであることが必要となる。

この2つの面で、高校生が被災した那須岳での雪崩（P44参照）と同じ構造を持つ。

源太ヶ岳
（げんた）

岩手県
八幡平市

2002年1月13日
● 遭遇4人
● ケガ1人
● 死者1人

経験豊富なリーダーが率いるパーティが
雪洞を掘っている時に、幅150mの雪崩を誘発。
全員が流され、1人が行方不明となった。

気象と積雪

重要な兆候		
直近の雪崩発生	……	U
不安定性の兆候	……	U
直近の堆積	……	○
急激な昇温	……	―

前日まで　1月5日から寒気を伴った低気圧の通過と冬型が短いサイクルで交互に現われた。直近のまとまった降雪は、7日から8日にかけて日本海を北東進しながら発達し、北日本に大雪と暴風をもたらしたサイクル。低気圧はオホーツク海で停滞したため、降雪は少ないが風の強い状態が続いた。

当日の状況　13日は上記の大きなサイクルが終わり、移動性高気圧が日本を覆い始めたが、東北は高気圧の北の縁にあたり、風の強い状態が続いた。アメダス岩手松尾（標高275m）で気温-1.5℃（7時）。山中では、源太ヶ岳山頂付近は西風の暴風となっていた。

地形特徴

標高帯	森林限界
斜度	35°以上
形状	ボウル状
風の影響	トップローディング
植生	まばら
地形の罠	堆積区内の樹木
ATES	チャレンジング

発生区は東を向いた緩いボウル状の地形。源太ヶ岳（標高1545m）の頂上部が平坦なこともあり、発生区上端には雪庇が形成され、風で移動した雪がトップローディングする。斜面全体を見るとクライマーズライト側がより堆積。また、強い西風は源太ヶ岳の南面に沿っても流れるため、発生区の南に走る尾根にも小規模な雪庇が形成される。

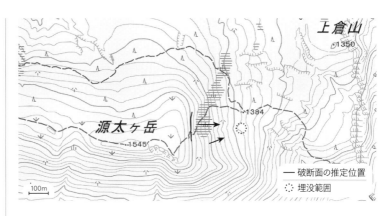

上倉山
○1350
1384
源太ヶ岳
-1545-
— 破断面の推定位置
⋮ 埋没範囲
100m

発生した雪崩

雪崩の種類	面発生乾雪表層雪崩
規模	size 2.5
キッカケ	人的誘発（偶発）
標高	1500m付近
斜度	U
方位	東
弱層	U
滑り面	U

破断面調査が行なわれていないため詳細不明。雪崩の幅は150mほど。

行動

活動	スキー
関与グループ数	1

4人パーティが松川温泉から入山、大深山荘で1泊する山スキーツアーを計画した。パーティは源太ヶ岳の東斜面、クライマーズレフトを登行したが、頂上の手前で、あまりにも風が強いため、計画を変更。

標高を下げた場所で雪洞泊することにした。そして、雪洞を掘る作業をしている最中に雪崩が発生。全員が流され、2人が部分埋没し、1人（55）が不明となった。

捜索救助

インシデントレベル	L4
雪崩装備	なし

雪崩発生は14時15分頃。4人は近接していたので、部分埋没した人の周辺に埋まっているものと考え、ストックを接続させたプローブで捜索を行なう。14時48分に通報し、16時30分頃、ヘリが飛来したが、強風のため、救助を断念。3人は現場付近の安全地帯でビバーク。

翌14日、早朝から警察など28人態勢の地上救助隊が到着。周辺捜索を行ない、ラインプロービングによって埋没深1mで不明者を発見した。

情報源
● 関係者聞き取り
● 事故報告書
● 新聞報道

Comment　雪崩は最初、雪洞が崩れるようにして発生し、それが引き金となって東斜面中央が崩落した。今回は雪洞を掘る作業が誘因だったが、積雪のコンディションがもっと悪ければ、発生区を登行している時点での誘発も充分にありうる。

雪崩の安全対策においては、雪よりも地形が常に優先される。なるべく雪崩地形内に入らないルートセッティングを行ない、休憩や幕営は安全な場所を選ぶという昔から繰り返し言われていることを大切にしたい。

Climb

長野県
白馬村

杓子岳中山沢

2005年1月7or 8日
● 遭遇3人
● ケガ0人
● 死者3人

双子尾根を経由して杓子岳への
登山を計画していた大学生の3人パーティが、
中山沢にて幕営中に被災した。

気象と積雪

重要な兆候	直近の雪崩発生	U
	不安定性の兆候	U
	直近の堆積	O
	急激な昇温	―

前日まで

1月4日、前日に沿海州から接近してきた低気圧の寒冷前線が通過。5日は強い冬型。しかし、長続きせず、西からの高気圧に覆われ、夜には晴天。6日には次の気圧の谷が近づき、山中では午後から降雪が始まった。

当日の状況

7日の夕方に長野地方気象台から大雪警報（12時間降雪の深さ30㎝）が発表されている。この強い降雪は、7日夜から8日朝にかけて集中しており、標高1600m付近で約50㎝の降雪があったことが確認されている。

地形特徴

標高帯	森林限界
斜度	35°以上
形状	ボウル状
風の影響	トップローディング
植生	低木が多数露出
地形の罠	全体が沢地形
ATES	チャレンジング

発生区は北東に面しており、双子尾根の北側に雪庇が張り出す。これは西風が東に延びる尾根をなめるように雪を堆積させるためである。

しかし、冬型でも北風が入ると発生区は風でたたかれ、削剥を受ける斜面となる。このため、単純に降雪があったかだけではなく、どのような風が吹いたのかがとても重要となる。

夏道が沢を横切る標高1600m付近では、冬季はかなり広い、傾斜の緩い雪原が広がるため、沢内にいるという感覚を失いやすい。

● 埋没位置

発生した雪崩

雪崩の種類	乾雪表層雪崩
規模	U
キッカケ	自然発生
標高	U
斜度	U
方位	U
弱層	U
滑り面	U

発生した場所、規模など不明。発生日時は、降雪状況から7日夜間から8日朝にかけての可能性が高い。

行動

活動	登山
関与グループ数	1

4泊5日の日程で、5日に猿倉から入山。6日に樺平にC2を設営。7日午前に奥双子のコルまで進み、昼にC2へ戻った。その後、下山を始めるがはっきりした下降ルートは不明。被災者などの発見場所から、7日は中山沢内での幕営が推察されている。

捜索救助

インシデントレベル	L4
雪崩装備	あり

最終予備日の1月10日を過ぎても下山報告がないため、遭難対策本部が設置され、捜索が開始された。ただ、荒天が続いており、地上からは猿倉台地までとなり、主体は県警ヘリを使った上空からの捜索となった。その後、樺平まで到達していることが判明し、捜索の範囲は拡大された。

3月下旬からは関係者による断続的な捜索が続けられ、5月中旬に中山沢でザックが発見された。これにより捜索範囲を絞った大規模なラインプロービングを実施。その結果、被災者3人は寝袋に入った状態で6月初旬に相次いで発見された。

情報源

● 関係者聞き取り
● 事故報告書
● 新聞報道

Comment

支尾根稜線付近で吹き荒れている風も猿倉台地付近まで下がると収まりをみせるため、この台地の雪の堆積量は多い。猿倉荘からこの台地まで上がってくると、視界も開けるため幕営したくなる場所ではある。しかし、そこは安全地帯ではない。それは地形図からも理解できるし、現場に行けば、これまで雪崩が幾度か襲っている痕跡を樹木から見て取ることもできる。「今日は大丈夫でしょ」という思考は捨て、安全地帯を選ぶことが大切。

Ski Snowboard

富山県
立山町

立山浄土山
（たてやまじょうどやま）

2005年11月23日
● 遭遇13人
● ケガ2人
● 死者1人

北斜面で幅50mの雪崩が発生。
少雪と視界不良が重なり、同じ雪崩地形内にいた
3パーティ13人が雪崩に巻き込まれた。

気象と積雪

重要な兆候	直近の雪崩発生	U
	不安定性の兆候	U
	直近の堆積	O
	急激な昇温	―

前日まで　11月12日に東京で木枯らし1号が吹き、その後、中旬は北に偏った緩い冬型が継続して推移。20日は冬型が緩み、21日には移動性高気圧によって立山でも快晴。夜半から降雪が始まり、22日朝までに約30cmの降雪。

当日の状況　冬型の気圧配置は緩んでいるものの、上空に寒気が入っており、ガスや弱い降雪となる。視界は悪く、20〜30m程度しかなく、時々ホワイトアウトになる状況。また、低温が続くことで、焼結もゆっくりであったため、スノーシューで膝のラッセルとなる。

地形特徴

標高帯	アルパイン
斜度	30°程度
形状	沢状
風の影響	クロスローディング
植生	アンカーなし
地形の罠	走路内の岩
ATES	チャレンジング

発生区は北を向いた緩い沢状の地形で、西風によるクロスローディングが顕著に見られ、雪がよく溜まる場所。斜面上部ほど傾斜が急になり、上端に近いところで誘発。

現場の西側にある尾根は、冬型の気圧配置になると強い西風で表層の雪は削剥を受け、岩などが露出する。このため登行しづらい状況。

室堂ターミナルからアクセスしやすいため、入山日や下山前のひと滑りに利用する人も多い。

100m　・2668　　・2831　　・2705　祓堂　越　浄土山

● 埋没位置

発生した雪崩

雪崩の種類	面発生乾雪表層雪崩
規模	size 2
キッカケ	人的誘発（偶発）
標高	2660m付近
斜度	U
方位	北
弱層	U
滑り面	U

破断面の幅が50m程度であったことは確認されているものの、調査がされていないので、詳細は不明。

行動

活動	スキー、スノーボード
関与グループ数	3

先行する2人、やや下方に7人、さらに斜面末端付近に4人のパーティがおり、同じ地形内を登行。視界がとても悪く、かすかに見える岩を頼りに雪が多く歩きやすいところを移動した結果、集まってきた状態。上部2パーティは互いの存在を認識していた

が、いちばん下部のパーティはなんとなく声が聞こえていた程度で、上部のパーティを視認できていない。

捜索救助

インシデントレベル	L3
雪崩装備	あり

雪崩発生は11時30分頃。最上部の2人は停止して相談中。中間の7人は斜面内で滑走準備をしていた。最下部の4人は登行を続けていた。

完全埋没1人、部分埋没4人（うち2人は手のみ雪上）、ほかは埋没せず。自力脱出した人が近くの部分埋没者を救出。1人いないことがわかり、ビーコン捜索を開始。間もなく、雪塊の隙間からザックを目視で発見して掘り出しを行なった。発生から約15分で完全埋没の被災者（51）を救出したが、すでに心肺停止であった。

情報源
● 関係者聞き取り
● 新聞報道

Comment　雪崩に巻き込まれ、流される途中で岩や樹木などの障害物に激突すると、それが致命傷とならなくとも、窒息を早める原因になりうる。頭部などに岩が当たって一時的に気を失うと、口に雪が入り、それが気道を閉塞させるからである。今回もそのような事例。

どの山であれ、シーズン始めは、雪面の下にどのような障害物が隠れているか、考える必要がある。雪崩の規模が小さくとも、致命的な事故になりうる要素といえる。

長野県
茅野市

八ヶ岳赤岩ノ頭

2006年2月11日
- 遭遇8人
- ケガ4人
- 死者1人

赤岩ノ頭直下の斜面で雪崩が誘発され、
下山途中の3パーティ8人が流され、
4人がケガ、1人が不明となった。

気象と積雪

重要な兆候		
	直近の雪崩発生	U
	不安定性の兆候	U
	直近の堆積	O
	急激な昇温	—

前日まで　2月6日から7日にかけて低気圧が発達しながら本州南岸を北東進。この期間に、山中では20cm程度の降雪となった。8日は強い寒気が西回りで入り、9日にかけて強い冬型へと移行し、日本海側では大雪となる。山中においては、10日は晴れ。

当日の状況　11日、冬型の気圧配置は北日本のみで持続し、山中では高曇りで風が強い状態であった。アメダス原村（1017m）において7時の気温-6.3℃、雪崩発生時刻に近い10時で1℃。

地形特徴

標高帯	森林限界
斜度	30°以上
形状	下支えなし
風の影響	複合的
植生	まばら
地形の罠	走路内の樹木
ATES	チャレンジング

　発生区は南から南東を向いた凸状地形。冬季は低木が降雪で埋れ、開放斜面が形成される。

　八ヶ岳は、低気圧や気圧の谷の通過で降雪がもたらされ、それがその後の冬型の気圧配置による北西風で再分配される全体特徴がある。

　硫黄岳から赤岩ノ頭の稜線は、極めて風の影響が強く、南東側に雪庇も形成される。今回の雪崩の発生区はクロスローディングで堆積するエリア。充分な傾斜があるため、日射の影響も考える必要がある。

支尾根の側面に形成された発生区
2006/2/11 © 長野県警察航空隊

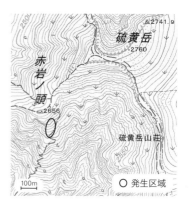
○ 発生区域

発生した雪崩

雪崩の種類	面発生乾雪表層雪崩
規模	size 2.5
キッカケ	人的誘発（偶発）
標高	2600m付近
斜度	U
方位	南東
弱層	U
滑り面	U

　破断面の調査が行なわれていないため、弱層などの詳細は不明。破断面の厚みは30～70cm。

行動

活動	登山
関与グループ数	3

　赤岩ノ頭から赤岳鉱泉に向けて下山中の3パーティ（6人・2人・1人）のうち、最後尾の1人を除いた8人が誘発された雪崩で流された。

　下山時、3パーティは一列ではなく、前後に多少間隔がありながら、並列する状態で行動していた。

捜索救助

インシデントレベル	L4
雪崩装備	なし（一部不明）

　雪崩発生は10時20分頃。5人が流された6人パーティは10分以内で全メンバーと確認がとれた。2人パーティでは1人が一時不明だったものの、25分後にケガを負いながらも無事であることが確認された。

　発生から10分後には赤岳鉱泉へ通報が行なわれ、約1時間後に救助隊が現着し、ケガ人の搬送を行なった。また、ほかにも被災者がいる可能性があり、警察が捜索を継続。

　13日、県警ヘリコプターからの目視にてウェアの一部を視認。単独行の登山者1人（60）を発見、収容した。そして、最終的には登山届などを基に14日までに191人の安否確認が行なわれた。

情報源

- 事故報告関連資料
- 新聞報道

Comment　現場は、クロスローディングの効果で支尾根沿いにやや丸みを帯びた下支えのない開放斜面が形成されており、その直下には樹木が多数あるという、典型的な「地形の罠」の要素がある。

　こうした場所では、積雪観察をして判断するという思考に陥るのではなく、「より安全な、迂回可能なルートがないか？」を考えることが必要。軽快な下山ラッセルの途中で、そうした考え方ができるかは、日頃からそのような行動をしているかにかかっている。

Ski

長野県
大町市

針ノ木雪渓
（はりのき）

2006年5月1日
● 遭遇5人
● ケガ2人
● 死者3人

4人パーティと単独のスキーヤーが
登行中にスバリ岳方面で発生した湿雪雪崩で被災。
大規模な雪崩ながら、2人が生存救出された。

気象と積雪

重要な兆候	直近の雪崩発生	〇
	不安定性の兆候	―
	直近の堆積	―
	急激な昇温	〇

前日まで 3月下旬から低温傾向が続き、山間部では雪が多い状態。前日の夕方から夜半にかけて20mmの降雨があった。

当日の状況 フェーン現象が発生。各地で7月中旬の気温となった。アメダス大町（標高784m）では、7時の気温15.9℃が11時には22.9℃まで上昇した。

地形特徴

標高帯	森林限界
斜度	40°以上
形状	ボウル状
風の影響	複合的
植生	低木は埋没
地形の罠	大きな谷の中
ATES	コンプレックス

雪渓左右に複数の大きな雪崩道があり、小さい沢が重なり合うところも多い。正面には開放した広大な急斜面があり、トップローディングで雪が堆積しやすい地形。そのため雪渓登行時は、上方の不確実性の高い危険にさらされることを防ぐ、あるいは減らす選択肢はわずかしかない。

発生した雪崩

雪崩の種類	面発生湿雪雪崩
規模	size 3
キッカケ	自然発生
標高	U
斜度	30°以上
方位	東
弱層	U
滑り面	U

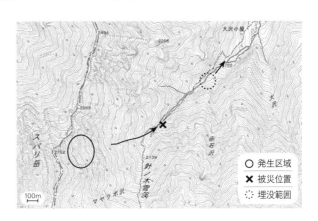

○ 発生区域
✕ 被災位置
⋯ 埋没範囲

行動

活動	スキー
関与グループ数	2

4人パーティが日帰りの予定で扇沢から7時30分に入山。8時25分に最初の堰堤（標高1580m）に到着。この時点で状況と進捗を鑑みて、頂上はめざさず、12時までに登行を切り上げ、適切な場所から滑走することに計画を変更する。

大沢小屋を過ぎたあたりから、谷を巻き込んで吹き下ろす風が強くなり、一時的に立ち止まることも。10時頃、標高1865m付近で休憩。この時、単独のスキーヤーが追いつき、先へと進んだ。この先は傾斜も急になり、慎重に高度を上げる。

そして、シールを外すのに適当と考えていた場所に近づいた頃、右手のスバリ岳上部から雪崩が発生。先頭メンバーがそれに気づき、仲間に向けて「雪崩！」と叫んだが、逃げる間もなく、流下する雪崩に巻き込まれた。

捜索救助

インシデントレベル	L3
雪崩装備	あり

雪崩発生は11時30分。雪崩が停止した時、ほぼ完全埋没していた男性は、両手が動いたことでなんとか自力脱出。男性は肋骨と脚の靭帯を損傷していたが、その時は気づかず、1人でビーコン捜索を行なった。

雪崩に気づいた山小屋関係者3人と近くにいたスキーヤー1人は、発生からおよそ30分後に現着。目視によって、ほぼ完全埋没の被災者2人を発見したが、デブリが非常に硬く、掘り出しに多大な労力を要した。

13時頃、県警ヘリコプターが現着し、自力脱出した男性は収容された。その後も警察によって捜索は続けられ、全員が発見された。

情報源
―
● 関係者聞き取り
● 事故報告書

Comment 単独スキーヤーを含めて、5人が雪崩に流され、1人がケガを負いながらも自力脱出し、捜索を実施。

生還した男性は、雪崩の規模が大きかったこともあり、仲間を発見できなかったが、警察によって、発生から5時間後の16時30分、左岸岩壁とデブリの雪塊に挟まれて身動きできない状態にあった1人が、ビーコンによって生存救出されている。

これは公共救助体制による初の雪崩ビーコンでの生存救出事例となった。

青森県
青森市

八甲田前嶽
（はっこうだまえだけ）

2007年2月14日
● 遭遇13人
● ケガ6人
● 死者2人

前嶽の北東面上部で発生した雪崩に
斜面下部を滑走していたパーティが巻き込まれ、
大きな被害を出す事故となった。

気象と積雪

重要な兆候	直近の雪崩発生	○
	不安定性の兆候	U
	直近の堆積	○
	急激な昇温	－

前日まで　穏やかな晴天であった2月10日の後、11～12日は荒天となり、ロープウェイ山頂で風速20m/sの北西風が吹き、40cm程度の降雪。12日にガイドがスキーカットでsize 1.5の雪崩を発生させている。そして、13日には降雪は収まり、この日の新たな降雪は10cm程度であった。

当日の状況　青森地方気象台より、5時52分に強風注意報（平均風速13m/s）が発表されている。昨晩からの降雪はなく、ロープウェイ山頂駅にて10時に、南西の風20m/sを記録。アメダス酸ヶ湯（標高890m）で7時に-4.2℃。天候は再び、悪化傾向にあり、夕方から風雪が強まる予報が出ていた。

地形特徴

標高帯	森林限界
斜度	35°以上
形状	開放斜面・沢状
風の影響	クロスローディング
植生	走路内の低木は埋没
地形の罠	開放斜面下の樹木
ATES	チャレンジング

発生区は冬型降雪の際、クロスローディングが顕著に発生する。また、風の影響を受けた雪が堆積するだけでなく、削剥も強く、場所による堆積の異なりが生じやすい。発生区である程度の規模の雪崩が発生すれば、デブリは樹林部まで容易に達する。このため、開放斜面のすぐ下にある樹木が「地形の罠」となる。

前嶽（1251m）

2007/3/29 ©A. Degawa

▶▶ パーティの移動方向
◌ 被災範囲

前嶽の北東面。雪崩は斜面上部で発生した

発生した雪崩

雪崩の種類	面発生乾雪表層雪崩
規模	size 2（推定）
キッカケ	U
標高	U
斜度	U
方位	北東
弱層	U
滑り面	U

数日前からの降雪によるスラブあるいはウインドスラブの可能性が高い。事故後に上部から降りてきた外国人グループがおり、自然発生あるいは人的誘発のいずれもありうる。

行動

活動	スキー
関与グループ数	1

ガイド3人を含む19人パーティが田茂萢（たもやち）岳側から矢印のルート（上写真）で前嶽の下方を移動。コンディションを考慮し、前嶽の上部には登らず、北東斜面の下部を滑走することにした。順次滑走を始めて間もなく、上部で雪崩が発生し、雪崩地形内にいたガイドを含む13人が被災した。

捜索救助

インシデントレベル	L4
雪崩装備	なし

雪崩発生は11時頃。1人が完全埋没し、他メンバーは部分埋没した。自力脱出した人が周辺の被災者を掘り出すかたちで救助は進んだ。その後、別のガイドパーティも合流。天候の悪化により、地上搬出となるため、シェルターなども作られた。

完全埋没者は、約1時間半後にプローブによって埋没深20cmで発見されて救命。一方、流される途中で堆積区内の樹木に激突したメンバー2人（44・39）は死亡した。

情報源

● JAN現地調査
● 関係者聞き取り
● 新聞報道

Comment　パーティが被災した場所は、斜度20°に届かない斜面。このような雪崩発生の可能性が極めて低いところでは、メンバー同士が適度な間隔をあけて順次滑走する、あるいは数人が同時に滑走することが、一般的によく行なわれている。

ただし、その斜面の上部に雪崩の発生区があれば、今回のような大きな事故になりうるし、滑走した後の再集合場所の大切さもあらためて教えてくれる。雪崩対策は地形認識に基づくグループマネジメントが最も重要。

上ホロカメットク山化物岩
かみ / ばけものいわ

北海道
上富良野町

2007年11月23日
● 遭遇12人
● ケガ1人
● 死者4人

雪上訓練のために入山した山スキーのパーティが
真新しいデブリに気づきつつ、その上をシール登行し、
上部で別パーティに誘発された雪崩に巻き込まれた。

気象と積雪

重要な兆候		
	直近の雪崩発生	○
	不安定性の兆候	○
	直近の堆積	○
	急激な昇温	―

前日まで　20日に日本海を低気圧が発達しながら北東進。21日から22日にかけて北日本の広い範囲で大雪。上富良野町にも大雪注意報（12時間降雪の深さ25cm）が発表された。

当日の状況　冬型はゆっくりと弱まり、朝には大雪注意報は解除されたが、寒気が残り、降雪は小康状態。山中では視界が悪く、30m程度。アメダス富良野（標高174m）で気温-4.0℃（7時）。

地形特徴

標高帯	アルパイン
斜度	40°以上
形状	複合的
風の影響	複合的
植生	低木が埋没
地形の罠	V字の谷底・岩
ATES	コンプレックス

入口は広く平坦なものの、奥に進むとV字は深くなり、谷全体が大きな地形の罠となっている。コンディションが悪い時、雪崩への曝露を防ぐ場所がほとんど存在しないため、地形評価はコンプレックス。

2007/11/25 ©Y. Saotome
デブリは谷底を埋めている

発生した雪崩

雪崩の種類	面発生乾雪表層雪崩
規模	size 2.5
キッカケ	人的誘発（偶発）
標高	1630m
斜度	U
方位	北
弱層	U
滑り面	U

雪崩の幅は約60m、厚みは50cm程度。ただし、事故直後に破断面の調査はなされていない。

まとまった降雪が直近にあり、真新しい雪崩のデブリが事故前に当事者によって観察されているため、ストームスラブの可能性がある。一方で、この事故の1週間前に発生した事案の調査で判明していた持続型弱層が原因の可能性もある。大切なことは、不明のままにしておくこと。

行動

活動	スキー
関与グループ数	2

山岳経験が豊富な60代を中心とする12人パーティが10時頃、シーズン初めの雪上訓練のために入山。スノーシューで行動していたメンバーは行動が遅く、単独で下山する。その後、山スキーの11人が交替でラッセルをしながら登行していく。

12時10分頃、真新しいデブリを発見し、前方のメンバーで情報を共有したが、そのままデブリの上を登行し続けた。そして、少し進んだ時点で、右上部からの雪崩に直撃された。

安政火口
化物岩
1502
ハッチ岩
100m

捜索救助

インシデントレベル	L4
雪崩装備	7人なし

雪崩の発生は12時13分。この雪崩は、右手の斜面上部にいた別の2人パーティの登山者のうち、1人が誘発したもので、その登山者も雪崩と一緒に流下して埋没した。結果、12人が雪崩に巻き込まれた。

当初、自力脱出したメンバーが捜索にあたったが、近傍にいた複数のパーティも状況に気づき、捜索の応援に入った。複数の深い埋没もあり、現場は多大な労力を要した。

また、ビーコンなしの埋没者1人に関しては、翌24日、警察や自衛隊などによって大規模な捜索態勢が組まれ、プロービングで発見された。

情報源
—
● JAN現地調査
● 事故報告書
● 雪氷災害調査チーム

Comment　「雪崩対策には何がより重要であるか」の視点に基づいた考え方が大事。たとえば、まとまった降雪があった日には、弱層テストよりも真新しい雪崩のほうがはるかに重要な意味を持つこと。目の前の小さな起伏よりも、自分に影響を与えそうな大きな地形全体を考えること。あるいは、ある判断が内包する不確実性に対して、どのように安全マージンを取るのか。

これらが失われた状態で雪崩が発生すると甚大な事故となりうる。

岐阜県
高山市

北アルプス槍平
やりだいら

2007年12月31日
● 遭遇7人
● ケガ0人
● 死者4人

強い寒気流入に伴う大量降雪によって、
奥丸山の東斜面で雪崩が自然発生。
槍平小屋に隣接して幕営していた2パーティが被災した。

気象と積雪

重要な兆候		
直近の雪崩発生		U
不安定性の兆候		U
直近の堆積		O
急激な昇温		―

前日まで　12月28日から29日にかけて九州の西にあった低気圧が発達しながら東北東に進む。30日に、その低気圧は北海道の東の海上にて980hPaと発達し、鳥取県米子上空5000mに-35.9℃の極めて強い寒気が流入。

当日の状況　31日も強い冬型の気圧配置は継続しており、アメダス神岡（標高455m）にて日降雪50cmを記録。槍平の現場では、日中、風の影響のあるところで膝、溜まっているところで胸、平均的なところで腰の深さのラッセル。

地形特徴

標高帯	森林帯
斜度	35°以上
形状	漏斗状
風の影響	トップローディング
植生	沢内はほぼなし
地形の罠	特になし
ATES	チャレンジング

　奥丸山の山頂付近の発生区は、無積雪期は一部ガレ場となっており、漏斗状地形で深い沢へと収束する。樹林が密に生えているわけではないので、比較的少ない積雪量でもアンカーが埋まり、発生区の要件が整う。

　槍平小屋から破断面付近までの見通し角は25°程度であり、発生区に大量の積雪があれば、途中に蒲田川があっても到達しうる。

　入山口となる新穂高から槍平、そして飛騨沢一帯の地形は、両側に多数の発生区と走路が出現する。これ

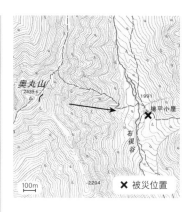

100m
✕ 被災位置

により、雪崩の危険に曝露する時間と量を、注意深いルート設定でマネジメントする必要がある。

発生した雪崩

雪崩の種類	面発生乾雪表層雪崩
規模	size 2.5（推定）
キッカケ	自然発生
標高	U
斜度	U
方位	東
弱層	U
滑り面	U

　1月1日に別パーティによって破断面があることが目視されている。幅や厚みなど、詳細は不明。

行動

活動	登山
関与グループ数	2

　槍平小屋の南側に幕営していた2パーティ（2張）が就寝中に被災した。いずれも30日に入山し、31日は気象

奥丸山（2439m）
槍平小屋
✕ 被災位置

槍平小屋が堆積区内にあることがよくわかる

や積雪のコンディションを考慮し、周囲状況の偵察、あるいは翌日のためのトレース付けなど、限定的な行動で切り上げていた。

捜索救助

インシデントレベル	L4
雪崩装備	一部あり

　小屋周囲に幕営していたのは6パーティ28人で、テントは7張。小屋の南に3張、北側に4張であったが、南側が被災し、50cm程度埋没した。

　雪崩の発生は11時半頃。異変に気づいた近傍のパーティが捜索を実施。デブリがかぶさり、その重みでテント内にてまったく身動きがとれなくなっていた被災者を全員救出し、冬季小屋内にてCPRや救出後のケアなどを行なった。

情報源
―
● 関係者聞き取り
● 事故報告書
● 新聞報道

Comment　その場所での「雪崩の履歴があるか、否か」よりも、そこが「雪崩地形であるか、否か」のほうがはるかに重要。雪崩地形内にいれば、状況によって程度の差はあるにせよ、常に雪崩の危険にさらされていることになる。

　私たちの経験は、極めて限定的であるため、より信頼できて、より重要なことから考えていかないと、安全対策はうまくいかない。そのための第一歩が、雪崩地形の認識と行動マネジメントである。

Ski

源太ヶ岳
げんた

2008年3月8日
● 遭遇4人
● ケガ0人
● 死者2人

東斜面で幅150m規模の雪崩が発生し、
雪崩地形内にいた2パーティが巻き込まれた。
近傍パーティの協力で捜索活動が進められた。

気象と積雪

重要な兆候	直近の雪崩発生	U
	不安定性の兆候	U
	直近の堆積	O
	急激な昇温	―

前日まで
3月3日から5日にかけて、寒気を伴った低気圧が秋田沖からゆっくりと南東進しながら降雪。7日から8日にかけて冬型がゆっくりと緩んでいった。この期間、アメダス岩手松尾（標高275m）の累計の降雪は10cm。

当日の状況
冬型の気圧配置は西から緩んできたものの、東北では寒気が残っていたため、風の強い状態が続いていた。盛岡地方気象台は、8日、強風注意報（平均風速11m/s以上）を発表している。アメダス岩手松尾で気温4.9℃（12時）を記録しているが、昇温が問題となる日ではない。

地形特徴

標高帯	森林限界
斜度	35°以上
形状	ボウル状
風の影響	トップローディング
植生	まばら
地形の罠	堆積区内の樹木
ATES	チャレンジング

発生区は東を向いた緩いボウル状の地形。源太ヶ岳（標高1545m）の頂上部が平坦なこともあり、発生区上端には雪庇が形成されて、風で移動した雪がトップローディングする。斜面全体を見るとクライマーズライト側がより堆積。また、強い西風は源太ヶ岳の南面に沿っても流れるため、発生区のクライマーズレフトにある南に走る尾根にも小規模な雪庇が形成される。

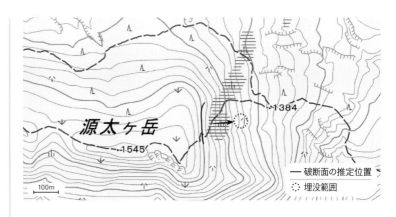

源太ヶ岳

・1384

・1545

100m

―― 破断面の推定位置
⋯⋯ 埋没範囲

発生した雪崩

雪崩の種類	面発生乾雪表層雪崩
規模	size 2.5（推定）
キッカケ	人的誘発（偶発）
標高	1500m付近
斜度	U
方位	東
弱層	U
滑り面	U

破断面調査は行なわれておらず、詳細不明。2002年1月の事案（P101）と同じ斜面。目視で雪崩幅は150m。

行動

活動	スキー
関与グループ数	2

2人パーティが源太ヶ岳の東斜面で行動中、雪崩を誘発した。その時、ちょうど東斜面の下部でも別の2人パーティが行動しており、上部で発生した雪崩に巻き込まれた。斜面上部にいた2人は埋没し、不明。下部の2人は流され、部分埋没となった。

捜索救助

インシデントレベル	L3
雪崩装備	あり

雪崩の発生は12時頃。下部の2人パーティは30mほど流されたが、下半身の部分埋没であったため、すぐに自力脱出し、捜索を開始。さらに近隣にいた6人パーティも捜索の応援に加わった。

13時20分頃、1人目の被災者が発見され、その10分後に5mほど離れた位置で2人目の被災者も発見された。発見はいずれもビーコンによるもので、埋没深は1m。通報は雪崩発生直後になされているが、風雪が強く、県警ヘリコプターは現場にアプローチできず、被災者2人（39・50）の収容は後日となった。

情報源
● 関係者聞き取り
● 雪氷防災研究センター
● 新聞報道

Comment

当日の現場は風がとても強く、ガスもかかっていたため、視界が30〜50m程度しかなかった。それゆえ、斜面下部にいたパーティは「これ以上、上部には行かない」と事前に決めていた地点で登行をやめていた。

「状況が悪ければ、ここでやめる」と事前に決めておくことは安全のマージンを確保するうえで大切なこと。ただし、視界が悪い時は、判断の材料も限られてくるので、状況認知も難しくなる。

Snowboard

長野県
小谷村

栂池ブンド沢
（つがいけ）

2013年2月16日
● 遭遇1人
● ケガ0人
● 死者1人

白馬山域を熱心に滑っていた2人パーティが
スキー場に隣接する閉鎖区域に進入。
先に滑走したメンバーが雪崩を誘発して流された。

気象と積雪

雪崩危険度　　　3（警戒 Considerable）

重要な兆候　　　直近の雪崩発生　　○
　　　　　　　　不安定性の兆候　　○
　　　　　　　　直近の堆積　　　　○
　　　　　　　　急激な昇温　　　　−

前日まで　　2月14日は移動性高気圧が広く本州を覆い、晴れ。15日、低気圧の通過に伴って低密度の降雪。14日の日射を浴びた急斜面では、融解凍結クラストを滑り面として size 1 の点発生雪崩がスキーカットで観察される。

　低気圧の通過後、冬型の気圧配置となるため、長野県地方気象台は、15日16時50分、小谷村に大雪注意報（降雪の深さ20cm）を発表。この注意報は16日15時20分に解除。

当日の状況　　森林帯で前日からの降雪は20cm程度。標高900〜1600mでは降雪結晶の弱層が人の刺激に敏感に反応。スキーカットで size 1〜1.5 の雪崩やシューティングクラックが発生。

地形特徴

標高帯　　　　　森林帯
斜度　　　　　　35°以上
形状　　　　　　狭い沢地形
風の影響　　　　トップローディング
植生　　　　　　疎林
地形の罠　　　　斜面内の樹木と
　　　　　　　　深い沢底
ATES　　　　　　コンプレックス

　急峻な疎林内に複数の狭い沢が入っており、そこが事故現場。一般的な冬型の気圧配置ではトップローディングの堆積がある。また、急峻な斜面の先は深い沢となっており、地形全体が大きな地形の罠といえる。

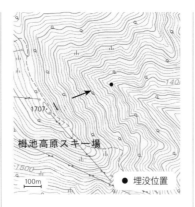

栂池高原スキー場

1707

● 埋没位置

発生した雪崩

雪崩の種類　　　面発生乾雪表層雪崩
規模　　　　　　size 2
キッカケ　　　　人的誘発（偶発）
標高　　　　　　1670m
斜度　　　　　　U
方位　　　　　　北東
弱層　　　　　　U
滑り面　　　　　U

　破断面調査が行なわれていないため、弱層等の詳細は不明。ただし、前日から明瞭な不安定性が観察報告されており、降雪結晶を弱層とするストームスラブの可能性が極めて高い。雪崩情報でもアラートしている。

行動

活動　　　　　　スノーボード
関与グループ数　1

　2人パーティが、栂池高原スキー場栂の森ゲレンデトップからロープを越えて閉鎖区域へ入った。最初の滑走者が雪崩を誘発して流された。

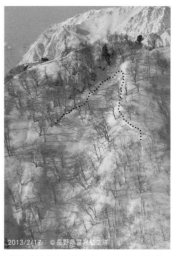

2013/2/17　© 長野県警察航空隊

破断面（点線）は樹木をつなぐように延びる

捜索救助

インシデントレベル　　　　L3
雪崩装備　　　　　　　　　あり

　雪崩の発生は15時30分頃。仲間による捜索が行なわれ、残留物は間もなく発見されたが、埋没したメンバーの位置が不明のため、15時55分に救助要請の通報がなされた。

　積雪コンディションと事案発生時刻の問題もあり、翌17日に警察と遭難対策協議会の救助隊員が捜索に入り、埋没したメンバー（31）を発見。被災者は流される途中で樹木に激突し、致命的外傷を負っていた。

情報源
―
● JAN現地調査
● 関係者聞き取り
● 新聞報道

Comment　　樹木は積雪を支え、雪崩を発生させがたくする私たちの「友」であることが多いが、いったん雪崩れてしまえば最悪の「敵」にもなる。

　樹木に衝突する際、自分の衝撃だけでなく、一緒に流れる雪の重みが加わるため、小さい雪崩でも容易に致命的な外傷を負う。

　積雪表層が結合力の弱い雪で構成される場合、あるいはスラブがとても軟らかい場合、滑走ができそうな樹間の急斜面はとても危険な場所となりうる。

054

長野県
白馬村

白馬大雪渓
(はくばだいせっけい)

2013年4月27日
● 遭遇7人
● ケガ4人
● 死者3人

折からの寒気流入による荒天のなか、
行動中の登山とスキーの2パーティが
大雪渓上部で発生した大規模な雪崩で被災した。

気象と積雪

重要な兆候		
直近の雪崩発生	……	U
不安定性の兆候	……	U
直近の堆積	……	O
急激な昇温	……	—

前日まで 4月21日に強い寒気を伴った低気圧が南岸を北東進し、本州の広範囲で積雪。そのまま低温で推移したが、24日、日本海から東進してきた低気圧に吹き込む南風で昇温し、麓までまった降雨となる。アメダス白馬（標高703m）で36.5mm、最高気温10.9℃を記録。26日には、上空に強い寒気を持つ気圧の谷が本州上を通過し、標高の高いところで降雪となる。

当日の状況 気圧の谷が東に抜けた後、低気圧として北海道の東海上で発達したため、山中では激しい吹雪となった。アメダス白馬にて気温3.8℃（7時）。

地形特徴

標高帯 ……	アルパイン
斜度 ……	35°以上
形状 ……	ボウル状
風の影響 ……	トップローディング
植生 ……	ほぼなし
地形の罠 ……	巨大な沢地形
ATES ……	コンプレックス

ここに大雪渓が形成されるのは、単に気流の関係で雪が多く堆積するだけでなく、杓子岳の北東側、白馬岳の南東側にそれぞれある複数の大きな雪崩道の堆積区にあたるため。

シーズン中、多量の降雪があればごく当然のこととして雪崩が発生し、デブリが谷を覆い、とても硬い積雪層を形成していく。密度が高い積雪ゆえに融解もゆっくり進み、雪渓として夏までそれが残ることになる。

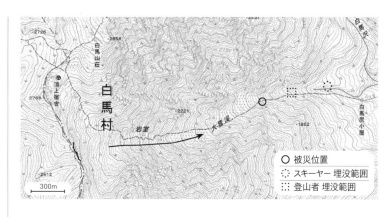

○ 被災位置
⬚ スキーヤー 埋没範囲
⬚ 登山者 埋没範囲

300m

発生した雪崩

雪崩の種類	面発生表層雪崩（推定）
規模	size 3
キッカケ ……	自然発生
標高 ……	U
斜度 ……	U
方位 ……	東
弱層 ……	U
滑り面 ……	U

行動

活動 ……	登山、スキー
関与グループ数 ……	2

2泊3日の予定で白馬岳への山スキーを計画していた6人パーティは、4月27日7時30分に猿倉から入山し、シール登行をしていた。

一方、26日に白馬尻で幕営し、27日に白馬岳主稜の登攀を計画していた登山の2人パーティは、気象条件の悪さから当初の計画を中止。出発を遅らせた後、9時頃、大雪渓へ向けて行動を開始していた。

捜索救助

インシデントレベル ……	L4
雪崩装備 ……	登山者なし

雪崩発生は10時35分。山スキーのパーティはケガ2人と完全埋没1人を除く3人で捜索を実施。目視やビーコンによる捜索を1時間ほど行なった後、警察に通報。その後、警察と遭対協の隊員6人が日没まで捜索を行なうが、埋没者は発見できず。

翌28日9時頃、警察がビーコンによりスキーの1人（56）を発見。さらにその下方で登山者のザックを2つ収容したが、不明者は発見できず。その後、5月6日に救助犬によって登山者1人（50）、5月19日に融雪もあり、最後の登山者1人（32）が発見された。

情報源
—
● 関係者聞き取り
● 事故報告書
● 新聞報道

Comment 雪崩の危険を考える時、その発生の可能性を見積もることと、その見積もり自体が持つ「不確実性」を分けて考える必要がある。言い換えれば、いろいろなデータを使って慎重に検討を行なったとしても、そもそも、その結論の精度が危ういのではないか、ということ。

白馬大雪渓のようなコンプレックス評価の地形内で行動する時は、特に不確実性に対する考慮が必要となる。つまり、「上のほうの状態はわからない」という話である。

月山姥ヶ岳
（がっさんうば

姥ヶ岳に日帰りの山スキーへ出かけた男性が
予定時刻を過ぎても帰宅しないため、家族が通報。
翌日、警察と地元山岳関係者が捜索を実施した。

気象と積雪

重要な兆候		
	直近の雪崩発生	U
	不安定性の兆候	U
	直近の堆積	O
	急激な昇温	O

前日まで　1月9日、低気圧が日本の東に抜け、冬型の気圧配置が強まり、同時に強い寒気も南下。この日から13日まで断続的な降雪となった。山形地方気象台では、10日4時32分、大雪注意報を村山エリアに発表。同日15時42分に解除。

当日の状況　アメダス肘折（標高330m）で9日から11日までに約60cmの降雪があり、12日も朝から断続的な降雪。山中においては、12日も風雪が強く、スキーで膝の深さのラッセルが必要な状態。このため、斜度の緩いところでは下りラッセルとなっていた。

地形特徴

標高帯	森林帯
斜度	35°以上
形状	出だしで落ち込み
風の影響	複合的
植生	まばら
地形の罠	顕著なものなし
ATES	チャレンジング

　雪崩発生区は西に面した疎林の急斜面。冬型の気圧配置の時には、西側に高い山がない関係で、強い風が斜面を直接的にたたくため、風向の少しの異なり、斜面の多少の向きによって、雪面の状態は大きく異なる。

　また、全体的に30°を超える急斜ながら、急激に平らになる形状の場所なのでデブリは拡散しにくい。斜面の出だしは落ち込みがあり、不安定な時はよく切れる。

月山リフト

石跳川

姥沢

● 埋没位置

100m

2014/1/13 ©T. Okuyama

発生区はブナの疎林の急斜面

発生した雪崩

雪崩の種類	面発生乾雪表層雪崩
規模	size 1.5（推定）
キッカケ	人的誘発（推定）
標高	U
斜度	U
方位	西
弱層	U
滑り面	U

　雪崩は幅10〜15m、長さ30〜50mの規模と推定。ストームスラブの可能性が高い。また、シールを付けていなかったため、滑走あるいは移動中に誘発した可能性が高い。

行動

活動	スキー
関与グループ数	1

　月山の山域を熱心に滑走していた山スキーヤー（47）が、日帰りの予定で姥ヶ岳へのツアーを実施。しかし、予定時刻を過ぎても帰宅しないため、20時30分頃、家族から捜索依頼が出された。

捜索救助

インシデントレベル	L4
雪崩装備	あり

　13日9時から地元山岳関係者5人で捜索を実施。雪上車で姥沢まで移動し、家族からの情報による想定ルートを上から下に向かってビーコンで捜索しながら移動した。

　13時頃、ビーコンの反応が出たため周囲を確認すると、樹林の根元にデブリらしきものを発見。ビーコンでさらに位置を絞り込み、埋没地点を特定した。埋没位置は石跳川沿いの湯殿山装束場までの登山道沿いにあたり、姥ヶ岳からの斜面の底（標高920m）付近になる。被災者の埋没深150〜200cm。山岳関係者らによって14時頃から搬送を開始し、17時に車止めに到着。

情報源
—
● 月山朝日ガイド協会
● 関係者聞き取り
● 新聞報道

Comment　単独での遭難は捜索がとても困難になる場合が多い。今回は、雪崩ビーコンを装着していたことと、山域の特徴と滑走者の行動傾向をよく知る山岳関係者の想像力ある捜索によって発見された。

富山県
立山町

剱岳源次郎尾根
（つるぎ げんじろう）

2017年4月30日
● 遭遇2人
● ケガ0人
● 死者1人

登攀の進捗が計画よりも遅れたため、
安全のために途中下山を開始した2人パーティが
それぞれ別の湿雪雪崩で被災した。

気象と積雪

重要な兆候	
直近の雪崩発生	○
不安定性の兆候	○
直近の堆積	―
急激な昇温	○

前日まで　26日に寒冷前線の通過に伴う降雪があった。28日は春めいた晴天となったが、29日には寒冷渦が日本海を北進。この影響で山中ではガスと強風。

当日の状況　南から高気圧が張り出し、日本海側ではフェーン現象が発生。7月並みの気温となった。アメダス上市（標高296m）で気温24.6℃（12時）を記録。

地形特徴

標高帯	アルパイン
斜度	40°以上
形状	沢地形
風の影響	複合的
植生	ほぼなし
地形の罠	狭く急峻な地形
ATES	コンプレックス

　岩は温まりやすいため、露出した岩や岩壁直下の周辺から湿雪の点発生雪崩がしばしば発生する。

発生した雪崩

雪崩の種類	湿雪雪崩
規模	size 1.5
キッカケ	自然発生
標高	2700m付近
斜度	40°以上
方位	南
弱層	―
滑り面	U

　数値は最初の雪崩。2回目の雪崩の発生位置なとは不明。規模はデブリから判断し、size 2か、それ以上。

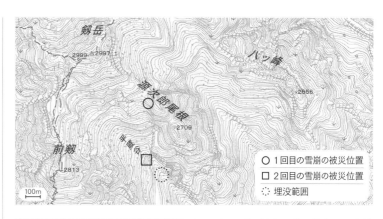

剱岳
2999.△2997.1
八ッ峰
源次郎尾根
2656
2709
前剱
平蔵谷
2813
100m

○ 1回目の雪崩の被災位置
□ 2回目の雪崩の被災位置
⋯ 埋没範囲

行動

活動	登山
関与グループ数	1

　源次郎尾根から剱岳を登攀する2泊3日の計画で、ベテランと新人の2人パーティが扇沢から入山。

　29日15時30分、剱沢に幕営。30日、5時15分に幕営地を出発し、吹き溜まりで膝上程度のラッセル。6時30分に登攀開始。10時に一峰に到達し、休憩。この時、向かい斜面で起きた雪崩に気づき、また遠方で発生した雪崩の轟音も聞く。この先はリッジが細くなり、慎重に進む。

　二峰から懸垂下降し、13時にコルに到着。この時点で、頂上をめざすには時間が足りないと判断し、平蔵谷側のルンゼを下る判断をする。

　ルンゼを下降中の14時頃、やや岩峰側に寄ったラインで行動していたリーダーAが雪崩に流される。残された新人Bは、湿雪の点発生雪崩が流れる範囲に入らないように慎重に下り、流されたリーダーまであと数m

のところまで降りた時、後方から突然来た別の雪崩にのみ込まれる。

　雪崩は平蔵谷を流れ、デブリが停止した時、2人は軽い部分埋没で雪面に出ていた。

捜索救助

インシデントレベル	L3
雪崩装備	あり

　2回目の雪崩発生は15時頃と推察されている。Bは自力脱出し、視界に入ったA（63）の救助に向かおうとしている時、県警ヘリが現着。これは剱御前小舎にて雪崩観察をしていた山岳警備隊の隊員がAの滑落を目撃したゆえ、事案確認のための飛行であった。その後、隊員がヘリから下降し、2人は収容された。

情報源

● 関係者聞き取り
● 事故報告書

Comment　昨晩の新雪の表面に水が浮き、やがて旧雪の上を崩れ落ちていく。あるいは、凍結していた斜面が昼にはグサグサの足場となり、崩れていく。熱心に山に向かう人にとって、これらは春季の登山で見慣れた光景かもしれない。

　経験はプラスであり、マイナスでもある。人は誰でも慣れた状況下では危険を過小評価しやすくなる。今回が、そうであったのかはわからない。ただ、人とはそういうものだ、ということは理解しておきたい。

群馬県
みなかみ町

谷川岳熊穴沢
（たにがわ　くまあな）

2019年1月26日
● 遭遇2人
● ケガ0人
● 死者1人

日帰り山スキーの3人パーティにて、
滑走者が誘発した小規模な点発生雪崩で
1人が流され、行方不明となった。

気象と積雪

雪崩危険度 …… 2（留意 Moderate）

重要な兆候

直近の雪崩発生 〇
不安定性の兆候 〇
直近の堆積 〇
急激な昇温 －

前日まで 1月23日から24日に本州上を寒冷前線が通過し、強い冬型の気圧配置に。24日、谷川岳ロープウェイは強風で運休。山頂駅付近で、25日朝までに50cmの降雪。その後、冬型はいったん緩み、日本海の低気圧が東進。

当日の状況 東進する低気圧の降雪が26日未明から始まり、標高1100m付近の山中では-4℃で、朝から時間降雪深2〜5cmの強度の降雪が続く。昼前には急斜面にてスキーカットでスラフが容易に流れる状態となっていた。
前橋地方気象台は15時43分、大雪注意報（12時間降雪の深さ30cm）を発表し、21時29分に大雪警報（12時間で50cm）に切り替えた。

地形特徴

標高帯	森林帯
斜度	35°以上
形状	沢状
風の影響	比較的弱い
植生	まばら
地形の罠	漏斗状
ATES	コンプレックス

熊穴沢一帯は東から北東を向いた大きな沢状で、傾斜の緩みもなく、一気に流れ落ちる地形。また、複数の沢が下部で合流しながら、沢が狭くなるため安全地帯の選定が難しい。
ツアー計画全体を考えると、当該斜面を滑り降りた後は深い谷筋を下山することになり、長時間、雪崩の危険に曝露する。このため、ルートの地形評価はコンプレックス。

発生した雪崩

雪崩の種類	点発生乾雪表層雪崩
規模	size 1.5
キッカケ	人的誘発（偶発）
標高	U
斜度	U
方位	北東
弱層	－
滑り面	－

当日未明から降り始めた新雪による点発生雪崩。被災地点は1350m。足元をすくわれた時点で、雪崩の規模は幅1m、厚み20cmほど。
この雪崩の発生後、残された2人は熊穴沢避難小屋へ登り返しをしているが、その最中にメインの谷で自然発生の雪崩が出ている。

行動

活動	スキー
関与グループ数	1

9時40分、谷川岳ロープウェイ山頂駅から登行を開始。メンバーの1人が山スキー2回目のため、大学で山岳系の部の主将を務めたことがある同行者がシール登行のアドバイスをしながらゆっくり登り、12時30分頃、熊穴沢避難小屋に到着した。
小休止をした後、小屋から少し登り、滑走を開始。初心者がいたこともあり、パーティは1人ずつ、短いピッチで滑っては停止する方法を繰り返した。そして数回目、一番の経験者が3番目として滑走した際、自ら誘発した雪崩と一緒に待機場所に滑り込み、そこで停止していた初心者1人が足元をすくわれて流された。

× 被災位置
● 埋没位置
100m

捜索救助

インシデントレベル	L4
雪崩装備	なし

残された2人はその場からわずかに降りたが、その斜面の変わり目で、再び、ごく小さい雪崩が出たため、目視のみの捜索で警察に通報。たまたま別事案で山中にいた山岳救助隊と避難小屋付近で合流した。パーティは誰も雪崩ビーコンを携帯していないため、28日、地元の有志7人によるラインプロービングが行なわれ、深さ250cmで被災者（29）は発見された。

情報源
—
● 関係者聞き取り
● 事故報告書

Comment ツアー計画を作る際、雪崩に関して最初に考えるべきことは、ルート全体が持つ地形の特徴である。コンディションが悪化した時でも、安全地帯を選択しやすいのか否か。あるいは、速やかな移動が可能な、滑走技量に合ったルート構成なのか。ほかにも要素はいくつもあるが、これらは雪崩というハザードにさらされる時間をできるかぎり減らす意味で極めて重要。積雪状況が悪い日であれば、コンプレックスの地形はハイリスクなルートとなる。

Ski

058

福島県
檜枝岐村

燧ヶ岳
（ひうち）

2019年3月9日
● 遭遇1人
● ケガ0人
● 死者1人

燧ヶ岳に日帰りの山スキーへ出かけた男性が
予定時刻を過ぎても下山しないため、家族が通報。
翌日、県警ヘリからの捜索で発見された。

気象と積雪

重要な兆候	直近の雪崩発生	U
	不安定性の兆候	U
	直近の堆積	O
	急激な昇温	O

前日まで　3月7日、上空に寒気が流入した状態で南岸低気圧が通過した。これに伴い7日未明から降雪が始まり、その後、8日にかけて冬型の気圧配置に移行した。アメダス檜枝岐（標高973m）では降り始めからの積雪深が約20cm増となった。

当日の状況　高気圧が張り出し、朝から快晴。放射冷却もあり、アメダス檜枝岐では3時に-8℃を記録。その後、日中は4月中旬並みに上昇し、アメダス檜枝岐で12時に9.5℃となった。7日から9日の間では、この行政区には気象警報・注意報のいずれも出ていない。

地形特徴

標高帯	アルパイン
斜度	35°以上
形状	緩い沢地形
風の影響	クロスローディング
植生	なし
地形の罠	顕著なものなし
ATES	チャレンジング

　独立峰の頂上付近のアルパインエリア。峰を回り込む風によるクロスローディングでスラブが形成されやすい特徴を持つ。破断面の位置や誘発点などは不明なものの、現場斜面は緩い沢状地形となっており、スタート付近は斜度40°程度ある。
　写真は後日撮影されたもので、山頂付近から埋没位置を見下ろしたアングル。左手の沢の流れは、硫黄沢左俣へとつながる。

2019/4/13 ©T. Fujisawa

尾瀬沼

⊙ 埋没位置

推定される発生区は手前の尾根で視認できない

発生した雪崩

雪崩の種類	面発生乾雪表層雪崩
規模	size 1.5-2（推定）
キッカケ	人的誘発（推定）
標高	2250m付近
斜度	U
方位	南東
弱層	U
滑り面	U

　8日は白馬から湯沢など広範囲の山域で低気圧性降雪に起因するスラブが反応しており、それと同種の不安定性の可能性もある。詳細は不明。

行動

活動	スキー
関与グループ数	1

　会津の山域を熱心に滑走していた山スキーヤーが、日帰りの予定で燧ヶ岳へのツアーを実施。5時30分頃、入山して、スキーで足首程度のラッセルで順調に標高を上げ、11時すぎに山頂に到着。その後の足取りは不明。

捜索救助

インシデントレベル	L4
雪崩装備	あり

　男性が予定の時間を過ぎても帰宅しないため、19時すぎ、家族が警察に捜索願を提出。
　翌10日、県警ヘリコプターと地上からの捜索隊が組織された。地上捜索隊は警察と消防および地域の関係者含めて11人態勢となった。入山口から現場までのアプローチが長いため、途中まで雪上車を使用することとなり、7時30分に出発。
　一方、県警ヘリコプターからの捜索において、10時30分頃、山頂部の雪面に残留物らしきものを目視で発見。隊員が下降し、確認したところ、男性（44）が部分埋没しているのを発見し、収容した。

情報源

● 関係者からの聞き取り
● 新聞報道

Comment　穏やかな山容と広い裾野を持つ燧ヶ岳のような山では、積雪に不安定性が生じていても、その緩い斜面ゆえに認知がしづらいことに留意。
　また、独立峰のアルパインエリアは極めて風の影響が強いため、風で削剥された硬い雪面と局所的な雪の堆積による危険なウインドスラブが、隣り合うところに出現することもしばしばある。雪崩対策には斜面全体を注意深く観察し、ルートセットや滑走ラインを考えることが大切。

115

059 | 登山

長野県
大町市

鹿島槍ヶ岳北峰
（かしまやり）

1991年5月4日　●遭遇3人　●ケガ1人　●死亡2人

5月4日14時30分頃、3人パーティが北股本谷上部にて雪崩に遭い、2人が流され、1人が重傷を負い、1人が不明となった。また、この雪崩に別の単独男性も巻き込まれ、同じく不明。警察や仲間などの捜索により、パーティの男性（30）は6月に発見された。

060 | 登山

北海道
利尻富士町

利尻山東稜
（りしり）

1991年12月28日　●遭遇2人　●ケガ0人　●死亡1人

12月28日9時頃、4人パーティのうち、2人が鬼脇山と南峰の間でルート工作中に雪庇を踏み抜き、ヤムナイ沢側へ転落。雪崩が誘発され、2人は流されたが、1人は自力脱出し、もう1人の男性（21）が不明となった。男性の発見は翌年8月となった。

061 | スキー

北海道
ニセコ町

ニセコアンヌプリ西斜面

1991年12月29日　●遭遇2人　●ケガ0人　●死亡1人

12月29日14時50分頃、山スキーをしていた8人パーティの先頭2人が、沢地形で停止している際、雪崩に遭い、1人は部分埋没、1人が完全埋没した。仲間と警察などの捜索により、約1時間半後に男性（30）は発見された。雪崩は幅10m、長さ100mの規模。

062 | 登山

北海道
利尻富士町

利尻山東稜
（りしり）

1991年12月31日　●遭遇2人　●ケガ0人　●死亡2人

1月1日、12月28日に発生した別事案を捜索中の警察が、ザックをヤムナイ沢で発見したことで事故が発覚。2人パーティは鬼脇山付近にて雪庇を踏み抜き転落。雪崩が誘発されて流されたと推察される。男性（36）は1月中、もう1人の男性（34）は7月に発見。

063 | 釣り

岩手県
花巻市

花巻尻平川
（はなまきしっぺたい）

1992年3月1日　●遭遇1人　●ケガ0人　●死亡1人

3月1日10時40分頃、渓流釣りをしていた男性（33）が全層雪崩に遭い、不明となった。仲間が通報し、警察なと20人態勢で捜索が行なわれ、約2時間後に男性を発見、収容した。幅30m、長さ100mの規模で発生した雪崩は、川を渡って男性を巻き込んだ。

064 | 登山

岐阜県
高山市

北アルプス南岳
（みなみ）

1992年3月（発生日不明）　●遭遇2人　●ケガ0人　●死亡2人

3月16日に新穂高温泉から入山した2人パーティが、予定日の21日を過ぎても下山しないため、25日に捜索依頼。初動捜索時には発見に至らず、その後、男性（21）が3月終わりに、もう1人の男性（23）は4月中旬に発見。状況から縦走中に雪崩に遭ったと推察。

065 | 登山

長野県
安曇野市

大天井岳
（おてんしょう）

1992年3月22日　●遭遇1人　●ケガ0人　●死亡1人

3月22日8時15分頃、5人パーティの先頭を歩いていた男性（45）が、大天井岳の山頂付近東斜面をトラバース中に雪崩を誘発。南中川谷へ流され、不明となった。その後、長期の捜索活動が行なわれ、6月に発見、収容された。後続4人は離れており、難を逃れた。

066 | スキー

山形県
米沢市

西吾妻姥湯温泉
（にしあずまうばゆ）

1992年3月22日　●遭遇1人　●ケガ0人　●死亡1人

3月22日14時30分頃、姥湯温泉の近く、標高1300m付近の斜面を滑走していた男性（25）が雪崩を誘発、行方不明となった。同行の仲間が同日19時30分頃、警察に通報し、翌23日に発見、収容された。2人は21日に入山し、山スキーのツアー中だった。

群馬県
みなかみ町

谷川岳西黒沢
(たにがわ にしぐろ)

1992年3月23日　●遭遇1人　●ケガ0人　●死亡1人

　3月23日に日帰りで谷川岳へ山スキーに出かけた男性（40）が戻らないと、24日に警察へ通報があった。警察では提出されていた登山届をもとに捜索をしたが発見には至らず。その後、4月中旬に谷川岳を登山中のパーティが西黒沢にて男性を発見し、収容された。

北海道
利尻町

利尻山西壁
(りしり)

1992年5月2日　●遭遇2人　●ケガ0人　●死亡1人

　5月2日6時10分頃、中央リッジをめざして登山中の2人パーティが、西壁大斜面をトラバース中に雪崩を誘発し、女性（41）が行方不明となった。自力脱出した同行の男性が、別ルートで行動していた仲間に通報。翌3日に捜索が行なわれ、女性を発見、収容した。

長野県
白馬村

白馬大雪渓
(はくば だいせっけい)

1992年5月4日　●遭遇総人数不明　●ケガ1人　●死亡2人

　5月4日7時30分頃、標高2600m付近で湿雪雪崩が発生し、標高1490m付近まで流下する大規模なものとなった。この雪崩に登行者が複数人、巻き込まれ、男性2人（36・36）が不明となった。その後、警察などが捜索を行ない、約3週間後に発見、収容された。

富山県
立山町

劔岳劔沢
(つるぎ つるぎ)

1992年11月23日　●遭遇4人　●ケガ1人　●死亡2人

　11月23日11時10分頃、天候悪化のため、下山途中にあった4人パーティが雪崩に遭い、女性2人（32・47）が不明となった。同山域に入っていた仲間や警察が捜索を行ない、24日、2人を発見し、収容した。雪崩は幅40m、長さ100mの規模で発生。

富山県
上市町

劔岳早月尾根
(つるぎ はやつき)

1992年12月29日　●遭遇1人　●ケガ0人　●死亡1人

　12月29日8時50分頃、烏帽子岩付近を先頭で歩いていた男性（21）が雪庇を踏み抜き滑落。その刺激で誘発された雪崩に男性は巻き込まれ、不明となった。荒天により初動捜索で発見できず、その後、長期の捜索活動が実施され、9月下旬に男性を発見、収容した。

福井県
大野市

下打波渓流
(しもうちなみ)

1993年2月1日　●遭遇1人　●ケガ0人　●死亡1人

　2月1日、渓流釣りをしていた男性（46）が雪崩に遭い、埋没した。一緒に釣りをしていた仲間が、男性がいないことに気づき、15時30分頃、警察に通報。翌2日、警察などが85人態勢で捜索し、男性を発見。雪崩は幅20mで、デブリは川まで到達していた。

北海道
稚内市

稚内上豊別
(わっかない かみとよべつ)

1993年2月3日　●遭遇1人　●ケガ0人　●死亡1人

　2月3日、薪を切りに山に入った男性（78）が不明となった。地元の消防団員が付近の捜索を行なったところ、同日22時15分頃、斧などの薪切り道具が散乱している場所にて、雪崩に埋まった男性を発見し、救出。男性はすでに死亡していた。

群馬県
みなかみ町

谷川岳中ゴー尾根
(たにがわ なか)

1999年3月（発生日不明）　●遭遇1人　●ケガ0人　●死亡1人

　7月4日、登山者が中ゴー尾根下方の沢で、ロープが絡まった状態の男性の遺体を発見し、警察に届け出た。警察が調べたところ、男性（31）は3月に行方不明となっていた登山者だとわかった。発見時の状況から、男性は雪崩に遭い、流されたものと推察された。

075 | 登山

鳥取県
大山町

大山大神山神社
<small>だいせんおおがみやま</small>

1994年2月12日　●遭遇5人　●ケガ1人　●死亡1人

2月12日11時頃、大神山神社近くの斜面にて雪崩が発生し、下山途中の14人パーティのうち、前方にいた5人が巻き込まれた。4人は自力脱出、あるいは仲間によって救助されたが、30分埋没した女性（55）は死亡した。雪崩は幅30mの規模で発生。

076 | 登山

山梨県
北杜市

八ヶ岳赤岳
<small>やつ　あか</small>

1994年3月26日　●遭遇2人　●ケガ0人　●死亡1人

3月26日15時30分頃、赤岳山頂付近の東側にて、登山中の2人パーティが雪崩を誘発。約600m流されたものの、1人は自力脱出し、もう1人の男性（24）を約1時間後に救助するも、外傷にてすでに死亡。亡くなった男性は翌27日、警察によって収容された。

077 | 登山

北海道
上富良野町

上ホロカメットク山北西壁
<small>かみ</small>

1994年11月26日　●遭遇3人　●ケガ0人　●死亡2人

11月26日9時40分頃、北西壁を登攀中、表層雪崩が発生し、3人パーティが流された。周辺で冬季訓練や登山をしていた別の複数パーティ約40人が初動捜索を行ない、首以下が埋没した男性1人を救出したが、他男性2人（51・38）が死亡。雪崩は幅20mの規模。

078 | 登山

北海道
上富良野町

十勝岳大砲岩
<small>とかち　たいほう</small>

1994年12月3日　●遭遇1人　●ケガ0人　●死亡1人

12月3日10時頃、縦走中の4人パーティが荒天のために計画を変更。大砲岩付近を通過する際に雪崩に遭い、男性（19）が流された。仲間によって初動捜索が行なわれ、部分埋没の男性を発見したが、すでに死亡。男性は、警察の救助隊により、翌4日収容された。

079 | 登山

栃木県
那須町

那須剣ヶ峰
<small>な　す　けん　みね</small>

1994年12月17日　●遭遇2人　●ケガ1人　●死亡1人

12月17日11時45分頃、朝日岳に向かっていた3人パーティのうち、先頭から200m後ろを歩いていた2人が雪崩を誘発し、流された。1人は自力脱出し、埋没したもう1人の男性（47）を10分で掘り出したが死亡。雪崩は幅100m、長さ300mの規模で発生。

080 | 登山・ガイド

長野県
駒ヶ根市

宝剣岳千畳敷カール
<small>ほうけん　せんじょうじき</small>

1995年1月4日　●遭遇6人　●ケガ0人　●死亡6人

1月4日11時10分頃、千畳敷カールを下山途中の2パーティが雪崩に遭い、埋没した。前をガイドツアーの2人、その後方10m程度のところを一般の4人パーティが歩いていた。警察などの捜索により、6人は深さ2〜3mの深さにて発見。雪崩は幅40m程度。

081 | スキー

群馬県
片品町

前武尊
<small>まえ　ほ　たか</small>

1995年2月19日　●遭遇1人　●ケガ0人　●死亡1人

2月19日10時45分頃、前武尊の山頂付近を滑走していた男性（58）が表層雪崩を誘発し、不明となった。近くにいた別パーティが12時頃、通報し、仲間や警察による捜索が行なわれたが、すぐには見つからず、発見は5月となった。雪崩は幅100mの規模で発生。

082 | スノーボード

北海道
ニセコ町

ニセコ見返坂
<small>み　かえり</small>

1995年2月20日　●遭遇2人　●ケガ0人　●死亡1人

2月20日11時30分頃、ニセコアンヌプリの見返坂で山スノーボードをしていた3人のうち、2人が表層雪崩に遭い、男性1人（20）が不明となる。警察、自衛隊など180人態勢で捜索を行ない、約4時間後に男性を発見、収容した。雪崩は幅30m、長さ200mの規模。

黒部別山

^{くろべべっさん}

富山県
立山町

1995年4月29日 ●遭遇1人 ●ケガ0人 ●死亡1人

4月29日、黒部別山の南尾根にて、登山中の4人パーティの最後尾を歩いていた男性（22）が全層雪崩に遭った。男性は雪崩の直撃を受け、ほぼ即死の状態。翌30日、警察や仲間によって、男性は麓に下ろされた。雪崩は幅40m、長さ300mの規模で発生。

北岳大樺沢

^{きたおおかんば}

山梨県
南アルプス市

1995年12月31日 ●遭遇2人 ●ケガ1人 ●死亡1人

12月31日12時頃、北岳を登山中の2人パーティが雪崩に遭い、2人とも流された。他パーティの登山者からの通報を受け、警察が2人を救助したが、男性（24）が発生から5時間後に死亡した。雪崩は標高2400m付近にて、幅10m、長さ200mの規模で発生した。

八ヶ岳赤岳

^{やつあか}

長野県
茅野市

1996年1月15日 ●遭遇2人 ●ケガ0人 ●死亡1人

1月15日8時頃、中山乗越付近にて、下山中の2人パーティが雪崩に遭い、1人は自力脱出したが、女性1人（26）が不明となった。警察と近傍の6人パーティなどが捜索を行ない、約1時間半後に女性を発見したが、死亡した。雪崩は幅15m、長さ35mの規模。

中札内村林道

^{なかさつない}

北海道
中札内村

1996年2月6日 ●遭遇1人 ●ケガ0人 ●死亡1人

2月6日11時25分頃、山中にある電波塔の定期点検を控え、仲間2人とルートの下見に出かけた男性（45）が表層雪崩に遭い、約2時間後に埋没深1.5mで発見されたが死亡した。雪崩は、男性がスノーモービルを降りて林道の状態を確認しようとした時に発生。

甲斐駒ヶ岳尾白川本谷

^{かいこまおじら}

山梨県
北杜市

1996年2月11日 ●遭遇3人 ●ケガ0人 ●死亡2人

2月11日7時30分頃、アイスクライミングのため登行中だった3人パーティが西坊主ノ沢出合付近で雪崩に遭い、1人が自力脱出、男性2人（30・26）が不明となった。翌12日8時50分頃、男性2人は警察によって発見、収容された。雪崩は幅30m、長さ40mの規模。

甲斐駒ヶ岳黄蓮谷

^{かいこまおうれん}

山梨県
北杜市

1996年2月11日 ●遭遇2人 ●ケガ0人 ●死亡1人

2月11日9時頃、アイスクライミングのため2人パーティで入山していた男性（30）が、七丈小屋付近の斜面で雪崩に遭い、行方不明となった。雪崩は幅25m、長さ100mの規模で発生。警察などの捜索により、翌12日、埋没深1.5mで発見され、収容された。

空木岳

^{うつぎ}

長野県
駒ヶ根市

1996年2月11日 ●遭遇2人 ●ケガ0人 ●死亡1人

2月11日12時40分頃、登山中のパーティがヨナ沢ノ頭直下の荒井沢側で雪崩に遭った。4人パーティのうち、2人が流され、1人は自力脱出したが、もう1人の男性（49）が不明になった。警察の捜索により、12日午後、男性は発見され、収容された。

爺ヶ岳

^{じい}

長野県
大町市

1996年3月17日 ●遭遇1人 ●ケガ0人 ●死亡1人

3月17日9時頃、5人パーティのうち、最後尾の男性1人（22）が雪崩に遭い、不明となった。男性は、翌18日、警察などの捜索で発見、収容された。雪崩は稜線に近い標高2400m付近で発生し、扇沢を流下。登山道入口から約150mの地点にいた男性が被災した。

091 | 登山

北海道
札幌市

定山渓天狗岳
じょうざんけいてんぐ

1996年4月30日 ●遭遇4人 ●ケガ3人 ●死亡1人

4月30日13時頃、天狗岳の熊ノ沢付近にて、登山中の7人パーティのうち、4人が全層雪崩に遭遇して、流された。3人はケガを負いながらも自力脱出したが、男性1人（65）が埋没し死亡した。雪崩は幅20m、長さ500mの規模。

092 | 登山

栃木県
日光市

日光高山
にっこうたかやま

1997年1月26日 ●遭遇10人 ●ケガ0人 ●死亡1人

1月26日10時15分頃、中禅寺湖近くにある高山の登山道にて、10人パーティの登山者が表層雪崩に巻き込まれた。9人は自力脱出したが、女性1人（50）が不明となり、30分後に発見されたが死亡。雪崩は登山口から600mほどの場所で幅10m、長さ40mで発生。

093 | 施設管理

愛媛県
西条市

愛媛笹ヶ峰
ささみね

1997年2月（発生日不明） ●遭遇1人 ●ケガ0人 ●死亡1人

石鎚山系笹ヶ峰にある通信施設の着雪調査のために入山した男性（48）が予定日の2月11日を過ぎても下山しないため捜索、13日に発見。現場には10m四方の雪崩の跡があった。9日午後に男性は目撃されているため、9日から11日の間に被災した可能性が高い。

094 | 釣り

長野県
木曽町

木曽福島黒川
きそふくしまくろかわ

1997年2月16日 ●遭遇1人 ●ケガ0人 ●死亡1人

2月16日、黒川の赤塩沢へ渓流釣りに出かけた男性（18）が帰宅しないため、付近を捜索したところ、同日17時すぎ、雪崩に埋まった状態で発見された。雪崩は幅15m、長さ30mの規模で発生。木曽川水系は、この日が渓流釣りの解禁日であった。

095 | 登山

長野県
松本市

奥穂高岳あずき沢
おくほたか

1997年5月5日 ●遭遇3人 ●ケガ2人 ●死亡1人

5月5日9時30分頃、あずき沢を登行中の2人パーティと単独登山者の計3人が雪崩に遭い、前者の男性（51）が死亡した。雪崩は幅10m、長さ200mの規模で発生。前日4日の夕方から当日朝まで小雨が降り、気温も昼には20℃近くまで上昇していた。

096 | 登山

山梨県
南アルプス市

北岳南東面
きた

1997年12月31日 ●遭遇3人 ●ケガ1人 ●死亡2人

12月31日午前、北岳山荘と八本歯のコルの間の南東斜面にて、下山中の4人パーティのうち、3人が表層雪崩に遭い、男性（54）が死亡、男性（42）が不明に。同日13時、雪崩に遭わなかった仲間から通報があり、防災ヘリにて収容。不明の男性は1月2日に発見。

097 | スキー

北海道
登別市

オロフレ峠

1998年1月11日 ●遭遇1人 ●ケガ0人 ●死亡1人

1月11日、オロフレ峠へ日帰りの山スキーに出かけた男性（25）が帰宅せず、不明となった。同日夕方、冬季閉鎖ゲートに男性の車両が発見され、翌12日8時頃、道警ヘリが男性を収容、死亡が確認された。男性は上半身埋没で、近くには折れたスキーもあった。

098 | 林業

岐阜県
高山市

丹生川村日影
にゅうかわひかげ

1998年2月9日 ●遭遇1人 ●ケガ0人 ●死亡1人

2月9日9時頃、木材の伐採や積み出し作業のため、斜面を移動中だった男性（67）が表層雪崩（幅15m、長さ50m）に遭い、行方不明となった。警察や消防など延べ190人で捜索を実施し、10日10時すぎ、デブリ内にて埋没深8mで男性を発見し、収容した。

| 099 | 登山 |

長野県
茅野市

横岳大同心沢
よこ　だいどうしん

1999年2月13日　●遭遇2人　●ケガ0人　●死亡1人

2月13日8時30分頃、大同心沢を登攀中だった2人パーティが、雪壁が崩れたことにより100mほど滑落し、デブリに埋没した。自力脱出した男性が近くの小屋に助けを求め、約2時間半後にもう1人の男性（22）も救助されたが、死亡した。

| 100 | スノーボード |

北海道
倶知安町

ニセコ北東尾根

1999年3月13日　●遭遇2人　●ケガ0人　●死亡1人

3月13日9時45分頃、山スノーボードをしていた2人パーティが表層雪崩に遭った。すぐに自力脱出できた1人が、仲間の男性（30）を掘り出し、近接スキー場に救助を要請したが、頭部を強く打っており死亡した。雪崩は幅30m、長さ300mの規模で発生。

| 101 | 登山 |

山梨県
富士吉田市

富士山八合目
ふ　じ　さん

1999年3月31日　●遭遇2人　●ケガ1人　●死亡1人

3月31日12時10分頃、海外遠征のための事前訓練を終えた2人パーティが下山中に雪崩に遭い、男性（33）が不明となった。自力脱出した1人は足を骨折していたが五合目まで自力下山し、救助要請。不明の男性は4月1日、六合つばくろ沢付近にて発見、収容された。

| 102 | スキー |

北海道
上川町

ニセイカウシュッペ山

2000年2月12日　●遭遇2人　●ケガ0人　●死亡1人

2月12日10時25分頃、平山からニセイカウシュッペ山へ縦走中の4人パーティが、アンギラス直下のトラバースで2人が雪崩に遭い、女性（38）が不明となった。近傍にいた7人パーティの協力を得て捜索したが発見できず。その後、長期の捜索を行ない、7月に発見。

| 103 | 教育 |

富山県
上市町

大日岳
だいにち

2000年3月5日　●遭遇11人　●ケガ0人　●死亡2人

3月5日11時25分頃、研修中のパーティが雪庇崩落に起因する雪崩に巻き込まれ、男性2人（22・20）が行方不明となった。初動捜索では雪庇の二次崩落なともあり、捜索は難航。不明者の発見は5月および7月となった。事故発生時、27人が雪庇上で休憩をしていた。

| 104 | 登山 |

岐阜県
白川村

日照岳
ひでり

2000年3月15日　●遭遇1人　●ケガ0人　●死亡1人

3月15日12時頃、日帰り登山をしていた2人パーティのうち、女性（52）が雪庇を踏み抜いて滑落した。その衝撃で表層雪崩が誘発され、行方不明となった。初動捜索では発見できず、女性が収容されたのは5月となった。雪崩は幅50m、長さ450mの規模で発生。

| 105 | 公務 |

新潟県
魚沼市

浅草岳
あさくさ

2000年6月18日　●遭遇9人　●ケガ5人　●死亡4人

6月18日8時25分頃、山菜採りで不明となった男性を収容中にブロック雪崩が発生し、救助活動中の隊員9人が被災。これにより警察2人、消防1人、地元山岳救助隊員1人が死亡した。雪崩は作業現場上方200mで発生し、大きな雪塊が複数、次々と落下してきた。

| 106 | 登山 |

石川県
白山市

尾口丸石谷
おぐちまるいし

2000年8月15日　●遭遇2人　●ケガ1人　●死亡1人

8月15日9時15分頃、丸石谷上流、黒滝付近で沢登りをしていた6人パーティのうち、2人が雪渓の崩落によるブロック雪崩の直撃を受け、男性（57）が死亡した。雪崩は幅5m、奥行き2mの規模で雪渓が崩落したもので、ロープの支点付近にいた2人が被災した。

山形県
庄内町

山形立谷沢
（たちやざわ）

2000年12月26日 ●遭遇5人 ●ケガ2人 ●死亡3人

12月26日10時頃、発電所施設の点検に向かっていた5人が表層雪崩（幅20m）に遭い、4人が埋没した。埋没を免れた男性の通報により、警察などの捜索が50人態勢で行なわれた。約7時間後に男性1人が生存救出されたが、男性3人（61・45・21）が死亡した。

富山県
立山町

黒部内蔵助谷
（くろべくらのすけ）

2001年1月4日 ●遭遇2人 ●ケガ0人 ●死亡2人

1月4日17時頃、交代でラッセルして下山途中にあった2パーティが、内蔵助谷出合付近で表層雪崩に遭った。難を免れた1人は、すぐに1人を発見したが救助できず、ビバーク。翌5日、救助要請し、1月7日に2人を収容。残る1人は4月28日に会の仲間が発見。

富山県
立山町

称名川出し谷
（しょうみょう・だ）

2001年2月5日 ●遭遇3人 ●ケガ0人 ●死亡1人

2月5日10時40分頃、前日に仕留めたクマを探していた猟師5人のうち、前方の3人が雪崩に巻き込まれた。2人はすぐに救助されたが、男性（70）が行方不明となった。警察や消防などが100人態勢で捜索し、7日9時半頃、埋没深1.5mで男性を発見し、収容した。

北海道
鹿追町

然別峡
（しかりべつ）

2001年2月27日 ●遭遇2人 ●ケガ0人 ●死亡2人

2月27日、シカ猟に出かけた男性2人（68・70）が戻らないため、家族から捜索願が出された。警察や消防、猟友会など20人態勢で探したところ、3月1日9時半頃、デブリに埋もれた2人を発見した。現場には幅7m、長さ50m程度の雪崩の跡があった。

富山県
南砺市

小瀬東又谷
（おぜ）

2001年3月14日 ●遭遇1人 ●ケガ0人 ●死亡1人

3月14日19時20分頃、渓流釣りに出かけた男性（46）が帰宅しないと通報があった。翌15日、警察や消防など50人態勢で、釣り道具が散乱していた場所付近を捜索するも発見できず。翌16日は約100人態勢で捜索を行ない、11時頃、深さ7mで男性を発見した。

群馬県
みなかみ町

谷川岳ヒツゴー沢
（たにがわ）

2001年12月31日 ●遭遇3人 ●ケガ0人 ●死亡1人

12月31日13時10分頃、5人パーティのうち、徒歩で下山していた3人が雪崩を誘発。2人は自力脱出したが、女性（46）が不明に。現場は腰上まで積雪があり、荒天が続いたため捜索は難航した。その後、女性は6月19日、ヒツゴー沢にて仲間によって発見された。

青森県
弘前市

岩木山鍋沢
（いわき・なべ）

2002年1月19日 ●遭遇3人 ●ケガ0人 ●死亡2人

1月19日11時30分頃、雪上車で八合目まで登り、鍋沢を滑走しようとした4人パーティのうち、斜面内にいた3人が雪崩に流され、男性2人（60・41）が完全埋没した。雪崩装備がないため、警察や消防などが捜索を行ない、同日13時30分頃、深さ約1mで発見した。

山形県
長井市

置賜野川栃入沢
（おきたまのがわ・とちいり）

2002年3月10日 ●遭遇1人 ●ケガ0人 ●死亡1人

3月10日9時50分頃、置賜野川支流で渓流釣りをしていた男性（47）が雪崩に遭い、不明となった。10時半頃、仲間から通報があり、警察と消防が約20人態勢で捜索を行なったが発見できず。雪崩は幅50m、長さ150mの規模で発生。男性はその後、20日に発見。

| 115 | 教育 |

長野県
松本市

北アルプス涸沢

2004年11月3日　●遭遇29人　●ケガ3人　●死亡1人

11月3日10時頃、涸沢にて合宿中の大学生17人と指導者および近傍の登山者などが雪崩に遭い、複数人が行方不明となった。周辺にいた人による捜索が行なわれたが、男性(19)の発見は翌年9月となった。雪崩は幅40m、前穂高岳北尾根5・6のコル方面で発生した。

| 116 | 宿泊業 |

長野県
松本市

北アルプス槍沢

2002年11月4日　●遭遇3人　●ケガ0人　●死亡3人

11月2日から4日にかけて寒気流入に伴う強い冬型が継続し、この時期としては異例の大量の降雪となった。4日、小屋閉めをした槍ヶ岳の山小屋の男性従業員3人(64・32・17)が、槍沢を下山中、11時頃の連絡を最後に行方不明となった。

| 117 | スノーモービル |

北海道
中標津町

サマッケヌプリ山

2003年3月17日　●遭遇1人　●ケガ0人　●死亡1人

3月17日14時40分頃、サマッケヌプリ山の山麓にて、スノーモービルを走らせていた男性(46)が雪崩を誘発し、埋没。仲間1人と、近くでスノーモービルを楽しんでいた別の8人パーティが協力して救助した後、通報。男性は病院に搬送されたが外傷にて死亡。

| 118 | スキー |

北海道
東川町

旭岳盤の沢

2004年3月6日　●遭遇1人　●ケガ0人　●死亡1人

3月6日13時50分頃、盤の沢へトラバースする付近で男性(37)が表層雪崩を誘発。この時は部分埋没で停止できたが、その後、引き続いて発生した雪崩で完全埋没。男性は近傍にいた別パーティのプロービングにより発見され、病院に搬送されたが死亡した。

| 119 | スキー |

長野県
白馬村

唐松岳Dルンゼ

2004年4月9日　●遭遇1人　●ケガ0人　●死亡1人

4月9日、個人山行同士が一緒に唐松岳に登り、1人はAルンゼ、1人はDルンゼをめざし、唐松沢の下方にて落ち合う約束をする。しかし、Dルンゼを滑った男性(45)が現われないため、通報。翌10日7時過ぎ、雪崩デブリで男性を発見し、収容した。

| 120 | 登山 |

山梨県
南アルプス市

北岳大樺沢

2004年12月31日　●遭遇3人　●ケガ1人　●死亡1人

12月31日12時30分頃、北岳から下山途中の3人パーティが雪崩に遭い、女性(39)が行方不明となった。雪崩に巻き込まれた他2人は自力脱出し、現場でビバーク。翌1月1日に別パーティの登山者を通じて救助を要請。その後、不明女性の発見は7月下旬となった。

| 121 | ガイド |

群馬県
みなかみ町

谷川岳熊穴沢

2005年1月16日　●遭遇4人　●ケガ1人　●死亡2人

1月16日12時頃、山スキーの4人パーティが雪崩に遭い、全員が流された。ガイドを含む男性3人はデブリから自力脱出したが、顧客女性(52)が不明となった。ケガのなかった男性が15時頃、通報。ガイド男性(57)は当日、女性は翌日収容されたが、両名とも死亡した。

| 122 | スノーボード |

北海道
富良野市

芦別岳屏風岩

2005年3月20日　●遭遇2人　●ケガ1人　●死亡1人

3月20日12時50分頃、屏風岩付近で山スノーボードをしていた2人パーティが雪崩を誘発し、流された。自力脱出した1人が埋没した男性(31)を掘り出し、市中の友人を通じて通報。荒天と日没のため、当日の救助ができず、翌21日に収容したが、男性は死亡。

長野県
松本市

みょうじん
明神岳東稜

2006年1月3日 ●遭遇2人 ●ケガ0人 ●死亡1人

1月3日9時頃、下山中の2人パーティが標高2000m付近で表層雪崩に流された。自力脱出した1人が捜索を行ない、仲間の男性（50）を1時間後に発見。その後、上高地まで下山し、11時35分に救助要請をしたが、荒天で当日の収容はできず、後日となった。

北海道
上富良野市

さんだん
三段山

2006年3月6日 ●遭遇1人 ●ケガ0人 ●死亡1人

3月6日、山スキーに出かけた男性が帰宅せず、行方不明となった。近隣施設の駐車場に男性の車両が放置されていることがわかり、関係者による捜索活動が行なわれ、山中にて雪崩の跡とデブリに埋没した男性が発見された。（「三段山雪崩遭難の記録」より）

長野県
小谷村

はくば のりくら てんぐはら
白馬乗鞍岳天狗原

2006年4月8日 ●遭遇5人 ●ケガ1人 ●死亡3人

4月8日、5人パーティが蓮華温泉へのツアーに出発。荒天でルートロストし、登り返そうとした時、表層雪崩に遭い、メンバーの一部がスキーや装備を失う。出発地へ戻ろうとするもリングワンダリングに陥り、雪崩遭遇点近くでビバーク。低体温症で3人が死亡。

岐阜県
高山市

かさ あなげ
笠ヶ岳穴毛谷

2006年4月9日 ●遭遇4人 ●ケガ0人 ●死亡4人

4月9日11時頃、地元救助隊より雪崩発生の通報。穴毛谷方面へのトレースがあったため、警察が入山者の確認と捜索を実施。日帰り山行を予定していた30代の3人パーティと単独のいずれもスキーヤーの入山が確認された。被災者の発見は4月中旬〜6月となった。

長野県
松本市

あぼう
安房山

2006年4月9日 ●遭遇1人 ●ケガ0人 ●死亡1人

4月9日13時頃、日帰りでの山スキーをしていた4人パーティのうち、男性1人（37）が雪崩に流された。雪崩は、男性が斜面に滑り込んだ際に誘発され、幅40m、長さ600mの規模で発生。埋没した男性は雪崩ビーコンで位置が特定されたが、死亡した。

北海道
積丹町

しゃこたん
積丹岳

2007年3月18日 ●遭遇14人 ●ケガ1人 ●死亡4人

3月18日12時頃、複数のグループ計22人がスノーモービルを楽しんでいる際に雪崩を誘発し、14人が巻き込まれ、4人が不明となった。警察、消防、自衛隊が捜索にあたり、翌19日に不明者は全員発見、収容された。雪崩は幅100m、長さ400mの規模で発生。

長野県
駒ヶ根市

ほうけん せんじょうじき
宝剣岳千畳敷カール

2008年2月9日 ●遭遇3人 ●ケガ0人 ●死亡1人

2月9日16時45分頃、宝剣山荘をめざしていた3人パーティが、和合山の南斜面で表層雪崩に遭った。自力脱出した2人は救助を要請した後、ホテル千畳敷まで戻った。現場で意識不明となっていた男性（67）の収容は、荒天のため、後日となった。

新潟県
糸魚川市

ほこ
鉾ヶ岳

2008年3月9日 ●遭遇2人 ●ケガ0人 ●死亡1人

3月9日12時50分頃、鉾ヶ岳に登頂後、下山途中に休憩した場所の雪庇が崩落し、6人パーティのうち、2人が転落。その際、雪崩が誘発され、1人は5m流されただけで止まったが、男性（33）が沢の下方まで標高差約590m流され、死亡。雪崩規模はsize 2.5。

長野県
大町市

爺ヶ岳
じい

2008年4月12日 ●遭遇1人 ●ケガ0人 ●死亡1人

4月12日15時18分、山スキーをしていた3人パーティのうち、先頭を滑っていた男性（36）が標高2150m付近で雪崩を誘発し、流された。仲間の初動捜索によって、雪崩ビーコンで位置の特定がなされたが、死亡。通報を受けた県警ヘリコプターで収容された。

岐阜県
高山市

抜戸岳
ぬけど

2008年12月27日 ●遭遇2人 ●ケガ0人 ●死亡2人

12月27日15時30分頃、奥抜戸沢のひとつ手前の沢で表層雪崩が発生。幕営地設定後、翌日のルート偵察に出ていた男性2人（48・39）が、その雪崩に遭い、不明となった。残されたメンバー1人が捜索するも発見できず。不明男性は2月と5月にそれぞれ発見された。

北海道
真狩村

尻別岳
しりべつ

2010年1月16日 ●遭遇2人 ●ケガ0人 ●死亡1人

1月16日15時40分頃、山スキーに出かけた9人パーティのうち、2番目に滑走した男性（66）が雪崩を誘発。先に滑って待機していたガイドも一緒に流された。ガイドはすぐに自力脱出して捜索を実施。男性は約40分後に発見され、道警ヘリで病院へ搬送された。

富山県
上市町

剱岳早月尾根
つるぎ　はやつき

2010年5月1日 ●遭遇3人 ●ケガ0人 ●死亡1人

5月1日7時20分頃、早月尾根を下山中の3人パーティのうち、男性1人（48）が表層雪崩を誘発し、池ノ谷側に滑落。仲間が通報し、県警ヘリコプターで捜索したところ、標高2200m付近で男性を発見、死亡が確認された。他2人はピッケルを刺し、滑落を免れた。

富山県
立山町

黒部湖林道
くろべこ

2010年5月1日 ●遭遇2人 ●ケガ1人 ●死亡1人

5月1日11時50分頃、御山谷を滑り降りた山スキーの10人パーティが、黒部湖沿いの林道を移動中、斜面上部から落ちてきたブロック雪崩で被災した。メンバーのうち、2人が雪塊の直撃を受け、男性1人（60）が死亡した。雪崩は幅20mの範囲で流れ落ちた。

北海道
ニセコ町

ニセコ鉱山の沢
こうざん

2011年1月1日 ●遭遇1人 ●ケガ0人 ●死亡1人

1月1日13時30分頃、山スキーをしていた2人パーティのうち、男性（43）が不明となった。仲間が通報し、当日、捜索が行なわれたが発見できず。翌2日10時頃、男性はデブリから発見された。2人は五色温泉から入山し、ニセコアンヌプリ側へ向かっていた。

富山県
上市町

剱岳池ノ谷
つるぎ　いけたん

2011年2月28日 ●遭遇3人 ●ケガ2人 ●死亡1人

2月28日13時20分頃、訓練中の山岳警備隊の3人が雪崩に遭い、自力脱出した1人が他2人を掘り出し、救助。近くで訓練中の隊員3人も救助に加わり、標高1900mまで下山し、ビバーク。現場（2140m）ですでに心肺停止だった男性（45）は、4月に収容された。

栃木県
那須町

那須稲荷沢
なすいなり

2011年3月5日 ●遭遇1人 ●ケガ0人 ●死亡1人

3月5日、朝日岳へ日帰り登山に出かけた男性（56）が不明となった。翌6日、警察と地元山岳救助隊が21人態勢で捜索したが発見できず。その後、4月23日、茶臼岳の稲荷沢で男性は発見され、収容された。発見時の状況から雪崩に巻き込まれたものと推察される。

139 | スノーボード

群馬県
みなかみ町
谷川岳天神尾根北東面
たにがわ てんじん

2012年3月16日 ●遭遇1人 ●ケガ0人 ●死亡1人

3月16日、日帰りで山スノーボードに出かけた男性（39）が帰宅せず、不明となった。翌17日に捜索依頼が出され、18日10時35分頃、男性は標高1100m付近で発見された。雪崩の破断面は標高1400m、北東、幅150m、斜度38°で、規模はsize 2であった。

140 | 登山

富山県
上市町
剱岳小窓尾根
つるぎ こまど

2012年12月（発生日不明） ●遭遇4人 ●ケガ0人 ●死亡4人

12月30日、小窓尾根を登攀し、早月尾根を下山する4泊5日の計画で4人パーティが入山。予備日は1月10日まであったが、予定日を過ぎても連絡がなく、関係者が救助要請。警察による捜索が行なわれたが発見できず。4人の発見はいずれも6月となった。

141 | 登山

長野県
松本市
明神岳東稜
みょうじん

2012年12月31日 ●遭遇2人 ●ケガ0人 ●死亡2人

12月31日午後、長七ノ頭の下方の尾根に設置した幕営地からルート偵察に出た男性2人（35・34）が戻らないため、残されたメンバー1人が確認に行くと、真新しい雪崩の破断面があった。男性2人は長七沢へと流されており、5月18日に会の仲間に発見された。

142 | スキー

福島県
檜枝岐村
檜枝岐キリンテ沢
ひのえまた

2013年1月27日 ●遭遇1人 ●ケガ0人 ●死亡1人

1月27日、日帰りで山スキーに出かけた男性（47）が不明となった。31日に入山口に近い駐車場に男性の車両があることを確認。その後、警察や関係者が捜索を行ない、3月24日に男性を発見し、収容。状況から滑走時に雪崩に遭い、流されたものと推察された。

143 | スノーボード

北海道
上富良野町
富良野岳北尾根
ふらの

2013年4月22日 ●遭遇1人 ●ケガ0人 ●死亡1人

4月22日、日帰りで山スノーボードに出かけた男性（42）が帰宅しないと通報。翌23日6時頃、雪崩のデブリに埋没している男性を発見し、収容した。状況から男性は雪崩に遭ったものと推察された。雪崩は幅50m、長さ200mの規模で発生。

144 | スキー

岐阜県
白川村
野谷荘司山
のだにしょうじ

2014年2月16日 ●遭遇1人 ●ケガ0人 ●死亡1人

2月16日9時45分頃、山スキーに出かけた2人パーティのうち、先頭で滑走した男性（33）が雪崩を誘発し、流された。仲間はすぐにビーコン捜索を行ない、目視で男性を発見。防災ヘリが12時頃、救助し病院へ搬送。当初、意識はあったが、その後、容態が急変した。

145 | スキー

新潟県
妙高市
妙高前山
みょうこうまえ

2015年1月17日 ●遭遇1人 ●ケガ0人 ●死亡1人

1月17日、友人とスキー場を訪れていた男性（35）が、前山までの山スキーに出かけたが、予定の時間に戻らないため、友人が通報。警察などが捜索したところ、翌18日13時頃、デブリから男性を発見、収容した。状況から登行中に被災したと推察される。

146 | スキー

長野県
白馬村
白馬小遠見尾根
はくば ことおみ

2015年1月17日 ●遭遇3人 ●ケガ0人 ●死亡3人

1月17日、日帰りで山スキーに出かけた3人パーティが下山せず、18日に関係者から捜索依頼。19日から警察などによる捜索活動が小遠見尾根の北面にて実施されたが、発見に至らず。その後、3人は6月に発見、収容された。状況から雪崩に遭ったと推察された。

長野県
大町市

スバリ岳

2015年12月21日　●遭遇2人　●ケガ0人　●死亡1人

12月21日16時頃、尾根上に幕営したところ、その上部斜面が崩れ、その雪でテントがつぶされた。テント内にいた2人のうち、1人は自力脱出し、もう1人の男性(22)が不明となった。通報を受けて警察が捜索活動を行ない、翌22日朝、男性を発見、収容した。

長野県
茅野市

阿弥陀岳南稜

2016年3月15日　●遭遇3人　●ケガ2人　●死亡1人

3月15日13時10分頃、南稜を登攀中の3人パーティが表層雪崩に遭い、300mほど滑落し、部分埋没した。すぐにガイドが救助要請を行ない、約1時間半後に県警ヘリに救助されるも、顧客女性(61)が死亡した。雪崩は上部にいた単独の登山者が誘発したもの。

北海道
京極町

羊蹄山南東面

2016年3月26日　●遭遇1人　●ケガ0人　●死亡1人

3月26日10時頃、羊蹄山の京極町側のルートに出かけたスキーヤーとスノーボーダーの2人パーティのうち、男性スキーヤー(41)が七合目付近で雪崩を誘発し、埋没。通報を受け、警察や自衛隊などが捜索活動を行ない、28日、埋没深5.5mで男性を発見、収容した。

秋田県
東成瀬村

東成瀬村椿川

2016年12月21日　●遭遇1人　●ケガ0人　●死亡1人

12月21日14時30分頃、生活用水としている沢を確認するため、山中に入った男性(78)が全層雪崩に流され、5m下の沢で完全埋没。知人が消防に通報し、1時間後に救出されるも死亡。男性は知人と2人で確認作業を終え、下山途中だった。付近の積雪は30～40cm。

長野県
白馬村

八方尾根北面

2017年2月20日　●遭遇1人　●ケガ0人　●死亡1人

2月20日、米国籍の男性(33)がスキー場内で仲間と別れた後、集合場所に現われないため、関係者が17時40分に捜索依頼。翌21日から警察などが継続して捜索を実施するも、発見に至らず。その後、4月25日、山スキーヤーが男性を発見通報、収容された。

北海道
倶知安町

ニセコ春の滝

2017年2月25日　●遭遇2人　●ケガ1人　●死亡1人

2月25日10時30分頃、5人パーティのうち、2人が雪崩に遭遇、ニュージーランド国籍の男性(35)が埋没した。仲間による初動捜索で男性は発見されたが、搬送先の病院で死亡が確認された。雪崩は立入禁止区域の場所で、幅200m、長さ350mの規模で発生した。

山梨県
早川町

南アルプス大門沢

2017年3月13日　●遭遇2人　●ケガ0人　●死亡1人

3月13日13時10分頃、3人パーティが大門沢小屋に向かう途中、女性(45)が沢方向に滑落。仲間が救助に向かったところ、雪崩が発生し、2人とも埋没。救助に向かった仲間は自力脱出したが、女性が不明。捜索するも発見できず、翌14日に救助要請し、発見。

群馬県
片品村

前武尊十二沢

2017年3月22日　●遭遇3人　●ケガ0人　●死亡1人

3月22日13時45分頃、同じ地形内にいた山スノーボードの2パーティ(4人と2人)が誘発された雪崩に遭い、4人パーティの女性(31)が完全埋没し、不明となった。仲間のビーコン捜索によって15分後に救出されたが死亡。雪崩はsize 2の規模で発生。

155 | 登山

福島県
二本松市

安達太良山
（あだたら）

2017年3月27日 ●遭遇2人 ●ケガ0人 ●死亡1人

3月27日13時頃、2人パーティの登山者が沼ノ平火口付近で雪崩に遭遇。1人が自力脱出し、もう1人の男性（69）を救助したが心肺停止。その後、通報し、警察などが30人態勢で救助に向かうが、荒天と日没で発見できず。翌28日に2人を発見、収容した。

156 | 釣り

長野県
安曇野市

浅川山北ノ沢
（あさかわ）

2017年4月6日 ●遭遇1人 ●ケガ0人 ●死亡1人

4月6日、日帰りの予定で渓流釣りに出かけた男性（64）が帰宅せず、行方不明となった。その後、警察などによって捜索が行なわれて、23日に発見、収容された。発見場所と状況から、男性は雪崩に遭ったものと推察された。

157 | スキー

長野県
松本市

奥穂高岳コブ沢
（おくほたか）

2017年5月4日 ●遭遇1人 ●ケガ0人 ●死亡1人

5月4日13時40分頃、標高2900m付近で行動中の3人パーティのうち、男性（52）が湿雪雪崩に遭い、流された。仲間からの通報により、県警ヘリコプターにて救出されたが、約1時間半後に病院にて外傷による死亡が確認された。

158 | 登山

富山県
立山町

剱岳三ノ窓
（つるぎ）（さん）（まど）

2017年5月6日 ●遭遇3人 ●ケガ2人 ●死亡1人

5月6日11時頃、三ノ窓雪渓の2000m付近にて、登行中の5人パーティがブロック雪崩で被災した。雪塊は3人を直撃し、女性2人が重傷、男性（56）が死亡した。携帯電話が通じないことと荒天のため、通報は7日朝となり、その後、県警ヘリにて救助された。

159 | 登山

北海道
千歳市

風不死岳
（ふっぷし）

2018年2月（発生日不明） ●遭遇1人 ●ケガ0人 ●死亡1人

2月28日、風不死岳をめざした男性（45）が登山口から入山し、行方不明。その後、5月23日、警察が山の北側の大沢にて男性を発見。発見時の状況から標高900〜1100m付近の狭い尾根から滑落し、雪崩を誘発、埋没したものと推察されている。

160 | 登山

北海道
倶知安市

羊蹄山比羅夫コース
（ようてい）（ひらふ）

2018年3月18日 ●遭遇1人 ●ケガ0人 ●死亡1人

3月18日、羊蹄山に登山に出かけた男性（57）が不明となり、翌19日には職場から出社しないとの通報。警察が捜索し、六合目付近で男性を発見、収容した。発見時の状況から、男性は雪崩に遭い、下肢を骨折。自力下山中に力尽きたものと推察されている。

161 | スキー

長野県
小谷村

稗田山黒川沢
（ひえだ）（くろかわ）

2019年2月14日 ●遭遇1人 ●ケガ0人 ●死亡1人

2月14日、山スキーをしていたノルウェー国籍の6人パーティのうち、男性（28）が雪崩に遭い、不明となった。通報を受けた近傍スキー場のスキーパトロールが初動捜索を行ない、雪崩ビーコンにて発見。日没のため、男性は翌15日、警察によって収容された。

162 | ガイド

北海道
占冠村

トマム山

2020年1月30日 ●遭遇1人 ●ケガ0人 ●死亡1人

1月30日15時30分頃、トマム山でのスキーツアーで、顧客男性（38）が自ら誘発した雪崩に流され、埋没した。男性はすぐにデブリから救出されたが死亡。フランスの国際山岳ガイドが、現場に隣接するスキー場の閉鎖中コースを無断で登り、外に出ての事故だった。

北海道
中頓別町

ピンネシリ岳

2020年2月1日 ●遭遇1人 ●ケガ0人 ●死亡1人

　2月1日11時40分頃、山スキーをしていた3人パーティのうち、英国籍の男性（34）が雪崩に遭い、埋没。同行メンバーが雪崩ビーコンで位置を特定し、30分ほどで深さ2mから掘り出した。その後、男性は防災ヘリコプターで病院に搬送されたが、死亡が確認された。

北海道
喜茂別町

羊蹄山喜茂別

2020年2月10日 ●遭遇1人 ●ケガ0人 ●死亡1人

　2月10日、日帰りの予定で山スノーボードに出かけた男性（34）と連絡がとれないと通報。翌11日、警察と消防が捜索したところ、9時30分頃、六合目付近で男性を発見、収容した。発見時の状況から、男性は雪崩に遭ったものと推察されている。

Column

妙高三田原山での雪崩

2008年2月28日早朝、妙高杉ノ原スキー場の上部にて大規模な雪崩が発生していることが判明。翌29日に日本雪崩ネットワークと独立行政法人土木研究所 雪崩・地すべり研究センターが合同で調査を実施した。（写真のキャプションは、現場調査をした林智加子のレポート）

2月29日10時から登行開始。この時点で破断面は目視可能。ただし正確な大きさはわからず。正面の樹林帯内は雪崩れていない。デブリのブロックは細かい状態。

発生区全体を見上げたカット。沢底にはデブリが溜まり、雪崩本体は沢下方（左下方向）へ、流れている。

破断面の大きさがわかってきた。沢の側面部も雪崩れており、この周辺には大きなブロックが残っていた。

写真②の対岸からスキー場方向を見下ろしたカット。雪崩本体は、沢下方（右方向）へ流下している。雪崩は沢本流を流れたものと、写真奥方向に直進してスキー場に流入したものとに分かれている。

クライマーズレフトの尾根上を登る途中、発生区上部を撮影。規模の大きさを実感。このあたりが2月1日にあった雪崩事故（P32）の現場になる。

対岸の尾根を登り、稜線から発生区に入る。発生区はクロスローディングをする風下斜面。

足元には雪崩発生後（28日日中）に吹いた風により、雪が少し堆積していた。立っている場所で破断面の高さは2mほど。奥の厚い場所では目視ながら3mはあった。

三田原山

5
7
6
4
3
2
1

第三高速リフト降り場

···· デブリの範囲

© 新潟県雪崩

　雪崩はスキー場に流れ込み、高速リフト駅舎のシャッターを破損させ、しゃくなげコースの中間部まで流れ込んでいる。夜間の発生であったた

め、大災害を免れることができた。現在、シーズン中はスキー場の上部に雪堤を設ける対策がとられている。
　破断面での調査は実施されたが、

典型的な弱層は発見できず、粒径も小さい硬度P-Kのしまり雪層の中に、やや再結晶化した雪があり、その硬度の少し低い箇所で破断していた。

第2部

山岳域以外での雪崩

志賀高原前山スキー場

長野県
山ノ内町

しがこうげんまえやま

1996年1月27日
● 遭遇5人
● ケガ0人
● 死者1人

前山スキー場のエリア内にある
閉鎖区域に7人パーティが進入し、滑走。
雪崩を誘発して事故となった。

気象と積雪

重要な兆候	
直近の雪崩発生	—
不安定性の兆候	—
直近の堆積	○
急激な昇温	—

前日まで 　1月24日は北日本に強い寒気が入り、東北などでは暴風雪となった。志賀高原では25日の日中には日差しものぞいたが、冬型の気圧配置は継続しており、同日夜から26日にかけてまとまった降雪となった。

当日の状況 　冬型の気圧配置が緩み、朝から晴れ。10時半頃、気温-5.3℃、東の軽風。絶好のスキー日和となった。

地形特徴

標高帯	森林限界
斜度	35°以上
形状	開放斜面、凸状
風の影響	トップローディング
植生	まばら
地形の罠	初級者コースとの段差
ATES	—

　雪崩が発生した斜面の方位は南。斜面Ⓐ（写真参照）は南西を向いている。上部破断面からやや下がったところが最も斜度があり、35°以上ある。そして、この斜面が急なところは全体的に凸状の特徴を持つ。

　風の影響を見ると、冬型の気圧配置による北〜北西の風の風下斜面になり、トップローディングが生じる斜面。右手に見える大きな雪庇からも、それが理解できる。また、当該地形をぐるりと巻くように初級者コースが設定されており、雪崩れた斜面とコースの間に段差があるため、それが地形の罠となる。

色がついているところはデブリの範囲

● 埋没位置

発生した雪崩

雪崩の種類	持続型スラブ
規模	size 2
キッカケ	人的誘発（偶発）
標高	1780m
斜度	38°
方位	南
弱層	こしもざらめ雪
滑り面	融解凍結クラスト

　直近の降雪ではなく、少し前の気象変化が作った持続型スラブによる雪崩。誘発される前、2人が安全に滑り降りているが、これも持続型スラブではよくある現象。

行動

活動	スキー
関与グループ数	1

　9時頃から同じスキークラブの10人パーティが、圧雪コースと立入禁止の看板（写真の×の地点）の脇をすり抜けて、斜面Ⓐを数本滑走。その後、7人が当該斜面へ進入した。

　7人のうち、2人が先に安全に滑り降り、3番目と4番目が斜面に入ったところで、雪崩は誘発された。

捜索救助

インシデントレベル	L4
雪崩装備	なし

　雪崩発生は10時10分頃。先に滑り降りて斜面下部にいた2人は下半身の部分埋没。4番目の滑走者は流され始めた後、エスケープに成功したが、3番目に滑っていた男性が完全埋没し、不明となった。

　すぐに仲間や周辺にいた一般スキーヤー、通報を受けたスキー場関係者など、数十人がストックや竹棒を使って捜索を実施。発生から約1時間後に埋没深1mで男性（58）は発見されたが、死亡した。埋没位置は初級者コースとの段差の部分。

情報源

● 関係者聞き取り
● 新聞報道

Comment 　事故の翌年、立入禁止の看板だけでなく、ロープが厳重に張られた。そして、当該斜面で雪崩が自然発生した。また、2010年2月6日には斜面Ⓐでも雪崩が自然発生し、道路を越えて向かい側にあるホテルのロビーにデブリが流れ込んだ。これらは発生区の積雪が充分に不安定になれば、雪崩はいつでも発生しうることを示している。

　現在、前山スキー場は営業を休止しており、斜面Ⓐには雪崩防止柵が設置されている。

栂池高原スキー場

長野県
小谷村

2008年2月3日
● 遭遇6人
● ケガ2人
● 死者2人

雪崩の危険度が上がったために閉鎖された林道コースへ
スキー授業のグループが進入し、
林道上部の斜面で発生した雪崩に巻き込まれた。

気象と積雪

重要な兆候		
直近の雪崩発生	………	○
不安定性の兆候	………	○
直近の堆積	………	○
急激な昇温	………	―

前日まで　1月29日の低気圧による降雪を原因とする雪崩が30〜31日に観察されている。2月2日は移動性高気圧が広がる。1月下旬から低温が続いており、アメダス白馬（標高703m）で2月1日の最高気温は-2.5℃、日差しのあった2日でも0.6℃であった。

当日の状況　低気圧が発達しながら日本の南岸を通過。首都圏でも降雪となった。山中でも、朝から断続的に時間降雪深2cmの降雪が続く。昼に林道の点検に入ったスキーパトロールが、自然発生の雪崩を確認し、林道の閉鎖を決定。アメダス白馬は14〜15時にかけて時間降雪深3〜4cmを記録している。この時間の気温は約-2℃。

地形特徴

標高帯	樹林帯
斜度	35°以上
形状	沢状
風の影響	弱い
植生	走路内の低木は埋没
地形の罠	顕上部の発生区
ATES	―

　被災場所は、どのようなスキー場でもよくある樹林帯の斜面に切られた林道コース。林道がいくつかの沢を横切るため、雪崩走路を横断することになる。このような場所はスキーパトロールが毎朝、営業前に安全管理を実施している。被災場所の上部にある発生区も当日の朝、適切な管理作業が行なわれている。

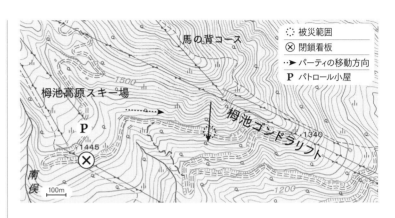

凡例:
⋯ 被災範囲
⊗ 閉鎖看板
▸ パーティの移動方向
P パトロール小屋

栂池高原スキー場
馬の背コース
栂池ゴンドラリフト

発生した雪崩

雪崩の種類	乾雪表層雪崩
規模	size 1.5（推定）
キッカケ	U
標高	U
斜度	U
方位	南
弱層	U
滑り面	U

　当日に降った結合力の弱い雪による雪崩の可能性が高い。面発生かは不明。事故後に上部から降りてきた外国人パーティがおり、自然発生あるいは人的誘発のいずれもありうる。

行動

活動	スキー
関与グループ数	1

　大学の授業「体育実技」に関わる指導教員と学生の9人パーティが、雪崩危険度が上がったため閉鎖されていた林道コースに✕の地点から進入。
　コースの途中で、林道上にすでに流れ出ていたデブリを乗り越えるためスキーを脱いで移動中、15時45分頃、雪崩が再び発生し、指導教員1人を含む6人が被災した。

捜索救助

インシデントレベル	L4
雪崩装備	なし

　雪崩に遭った6人のうち、下半身の部分埋没の2人を含む4人が自力脱出したが、学生2人が完全埋没し、行方不明となった。
　16時頃、関係者からスキーパトロールへ通報が入り、すぐに隊員が現場へ向かった。そして、雪崩発生から約30分後に、不明の2人はスキーパトロールによって発見され、病院へ搬送された。

情報源

● JAN現地調査
● 大学の事故報告書
● スキーパトロール
● 新聞報道

Comment　スキー場の安全対策はスキーパトロールが担っており、日々、適切な管理がなされているため、国内においては、オープンされたコースでの雪崩死亡事故は1997年以降、発生していない。

この日も、現場スキーパトロールが日中の積雪コンディションの変化に気づき、適切な判断のもと、コースを閉鎖している。ロープや看板は必ず、理由があって設置されていることを忘れずに。それは自身の安全だけでなく、他者の安全のためでもある。

2008/2/4 ©A. Degawa

···▶ パーティの移動方向　∷ 被災範囲

尾根上には「馬の背コース」があり、そこから「閉鎖区域」の樹林帯に滑り込む人がいる。その行為は規則違反であるだけではなく、ゲレンデの弱者である初心者やファミリーを危険にさらすことを考えてほしい。他者を危険にさらす滑走の自由などない

---

167 ｜ 住民

新潟県
上越市

名立小田島
（なだちおだじま）

1991年1月19日　●遭遇1人　●ケガ0人　●死亡1人

消雪用水の管理作業に出かけた男性（65）が裏山からなかなか戻らないため、付近を捜索するとデブリを発見。13時30分頃、警察に通報。消防と合わせて40人態勢で捜索を実施し、約3時間半後に遺体で発見。全層雪崩は厚み1m、幅15m、長さ40mの規模。

---

168 ｜ スキー場

長野県
小谷村

白馬コルチナ国際スキー場
（はくば）

1991年2月5日　●遭遇2人　●ケガ0人　●死亡1人

2月5日14時30分頃、スキー場内の危険斜面の点検作業をしていた男性2人（22・16）が雪崩を誘発。大学生は40mほど流されたのち自力脱出したが、高校生は完全埋没し、約1時間後に発見されたものの死亡。雪崩は幅20m、厚み60cm、長さ600mの規模で発生。

---

169 ｜ スキー場

北海道
ニセコ町

ニセコ水野の沢
（みずの）

1992年2月23日　●遭遇2人　●ケガ0人　●死亡1人

2月23日12時20分頃、ニセコ東山スキー場（現ニセコヴィレッジ）の立入禁止区域の沢を2人のスキーヤーが滑走。雪崩を誘発し、男性（36）が埋没した。警察や自衛隊など110人態勢で捜索し、翌24日に発見。雪崩は幅80m、長さ450mの規模で発生。

---

170 ｜ 施設管理

北海道
今金町

奥美利河温泉
（おくぴりか）

1993年2月26日　●遭遇1人　●ケガ0人　●死亡1人

2月26日15時40分頃、護岸および雪崩防止に関する工事現場で働いていた男性（44）が雪崩に遭って埋没。同じ現場にいた同僚6人が捜索を行ない、1時間後に発見、救助するも、搬送された病院にて翌日死亡。雪崩は近隣の斜面から幅30m、長さ40mで発生。

---

171 ｜ スキー場

兵庫県
香美町

ミカタ奥ハチスキー場
（おく）

1994年2月12日　●遭遇1人　●ケガ0人　●死亡1人

2月12日11時頃、前日からの多量降雪（70cm程度）を受けて、安全管理のためにスキーカットに入ったスキーパトロール（38）が雪崩に流され、埋没した。スキー場従業員と消防が捜索し、約2時間半後に深さ2mにて発見、収容した。雪崩は幅40mで発生。

新潟県
十日町市

松代室野
まつだいむろの

1994年4月2日 ●遭遇1人 ●ケガ0人 ●死亡1人

4月2日9時30分頃、冬季通行止めの道路を開通させるための除雪作業を行なっていた男性（38）が全層雪崩に遭い、操作していた重機と一緒に道路から28m下の雪面に転落し、埋没。雪崩は道路上方の斜面にて幅21m、厚み1mの規模で発生した。

福島県
只見町

只見国道252号
ただみ

1995年3月17日 ●遭遇1人 ●ケガ0人 ●死亡1人

3月17日9時頃、冬季通行止めとなっていた国道252号脇の斜面にて、落石防止工事を行なっていた男性（45）が全層雪崩に遭い、埋没。同僚および消防によって救助され、病院に搬送されるも死亡。雪崩は道路上方15mのところから、幅30m、厚み2mで発生。

山形県
飯豊町

飯豊町大平山
いいで おおひら

1996年2月28日 ●遭遇2人 ●ケガ0人 ●死亡2人

2月28日11時55分頃、農業用水路の工事を行なっていた男性2人（63・64）が全層雪崩に巻き込まれ、行方不明。同僚3人と消防など70人態勢で捜索し、約2時間後に発見されたが死亡した。雪崩は大平山の北西斜面で幅30m、厚み1mで発生。前夜は降雨があった。

滋賀県
米原市

奥伊吹スキー場
おくいぶき

1997年1月26日 ●遭遇9人 ●ケガ4人 ●死亡1人

1月26日10時頃、ゲレンデ脇の斜面で雪崩が発生し、緩斜面コースに流入した。ちょうどコースを滑走していたスキーヤー9人が雪崩に巻き込まれ、このうち女性（26）が不明となり、約20分後に発見されたが病院にて死亡した。雪崩は幅50m、長さ150mの規模。

新潟県
長岡市

栃尾町半蔵金
とちお はんぞうがね

1997年2月25日 ●遭遇2人 ●ケガ0人 ●死亡2人

2月25日12時頃、農業用水路の工事現場で作業していた男性2人（59・46）が、発生した全層雪崩で埋没。関係者や消防などの捜索により、約1時間半後に発見されたが死亡。雪崩は幅30m、長さ100mの規模で発生。同じ現場にいた他2人は巻き込まれなかった。

青森県
西目屋村

西目屋村砂子瀬
にしめや すなこせ

1997年3月1日 ●遭遇2人 ●ケガ1人 ●死亡1人

3月1日9時30分頃、県道の雪崩防止工事を行なっていた作業員5人のうち、2人が全層雪崩に遭い、男性が重傷、女性（58）が不明。警察・消防などの捜索により、約6時間半後に女性を発見したが死亡。雪崩は幅10m、長さ100mの規模で発生し、重機を押し流した。

岐阜県
高山市

笠ヶ岳左俣谷
かさ

2000年3月27日 ●遭遇2人 ●ケガ0人 ●死亡2人

3月27日11時50分頃、砂防ダムへの道路除雪を行なっていた男性2人（54・49）が笠ヶ岳で発生した大規模な雪崩に巻き込まれて行方不明となった。警察・消防などの捜索により、30日に2人を発見。雪崩は幅500m、流下距離3kmの大規模なものであった。

山形県
小国町

白子沢県道
しらこざわ

2002年2月9日 ●遭遇1人 ●ケガ0人 ●死亡1人

2月9日11時頃、「道路に雪崩が流れ出ている」との通報が県の機関にあり、除雪作業を実施。4時間後にデブリ（長さ15m・高さ3m・幅6m）から軽車両を発見した。運転席で男性（53）が見つかり、死亡を確認。事故を受けて、現場奥にある民家2軒が移転した。

長野県
白馬村

白馬楠川林道
はくばくすがわ

2002年3月2日 ●遭遇1人 ●ケガ0人 ●死亡1人

3月2日15時50分頃、林道沿いの工事現場で作業をしていた男性（61）が全層雪崩に遭い、重機と一緒に20m下の楠川へ落とされた。同僚2人によりすぐに救助され、病院に搬送されたが1時間後に死亡が確認された。雪崩は幅20m、厚み1mの規模で発生。

岐阜県
郡上市

しらおスキー場

2003年1月5日 ●遭遇2人 ●ケガ0人 ●死亡1人

1月5日10時30分頃、スキー場内の閉鎖区域の沢へ、2人のスノーボーダーが滑り込み、雪崩を誘発。1人は自力脱出したが、男性（42）が不明となる。発生から約3時間後に男性はスキーパトロールに救助されるが、死亡。雪崩は幅10m、長さ100mの規模で発生。

新潟県
柏崎市

高柳町田代
たかやなぎまちたしろ

2005年2月17日 ●遭遇1人 ●ケガ0人 ●死亡1人

2月17日に十日町市へ出かけたまま帰宅しない男性（77）を捜索したところ、18日11時頃、県道から35m下方にある鯖石川で残留物を発見。周辺を探すと、デブリ内から横倒しになった車両が見つかり、男性の水死を確認。前日は3月下旬並みに昇温していた。

新潟県
柏崎市

高柳町山中
たかやなぎまちやまなか

2005年2月18日 ●遭遇2人 ●ケガ1人 ●死亡1人

2月18日11時頃、災害の復旧工事現場にて、重機を使って作業していた男性2人が全層雪崩に遭い、不明となった。消防などが捜索にあたり、約1時間半後に男性1人を生存救出したが、もう1人の男性（62）は死亡。雪崩は幅30mの規模で発生した。

青森県
青森市

駒込深沢
こまごめふかざわ

2005年4月27日 ●遭遇1人 ●ケガ0人 ●死亡1人

4月27日11時45分頃、道路除雪をしていた男性（45）が、昼食のために移動中、全層雪崩に巻き込まれた。男性は同僚2人の助けで自力脱出したが、その後、容態が悪化し、約8時間後に死亡した。雪崩は幅50m、厚み1.5m、長さ80mの規模で発生した。

秋田県
仙北市

乳頭温泉
にゅうとう

2006年2月10日 ●遭遇17人 ●ケガ16人 ●死亡1人

2月10日11時20分頃、表層雪崩が複数自然発生し、乳頭温泉「鶴の湯」の露天風呂や宿泊棟など5施設に流入した。これにより、施設管理をしていた男性（20）が不明となり、約6時間後に発見されたが死亡した。近隣山林でも複数の雪崩が観察報告されている。

新潟県
十日町市

十日町辰乙
とおかまちたつおつ

2006年3月23日 ●遭遇1人 ●ケガ0人 ●死亡1人

3月24日11時、「知人の男性が出かけたまま、前日から戻らない」との通報があり、付近を捜索したところ、雪崩の跡があったためデブリを確認。すると完全埋没した男性（63）が2時間半後に発見された。男性は農地での除雪作業中に被災した可能性が高い。

鳥取県
江府町

奥大山スキー場
おくだいせん

2010年12月31日 ●遭遇4人 ●ケガ0人 ●死亡4人

12月31日13時頃、スキー場上部からコースに流れ込んだデブリを管理するため、現場作業をしていた男性4人（56・49・30・39）が再び発生した表層雪崩に遭い、完全埋没。スキー場関係者などとの捜索により、約1時間後に全員救出したが、死亡が確認された。

秋田県
仙北市

玉川温泉
たまがわ

2012年2月1日　●遭遇3人　●ケガ0人　●死亡3人

2月1日17時頃、岩盤浴施設を利用していた玉川温泉の宿泊客3人が、上方斜面で自然発生した雪崩に遭い、完全埋没。通報を受けた従業員らによって捜索が行なわれ、発生から2時間半後までに男性1人（59）と女性2人（65・63）を発見したが、死亡が確認された。

長野県
山ノ内町

竜王スキーパーク
りゅうおう

2015年1月18日　●遭遇2人　●ケガ0人　●死亡2人

1月18日14時30分頃、スキー場内の立入禁止区域へ、5人の外国人グループが進入し、表層雪崩を誘発。部分埋没した男性（64）と完全埋没した男性（50）が死亡。宿泊先から消防に通報が入り、スキーパトロールが救助。その後、防災ヘリにて病院に搬送された。

長野県
飯山市

戸狩温泉スキー場
とがり

2017年2月13日　●遭遇3人　●ケガ0人　●死亡1人

2月13日8時10分頃、営業前の管理を実施していたスキーパトロールが、自らが誘発させた雪崩に流された。事前に想定した規模より大きかったため、待機の2人も巻き込まれた。すぐに関係者による捜索救助が実施されたが、完全埋没した男性（55）が死亡した。

Column

ゴジラと雪崩

　雪崩を学び始めた人にとって、雪崩はなにかよくわからない、得体の知れない存在と感じるかもしれない。実際、雪崩事故の死者は一般的に「経験ある」と表現される人であり、雪山経験が浅い人にしてみれば、とても大変な世界に見えても不思議ではない。

　こうした抽象的な不安感に対して、池田慎二博士は「雪崩はゴジラじゃないから」とよく口にした。

　東京湾にゴジラが現われた時、科学者が総出で謎の怪獣に対峙した。だが、しばらくすると、その特徴が理解され、対処の仕方もわかってくる。

　雪崩も同じである。現在でもわからないことは多々あり、科学としての課題はあるが、雪崩が概ねどのような現象で、どのように対処すればよいのかといった現場マネジメントの大枠は、これまでの知見の積み重ねでかなりわかっている。

　池田氏は、専門機関にて雪氷研究者として勤務しつつ、同時に一人の山スキーヤーとして、雪山利用者に役立つ山岳域の積雪特性の研究をラ

イフワークとして取り組んでいた。

　それゆえ、池田氏は、ガイドやスキーパトロールといった現場実務者が雪の物性など基礎的な科学素養について、もっと学ぶことの重要性を常々、口にしていた。と同時に、実務者が行なう山岳域での現場マネジメントに対して、研究者側からの理解が足りないことも嘆いていた。

　言い換えれば、池田氏は研究者と

現場実務者をつなぐ人物として、極めて貴重な存在であった。

　池田氏と私は、彼が大学院生の時に知り合い、以来20年間、共に雪崩を学び、追いかけ、事故の調査にもたびたび一緒に出かけた。この本にも、その時のデータや写真が多数掲載されている。「事例集が必要だよね」と、彼と生前に話をしていたものが、ここに形となった。

©A. Degawa

破断面調査をする池田慎二氏（2010年3月）

Appendix
付録

1 　雪崩危険度区分

以下は、日本雪崩ネットワークおよび北米で発表されている雪崩情報で使用されている雪崩危険度区分になります。

雪崩危険度 Danger Level		行動に対するアドバイス Travel Advice	雪崩の可能性 Likelihood of Avalanches	雪崩規模と分布 Avalanche Size & Distribution
5 極めて 高い Extreme		すべての雪崩地形を避ける。	自然発生および誘発の雪崩が確実に起こる。	大きな雪崩から非常に大きなものまで多数の場所で発生。
4 高い High		非常に危険な雪崩コンディション。雪崩地形内の行動は勧められない。	自然発生雪崩の可能性が高い。誘発雪崩の可能性が非常に高い。	大きな雪崩が多数の場所で発生、あるいは非常に大きな雪崩が特定の場所で発生。
3 警戒 Consider- able		危険な雪崩コンディション。積雪の注意深い評価、慎重なルート選択と保守的な意思決定が必要不可欠。	自然発生雪崩がありうる。誘発雪崩の可能性が高い。	小さい雪崩が多数の場所で発生、あるいは大きな雪崩が特定の場所、もしくは非常に大きな雪崩が孤立した場所で発生。
2 留意 Moderate		特定の地形形状で雪崩コンディションが高い。積雪と地形を注意深く評価し、関係する特徴を特定する。	自然発生雪崩の可能性が低い。誘発雪崩はありうる。	小さい雪崩が特定の場所で発生、あるいは大きな雪崩が孤立した場所で発生。
1 低い Low		一般的に安全な雪崩コンディション。孤立した地形形状にある不安定な積雪に注意する。	自然発生および誘発の雪崩の可能性は低い。	小さな雪崩が孤立あるいは極端な地形で発生。

2 　雪崩の規模

日本雪崩ネットワークおよび北米、NZなどで使用されている雪崩の規模区分です。堆積した雪の状態から、その雪崩の破壊力を推定し規模を表わす数値を選定しています。以下のリストにある対象物（人間、自動車、樹木）が雪崩の走路や堆積区の始まる場所にあった場合を想定し、それらの対象物が受けるダメージの様子で判断します。

規模&データコード	雪崩の潜在的破壊力	質量	走路の全長
1	人間への危害なし	< 10t	10m
2	人が埋まったり、ケガをしたり、死ぬ可能性あり	10^2t	100m
3	乗用車を埋めたり、壊したり、トラックにダメージを与えたり、小規模な建物を破壊したり、木々を折ったりする可能性あり	10^3t	1000m
4	列車、大きなトラック、数棟の建物、あるいは4haまでの森林を破壊する可能性あり	10^4t	2000m
5	知りうるかぎりの最大の雪崩。村や40haの森林を破壊する可能性あり	10^5t	3000m

上記、それぞれの規模の中間的な大きさは1.5から4.5で表わされます。　　　　　　　　　　　　（JAN OGRS2017）

3 　ATES　雪崩地形の曝露区分：Avalanche Terrain Exposure Scale

北米の雪崩教育の現場で利用されている、地形認識を高めるための区分です。斜面の傾斜や形状、樹木の密度、地形の罠、雪崩の発生頻度、発生区の密度、堆積区の特徴、雪崩道との関係、ルートの選択肢、雪崩の危険に曝露する時間、氷河帯などが着眼点となります。

定義	クラス	地形基準
シンプル	1	斜度が緩い、もしくは大部分が樹木の斜面である。森林内の開けた場所は、たまに起こる雪崩の堆積区であるかもしれない。さらされている危険を減らす、もしくはなくすための多数の選択肢がある。氷河帯での移動はなし。
チャレンジング	2	明快な雪崩道や発生区、もしくは地形の罠がある。注意深いルートファインディングによって、さらされている危険を減らす、もしくはなくすための選択肢がある。氷河帯での移動は複雑ではないが、クレバスの危険は存在する。
コンプレックス	3	複数の重なり合う雪崩道、広大な急斜面、開放斜面または複数の雪崩発生区や地形の罠が下方に存在する。さらされる危険を減らす選択肢はわずかしかない。複雑な氷河帯での移動があり、クレバス帯の存在、もしくはアイスフォールを併せ持つ。

4 気象と積雪の記号類

以下は日本雪崩ネットワークの「気象・積雪・雪崩の観察と記録のガイドライン」で規定している記号類となります。詳細はホームページ（www.nadare.jp）にてPDFが掲載されていますので、ご確認ください。

天気区分

空を覆う雲量を10分位で観測し、その割合を目安に判断します。
谷間の雲があれば、およそその標高とその存在を記しておきます。

程度	記号	コード	定義
Clear	○	CLR	雲のない状態（雲量0）
Few	◔	FEW	点在している雲：空のところどころ（1/8から2/8）に雲がある状態（雲量1-3）
Scattered	◑	SCT	部分的な曇り：空の半分以下（3/8から4/8）が雲で覆われた状態（雲量4-5）
Broken	◕	BKN	曇り：空の半分以上（4/8以上8/8未満）が雲で覆われているが、すべてではない状態（雲量6-9）
Overcast	⊕	OVC	空が完全に雲で覆われている状態（8/8）（雲量10）
Obscured	⊗	X	低空のガス（霧など）、あるいは雲以外（降雪など）により空が見えない状態

含水率

雪が体積比でどの程度、水を含んでいるのかを、手で握って確認します。

分類	含水率（体積比）	データコード	定義
Dry	0%	D	通常、雪温は0℃以下。軽く圧力をかけても粘着し合う傾向がほとんどない
Moist	<3%	M	雪温0℃の状態。10倍ルーペで見ても水は確認できない状態。圧力をかけるとくっつき合う傾向
Wet	3-8%	W	雪温0℃の状態。10倍ルーペで見ると水が確認できる
Very Wet	8-15%	V	雪温0℃の状態。穏やかに雪を握ると水が滲み出てくる状態
Slush	>15%	S	雪温0℃の状態。雪は水浸しで空気をほとんど含んでいない

風向・風速

風向は8方位、風速は樹木、雪などの動きを観察します。
10分間の平均的な風向・風速となります。

分類	データコード	相当する風速	目安
Calm	C	0m/s	静穏：空気の移動なし。煙が垂直に昇る
Light	L	1-7m/s	弱風：旗や小枝が揺れる
Moderate	M	8-11m/s	和風：小樹木が揺れ、旗が伸び、雪が移動し始める
Strong	S	12-17m/s	強風：あらゆる樹木が揺れ、雪が移動する
Extreme	X	>17m/s	暴風あるいはそれ以上

降水の種類・強度

降水の種類は雪（S）、雨（R）、なし（Nil）と区分しています。
降雪の強度は時間あたりで記載しています。

記号＆データコード	解説
S-1	1時間あたりの降雪量が1cm未満
S1	1時間あたりの降雪量が約1cm
S3	1時間あたりの降雪量が約3cm

雪の硬度

雪層の硬度は、手首の関節が圧縮をわずかに感じるような穏やかな力で押し込む強さで判断します。必ず、手袋をしたままで行ないます。

記号	ハンドテスト
F	手袋をつけたこぶし
4F	手袋をつけた指4本
1F	手袋をつけた指1本
P	鉛筆の削っていない側
K	ナイフの先端
I	ナイフも刃が立たない

雪質分類

記号	基本分類	データコード
＋	新雪	PP
／	こしまり雪	DF
●	しまり雪	RG
□	こしもざらめ雪	FC
∧	しもざらめ雪	DH
○	ざらめ雪	MF
∨	表面霜	SH
■	氷板	IF
◎	人工雪	MM

5 コンプレッションテスト

30cmの四角柱を作り、その上部を叩くことで雪を破壊させ、特徴を把握します。

テスト結果の区分

用語	説明	データコード
Very easy	四角柱を切り出している最中に破壊する	CTV
Easy	指先だけで10回軽く叩くと破壊する	CTE
Moderate	肘から先を振り、指先で10回叩くと破壊する	CTM
Hard	腕全体を使い、手のひらかこぶしで10回しっかりと叩くと破壊する	CTH
No Failure	破壊が起こらない	CTN

テスト結果の記載例

CTM12(SC) down 67 on FC 1

意味 コンプレッションテストを実施したところ、12回目のタップでサドン・コラプスの破壊の特徴で結果が出た。それは雪面から67cm下にある粒径1mmのこしもざらめ雪であった。

テスト結果の特徴区分

分類	コード	破壊の説明
サドン・プレナー	SP	1回のタップで破断が雪柱に一気に入り、ブロックはたやすく前に出てくる
サドン・コラプス	SC	1回のタップで破断が雪柱に入り、その層が明瞭に潰れる
プログレッシブ・コンプレッション	PC	通常は1回のタップで、明瞭な厚さのある層の破壊（しばしば1cm以上で平面ではない）が雪柱に起こり、その層は、それに継続するタップで徐々に圧縮されていく
レジスタント・プレナー	RP	1回もしくはそれ以上のタップで、平面もしくは概ね平面の破断が起こるが、ブロックはたやすく前に出てこない
ブレイク	BRK	凸凹した不規則な破壊

Index

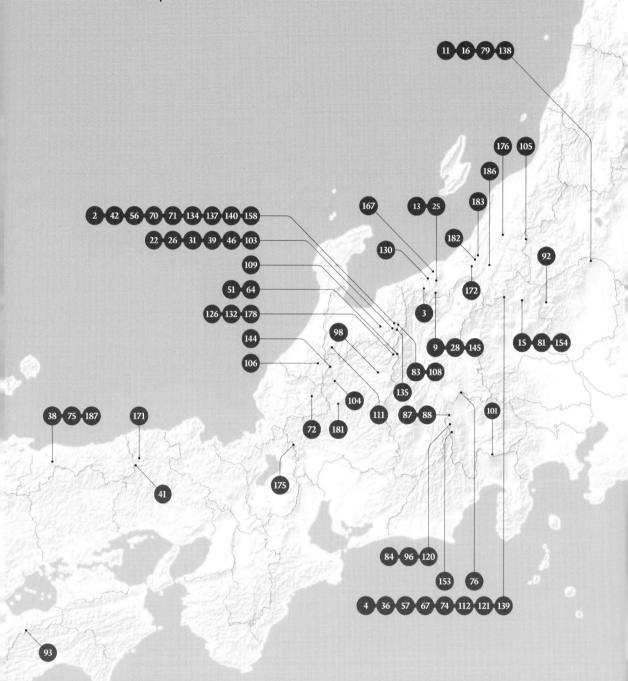

11 16 79 138

176 105

186

183

2 42 56 70 71 134 137 140 158

167 13 25 182 92

22 26 31 39 46 103

130 172

109

51 64 3

126 132 178 9 28 145

144 98 15 81 154

106 83 108

135

104 101

111 87 88

38 75 187 171 72 181

41

175

84 96 120

153 76

93 4 36 57 67 74 112 121 139

長野県は件数が多いため、P143に

鳥取県

- **38** 2019.1.4 →P90
  伯耆大山横手口沢
- **75** 1994.2.12 →P118
  大山大神山神社
- **187** 2010.12.31 →P136
  奥大山スキー場

愛媛県

- **93** 1997.2(不明) →P120
  愛媛笹ヶ峰

兵庫県

- **41** 1997.1.26 →P98
  氷ノ山北東面
- **171** 1994.2.12 →P134
  ミカタ奥ハチスキー場

滋賀県

- **175** 1997.1.26 →P135
  奥伊吹スキー場

岐阜県

- **51** 2007.12.31 →P108
  北アルプス槍平
- **64** 1992.3(不明) →P116
  北アルプス南岳
- **98** 1998.2.9 →P120
  丹生川村日影
- **104** 2000.3.15 →P121
  日照岳
- **126** 2006.4.9 →P124
  笠ヶ岳穴毛谷
- **132** 2008.12.27 →P125
  抜戸岳
- **144** 2014.2.16 →P126
  野谷荘司山
- **178** 2000.3.27 →P135
  笠ヶ岳左俣谷
- **181** 2003.1.5 →P136
  しらおスキー場

福井県

- **72** 1993.2.1 →P117
  下打波渓流

石川県

- **106** 2000.8.15 →P121
  尾口丸石谷

富山県

- **2** 1992.5.5 →P23
  剱岳八ッ峰
- **22** 2016.11.29 →P56
  立山浄土山
- **26** 2007.4.18 →P64
  立山雷鳥沢
- **31** 2010.11.30 →P74
  国見岳
- **39** 2013.11.23 →P92
  真砂岳
- **42** 1997.12.31 →P99
  剱岳早月尾根
- **46** 2005.11.23 →P103
  立山浄土山
- **56** 2017.4.30 →P113
  剱岳源次郎尾根
- **70** 1992.11.23 →P117
  剱岳剱沢
- **71** 1992.12.29 →P117
  剱岳早月尾根
- **83** 1995.4.29 →P119
  黒部別山
- **103** 2000.3.5 →P121
  大日岳
- **108** 2001.1.4 →P122
  黒部内蔵助谷
- **109** 2001.2.5 →P122
  称名川出し谷
- **111** 2001.3.14 →P122
  小瀬東又谷
- **134** 2010.5.1 →P125
  剱岳早月尾根
- **135** 2010.5.1 →P125
  黒部湖林道
- **137** 2011.2.28 →P125
  剱岳池ノ谷
- **140** 2012.12(不明) →P126
  剱岳小窓尾根
- **158** 2017.5.6 →P128
  剱岳三ノ窓

山梨県

- **76** 1994.3.26 →P118
  八ヶ岳赤岳
- **84** 1995.12.31 →P119
  北岳大樺沢
- **87** 1996.2.11 →P119
  甲斐駒ヶ岳尾白川本谷
- **88** 1996.2.11 →P119
  甲斐駒ヶ岳黄蓮谷
- **96** 1997.12.31 →P120
  北岳南東面
- **101** 1999.3.31 →P121
  富士山八合目
- **120** 2004.12.31 →P123
  北岳大樺沢
- **153** 2017.3.13 →P127
  南アルプス大門沢

新潟県

- **3** 1994.2.27 →P24
  海谷鉢山
- **9** 2008.2.1 →P32
  妙高三田原山
- **13** 2015.1.17 →P40
  妙高粟立山
- **25** 2019.1.25 →P61
  妙高大毛無山
- **28** 2006.1.28 →P68
  妙高前山
- **105** 2000.6.18 →P121
  浅草岳
- **130** 2008.3.9 →P124
  鉾ヶ岳
- **145** 2015.1.17 →P126
  妙高前山
- **167** 1991.1.19 →P134
  名立小田島
- **172** 1994.4.2 →P135
  松代室野
- **176** 1997.2.25 →P135
  栃尾町半蔵金
- **182** 2005.2.17 →P136
  高柳町田代
- **183** 2005.2.18 →P136
  高柳町山中
- **186** 2006.3.23 →P136
  十日町辰乙

群馬県

- **4** 1996.4.13 →P25
  谷川岳高倉山北東面
- **15** 2016.1.31 →P42
  前武尊家の串
- **36** 2012.3.14 →P86
  谷川岳天神尾根西面
- **57** 2019.1.26 →P114
  谷川岳熊穴沢
- **67** 1992.3.23 →P117
  谷川岳西黒沢
- **74** 1999.3(不明) →P117
  谷川岳中ゴー尾根
- **81** 1995.2.19 →P118
  前武尊
- **112** 2001.12.31 →P122
  谷川岳ヒツゴー沢
- **121** 2005.1.16 →P123
  谷川岳熊穴沢
- **139** 2012.3.16 →P126
  谷川岳天神尾根北東面
- **154** 2017.3.22 →P127
  前武尊十二沢

栃木県

- **11** 2009.4.2 →P36
  那須明礬沢
- **16** 2017.3.27 →P44
  那須茶臼岳
- **79** 1994.12.17 →P118
  那須剣ヶ峰
- **92** 1997.1.26 →P120
  日光高山
- **138** 2011.3.5 →P125
  那須稲荷沢

東北・北海道

北海道

No.	日付	頁	名称
19	2012.12.16	→P52	三段山
20	2013.3.28	→P53	富良野岳北尾根
27	2007.11.13	→P67	上ホロカメットク山下降ルンゼ
43	1998.1.28	→P100	ニセコ春の滝
50	2007.11.23	→P107	上ホロカメットク山化物岩
60	1991.12.28	→P116	利尻山東稜
61	1991.12.29	→P116	ニセコアンヌプリ西斜面
62	1991.12.31	→P116	利尻山東稜
68	1992.5.2	→P117	利尻山西壁
73	1993.2.3	→P117	稚内上豊別
77	1994.11.26	→P118	上ホロカメットク山北西壁
78	1994.12.3	→P118	十勝岳大砲岩
82	1995.2.20	→P118	ニセコ見返坂
86	1996.2.6	→P119	中札内村林道
91	1996.4.30	→P120	定山渓天狗岳
97	1998.1.11	→P120	オロフレ峠
100	1999.3.13	→P121	ニセコ北東尾根
102	2000.2.12	→P121	ニセイカウシュッペ山
110	2001.2.27	→P122	然別峡
117	2003.3.17	→P123	サマッケヌプリ山
118	2004.3.6	→P123	旭岳盤の沢
122	2005.3.20	→P123	芦別岳屏風岩
124	2006.3.6	→P124	三段山
128	2007.3.18	→P124	積丹岳
133	2010.1.16	→P125	尻別岳
136	2011.1.1	→P125	ニセコ鉱山の沢
143	2013.4.22	→P126	富良野岳北尾根
149	2016.3.26	→P127	羊蹄山南東面
152	2017.2.25	→P127	ニセコ春の滝
159	2018.2(不明)	→P128	風不死岳
160	2018.3.18	→P128	羊蹄山比羅夫コース
162	2020.1.30	→P128	トマム山
163	2020.2.1	→P129	ピンネシリ岳
164	2020.2.10	→P129	羊蹄山喜茂別
169	1992.2.23	→P134	ニセコ水野の沢
170	1993.2.26	→P134	奥美利河温泉

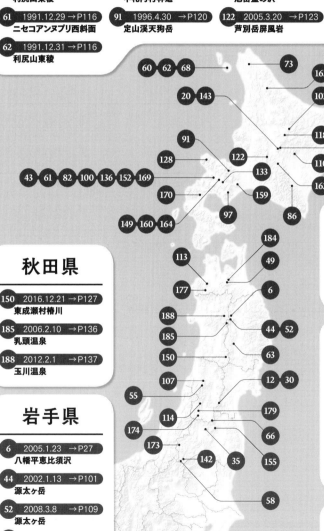

青森県

No.	日付	頁	名称
49	2007.2.14	→P106	八甲田前嶽
113	2002.1.19	→P122	岩木山鍋沢
177	1997.3.1	→P135	西目屋村砂子瀬
184	2005.4.27	→P136	駒込深沢

秋田県

No.	日付	頁	名称
150	2016.12.21	→P127	東成瀬村椿川
185	2006.2.10	→P136	乳頭温泉
188	2012.2.1	→P137	玉川温泉

岩手県

No.	日付	頁	名称
6	2005.1.23	→P27	八幡平恵比須沢
44	2002.1.13	→P101	源太ヶ岳
52	2008.3.8	→P109	源太ヶ岳
63	1992.3.1	→P116	花巻尻平川

山形県

No.	日付	頁	名称
12	2014.3.17	→P38	三宝荒神山
30	2010.3.12	→P72	熊野岳蔵王沢
55	2014.1.12	→P112	月山姥ヶ岳
66	1992.3.22	→P116	西吾妻姥湯温泉
107	2000.12.26	→P122	山形立谷沢
114	2002.3.10	→P122	置賜野川栃入沢
174	1996.2.28	→P135	飯豊町大平山
179	2002.2.9	→P135	白子沢県道

福島県

No.	日付	頁	名称
35	2012.3.13	→P84	猫魔ヶ岳
58	2019.3.9	→P115	燧ヶ岳
142	2013.1.27	→P126	檜枝岐キリンテ沢
155	2017.3.27	→P128	安達太良山
173	1995.3.17	→P135	只見国道252号

長野県拡大図

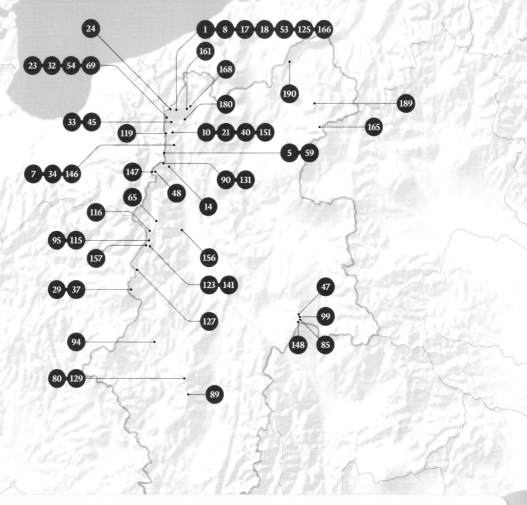

長野県

雪崩事故事例集 190

日本における
雪崩事故
30年の実態と特徴

Avalanche
Incident
Case
Study

190

2021年1月5日　初版第1刷発行
2022年12月15日　初版第2刷発行

著者　　　出川あずさ
発行人　　川崎深雪
発行所　　株式会社 山と溪谷社
　　　　　〒101-0051
　　　　　東京都千代田区
　　　　　神田神保町1丁目105番地
　　　　　https://www.yamakei.co.jp/
印刷・製本　株式会社暁印刷

●乱丁・落丁、及び内容に関するお問合せ先
山と溪谷社自動応答サービス
TEL.03-6744-1900
受付時間／11:00-16:00（土日、祝日を除く）
メールもご利用ください。
【乱丁・落丁】service@yamakei.co.jp
【内容】info@yamakei.co.jp

●書店・取次様からのご注文先
山と溪谷社受注センター
TEL.048-458-3455
FAX.048-421-0513

●書店・取次様からのご注文以外のお問合せ先
eigyo@yamakei.co.jp

＊定価はカバーに表示してあります。
＊落丁・乱丁などの不良品は、
　送料小社負担でお取り換えいたします。
＊本書の一部あるいは全部を無断で
　複写・転写することは、著作権者および
　発行所の権利の侵害となります。
　あらかじめ小社までご連絡ください。

©2020 Azusa Degawa All rights reserved.
Printed in Japan
ISBN978-4-635-14029-4

出川あずさ

でがわ・あずさ／1961年、横浜生まれ。1993年から断続的に国内外の雪崩専門機関や教育の現場を視察し、2000年に日本雪崩ネットワークを設立。日本の現場に国際水準の雪崩プログラムを導入しつつ、事故調査やリソースの提供、日本に適した形の雪崩情報など、ガイドなどプロを含めた山岳ユーザーへの雪崩リスク軽減活動を進める。公益社団法人日本山岳ガイド協会の雪崩部門におけるガイド養成指導者およびICAR委員会委員。日本雪崩捜索救助協議会理事。特定非営利法人日本雪崩ネットワーク理事。

カバー写真
Snownavi

ブックデザイン
尾崎行欧
宮岡瑞樹
宗藤朱音
本多亜実
（尾崎行欧デザイン事務所）

DTP、地図製作
アトリエ・プラン

校閲
戸羽一郎

編集
谷山宏典
神谷浩之（山と溪谷社）

写真協力
高橋清志、笹川竜二、舎川朋弘、五月女行徳
宝利誠政、渋沢 暉、須貝隆一、池田慎二
福田博之、水野達生、川田尚規、荒川 智、横山 巌
林 智加子、山口 謙、新谷勇郎、M-BOMB
Damian Banwell、水越健太、本田英師、奥山悌二
藤澤孝安、Evergreen Backcountry Guides

本書で使用している天気図は、気象庁ホームページより引用。地図図は、地理院地図（国土地理院）を加工して作成している。